_____ 님의 소중한 미래를 위해
이 책을 드립니다.

나는 인도에서
인생을 배웠다

소울메이트 우리는 책이 독자를 위한 것임을 잊지 않는다.
우리는 독자의 꿈을 사랑하고,
그 꿈이 실현될 수 있는 도구를 세상에 내놓는다.

나는 인도에서 인생을 배웠다

초판 1쇄 발행 2016년 4월 1일 | **지은이** 권소현
펴낸곳 ㈜원앤원콘텐츠그룹 | **펴낸이** 강현규·박종명·정영훈
책임편집 민가진 | **편집** 최윤정·김효주·최윤경·길혜진·주효경·유채민·이은솔
디자인 최정아·김혜림·홍경숙 | **마케팅** 송만석·서은지·김서영
등록번호 제301-2006-001호 | **등록일자** 2013년 5월 24일
주소 100-826 서울시 중구 다산로16길 25. 3층(신당동, 한흥빌딩) | **전화** (02)2234-7117
팩스 (02)2234-1086 | **홈페이지** www.1n1books.com | **이메일** khg0109@1n1books.com
값 15,000원 | **ISBN** 978-89-6060-873-3 03890

소울메이트는 ㈜원앤원콘텐츠그룹의 인문·사회·예술 브랜드입니다.
잘못 만들어진 책은 구입하신 서점에서 교환해 드립니다.
이 책을 무단 복사, 복제, 전재하는 것은 저작권법에 저촉됩니다.

진정한 여행이란
새로운 풍경을 보는 것이 아니라,
새로운 눈을 가지는 데 있다.

• 마르셀 프루스트(소설가) •

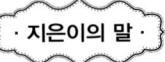

나마스떼 인도!

살다 보면 괜한 회의감이 들 때가 있다. 직장 생활을 하면서도 뭔가 새로운 일에 도전해보고 싶다는 충동이 주기적으로 찾아온다. 대학교를 졸업한 후 기자로 사회에 첫발을 내딛었다. 그렇게 앞만 보고 살다가 문득 왠지 모를 공허함이 밀려왔고, 결국 기자 생활에 마침표를 찍고 공무원으로 살아보겠다고 나름 큰 결심을 했다.

공무원 문호를 개방해 경력직 채용이 많던 시절이었다. 과감하게 사표를 던지고 공무원 신분으로 변신한 지 일주일도 채 되지 않아 후회가 되기 시작했다. 적성과 성격 따위는 고려하지도 않고 남들이 말하는 안정된 삶을 무작정 지향한 결과였다. 바로 그만두기에는 '부적응자'라는 꼬리표가 달릴 것 같아 딱 6개월만 참기로 하고 버텼다.

그 후 꼭 6개월이 되던 날, 인생에서 두 번째 사표를 쓰고 나왔다. 한 번의 이직과 업종전환의 실패로 심경이 복잡했던 시절에 무작정 인도를 다녀와야겠다고 생각했다.

"두고보세요. 인도에서 돌아오면 아마 가부좌를 틀고 공중에 둥둥 떠다닐지도 몰라요."

왜 하필 인도냐는 질문에 농담으로 던진 말이지만, 무작정 인도로 떠나겠다고 마음먹은 데에는 어떤 환상 같은 것이 있었다. 해질 녘 갠지스 강가에서 명상에 잠겨 있는 늙은 사두, 경건하게 물에 꽃을 띄워 보내며 기도를 하는 여인, 새벽 인디아 게이트 앞 메단maidan에서 요가를 하며 심신을 단련하는 요기…. 왠지 인도인들은 모두 철학자이고 인생을 초탈한 사람들일 것 같았다.

머릿속에는 오쇼 라즈니쉬Osho Rajneesh, 스리 오로빈도Aurobindo Gosh, 스리 푼자H.W.L. Poonja와 같은 유명한 스승의 이름들이 맴돌았다. 류시화 시인처럼 훌륭한 스승을 만나 만트라깨달음를 전수받는 행운도 누릴 수 있을 것 같았다. 인생이 실타래처럼 얽혀 있다는 생각이 최고조에 이르렀을 때 이를 풀 수 있는 답을 찾겠다며 인도 델리행 비행기를 탔다.

그러나 인도는 쉽게 답을 주지 않았다. 인도 대륙을 헤집고 다니는 내내 "아~ 이건 아냐!"를 수없이 중얼거렸다. 여행이라기보다는 고통스러운 극기 훈련에 가까웠다. 40도를 넘나드는 더위에 땀은 비오는 듯 흘렀다. 어두운 색의 옷을 입으면 땀에 젖은 옷이 마르면서 땀의 소금기로 옷에 하얀 무늬가 생길 정도였다. 경주라도 하듯 도로를 내달리는 구식 자동차와 오토릭샤auto-rickshaw; 삼륜 택시는 끊임없이 경적을 울려댔으며, 매캐한 매연은 감각을 마비시키는 것 같았다.

아무도 치우지 않는 쓰레기는 쌓이고 쌓여 길 위에 쓰레기 산을 만들었고, 문도 없는 공중화장실 때문에 거리는 지린내가 진동했다. 게다가 거리를 활보하는 소들이 이곳저곳에 배설물을 한 바가지씩 싸놓아 바닥은 그리 깨끗하지 않았다. 멀쩡한 음식을 먹고도 배탈이 나 며칠 설사로 고생하는 것은 다반사고, 빈대와 벼룩 떼의 습격으로 온몸을 벅벅 긁고 다녀야 했다. 체력은 금방 바닥을 드러냈다.

모든 인도인들은 인생을 초탈했을 것만 같았던 내 생각도 현실과 달랐다. 어쩌면 저리도 비참할 수 있을까 싶을 정도의 밑바닥 인생들이 바글댔다. 쓰레기통을 뒤져 음식 찌꺼기를 먹는 노인, 비쩍 마른 아이를 둘이나 길바닥에 눕혀두고 구걸하던 앳된 여인, 생계를 위해 돈벌이에 나선 아이들…. 이들을 보면 가슴이 먹먹해졌다가도 이방인을 가만히 놔두지 않는 인도인들을 만나면 금세 짜증이 났다. 호기심 많은 인도인들은 끊임없이 다가와 뭔가를 묻고, 뭔가를 요구했다.

"나마스떼." 하면서 두 손 모아 공손하게 허리를 굽히는 게 인도식 인사법이라는데, 공손은커녕 껄렁거리며 능글맞은 목소리로 귀에 대고 낮게 "나마스떼~"라고 속삭이는 남자들투성이였다. 몇 번 사기를 당하고 가방을 도둑맞은 이후에는 어디서나 신경을 곤두세웠다. 기차에서건 버스에서건 가방을 꼭 부둥켜안고 주위의 모든 인도인을 경계했다. 나 자신을 돌아볼 여유는커녕 어떻게 오늘 하루도 무사히 넘길지 고민하는 것만으로도 벅찼다.

그 때문에 뉴델리 공항을 이륙하는 비행기 안에서 여느 여행에서 느끼던 아쉬움 따위는 없었다. 오히려 '드디어 힘들었던, 많이 아팠던 여행이 끝나는구나.' 하는 깊은 안도감과 성취감을 느꼈다. 그리고 적어도 3~4년 내에 다시 이 징그러운 인도를 찾지 않을 것이라고 다짐했다.

그런데 참 이상했다. 돌아온 지 하루도 지나지 않아 자꾸 인도가 머릿속을 맴돌았다. "박시시baksheesh; 보시."를 외치며 집요하게 따라다니던 코흘리개 아이들이 눈앞에 아른거리고, 거리에 나서면 금방이라도 릭샤왈라rickshaw wala; 릭샤 운전사들이 누런 이를 드러내며 "할로 마담, 릭샤?" 하고 말을 걸 것만 같다. 귀찮게 집적거리는 인도인이 아니라 아무 데나 누워서 늘어지게 낮잠을 즐기는 여유 있는 이들이 먼저 떠올랐다.

떠들썩하고 정신없는 볼리우드bollywood; 인도의 영화 산업을 가리키는 말

영화 한 편을 본 느낌이었다. 인도인들처럼 영화에 몰입해 스크린 속의 배우와 함께 춤추고 노래하고, 또 같이 슬퍼하고 기뻐하다 보니 어느덧 영화가 끝났다. 영화관 밖으로 나와 다시 일상으로 돌아왔지만 머리끝부터 발끝까지 전신을 흔들어놓은 영화는 여전히 머릿속에 남아 맴돌고 있다.

인도를 다녀온 사람들의 반응은 2가지로 나뉜다. 뭔가에 홀린 듯 인도를 또 찾거나 학을 떼고 다시는 인도에 가지 않겠다며 극단적으로 거부한다. 인도를 다시 찾는 사람들도 인도가 너무 좋기 때문이라고 말하지 않는다. 하지만 그곳으로 끌어당기는 강력한 마력 같은 게 있다고 말한다. 인도는 보면 볼수록, 느끼면 느낄수록 빠져드는 나라라는 것이다. 이 때문에 인도를 다녀간 많은 여행자들이 쏟아낸 책이 서점 한편에 가득 쌓여 있으며, 인도를 찾는 사람들이 계속해서 이어지는 것이다. 예상하지 못했던 일들과 상식적으로 이해되지 않는 일들이 일어나는 곳, 인도를 생각하면 피식 웃음이 난다.

인도 여행을 마치고 다시 기자로 복귀했다. 모든 게 제자리로 돌아왔는데도 한동안 인도에 대한 향수에 시달렸다. 분명 다시 찾아오지 않겠다고 다짐하면서 인도를 떠났는데 시간이 갈수록 인도 생각이 간절했다. 누군가 인도행 비행기표를 끊어주었다면 군말 없이 짐을 싸서 인도로 떠났을 것이다.

이 책은 두 달 가까이 인도를 여행하면서 보고 느꼈던 것을 토대로 작성했다. 내친 김에 네팔과 티베트까지 돌아다닌 경험도 담았다. 책을 쓰면서 즐거운 일도, 고마운 일도 많았다. 여행 당시 깨알 같은 글씨로 써내려갔던 2권의 두꺼운 일기장을 다시 읽으며 피식 웃기도 했고, 책장 한편을 차지하고 있는 인도에 관한 각종 서적들과 도서관에서 찾아낸 인도 관련 책을 통해 인도의 새로운 면도 알게 되어 즐거웠다.

그리고 책을 쓰느라 많이 놀아주지 못했는데 엄마에게 책을 쓸 시간을 허락해준 말괄량이 채율이와 개구쟁이 태준이에게 고마웠다. 특히 책을 쓰는 동안 채율, 태준 쌍둥이를 봐주느라 고생하신 나의 어머니와 아버지께 감사함을 전하고 싶다. 언젠가 쌍둥이를 데리고 인도를 다시 찾아갈 날이 올 것이라 믿는다.

권소현

· 차례 ·

지은이의 말 나마스떼 인도! …6

인도를 관찰하다 1

인도에 길들여지다	…23
Tip 타지마할 감상법	…31
노 프라블럼!	…33
힝글리시의 파워	…37
불가촉천민이 되다	…41
Tip 인도의 계급제도	…45
인간 나르는 화물차	…47
Tip 인도의 기차	…55
귀여운 사기사건	…56
Tip 인도에서의 버스여행	…63
너무나 포근했던 대자연의 품	…64
Tip 인도의 낙타사파리	…70
이마에 찍힌 붉은 점	…71
Tip 빨간 점의 의미	…78

인도에 적응하다 2

인도에서의 설사, 델리 벨리	… 87
Tip 인도의 음식문화	… 92
마음이 아려오다	… 94
Tip 인도에서 택시 타기	… 100
20루피짜리 최고의 음식	… 101
마더 테레사 하우스 가는 길	… 105
Tip 마더 테레사 하우스에서 봉사하기	… 112
세상에서 세력이 가장 작은 종교	… 113
바라나시, 도망치듯 떠나다	… 118
강가 이즈 라이프 Ganga is life	… 126
Tip 바라나시 가트 관람법	… 133
가끔은 어둠이 좋다	… 134
Tip 인도의 전력 사정	… 138
기차만큼 싼 비행기	… 139
Tip 인도에서 이동수단 선택하기	… 144

인도에 빠지다 3

억겁의 인연	… 155
인도는 야하다	… 162
CST역과의 악연	… 169
정正과 부정不正	… 175
낙원에서의 극기 훈련	… 179
Tip 인도의 기후	… 186
음침한 게스트하우스	… 187

Tip 인도에서 숙소 잡기 ··· 192
평온함에 숨겨진 피의 역사 ··· 193
Tip 암리차르 공짜 인심 ··· 197
한 편의 연극 같은 국경폐쇄식 ··· 198
Tip 와가—아타리 국경 가는 법 ··· 204
여자라서 행복해요? ··· 205
Tip 통계로 보는 인도 내 여성 지위 ··· 209

히말라야를 맛보다

4

잠깐의 신선놀음 ··· 219
Tip 포카라에서 출발하는 트레킹 코스 ··· 224
거머리 습격 사건 ··· 225
Tip 트레킹 가방 싸기 ··· 231
구룽족의 파티 ··· 233
Tip 네팔의 소수민족 ··· 238
마오이스트의 싱거운 협박 ··· 239
Tip 마오이스트는 누구인가 ··· 246
네팔 의사의 자존심 ··· 248
Tip 해외여행 중 아플 때 ··· 252
"윈도싯 플리즈 window seat, please" ··· 253
살아 있는 여신 쿠마리 ··· 259
Tip 네팔의 쿠마리 ··· 266
천 원과 민간외교 ··· 267

하늘에 다가가다 5

하늘과 가장 가까운 곳	…281
Tip 티베트 가는 법	…284
중니공로 따라 티베트 가는 길	…286
오줌소태와 베토벤	…290
해발 5천m 고지에서의 사투	…298
Tip 고산병 완화하는 법	…302
오지여행 끝에 만난 문명	…303
달라이 라마와 판첸 라마	…307
개구쟁이 동자승	…311
여자는 다 비슷해	…319
오체투지의 열정	…321

『나는 인도에서 인생을 배웠다』 저자와의 인터뷰 …328

· 1장 ·

인도를 관찰하다

Intro

마음을 단단히 먹었다. 다른 나라도 아니고 인도니까.
인도를 다녀온 이들은 인도에 푹 빠지거나,
인도에 다시는 오지 않겠다고 다짐하거나 둘 중 하나라고 했다.
막상 맞닥뜨린 인도는 만만치 않았다.
어딜 가나 늘 따라다니는 호기심 어린 눈과
잠시 걸음을 멈추면 빙 에워싸는 인도인들 때문에
어떨 때는 숨이 막힐 것만 같았다.
인도 여행 초반은 도전의 연속이었다.
적은 돈이지만 사기도 당해보고,
사막에서 노숙하면서 모래 씹히는 밥을 먹고,
콩나물시루처럼 사람들로 가득한 기차 안에서
땀을 줄줄 흘리며 15시간 버티기까지
고행에 가까운 일들을 경험했다.
이것이 다 인도에서는 평범한 일이며,
훗날 나에게 소중한 추억이 될 줄은 그땐 몰랐다.

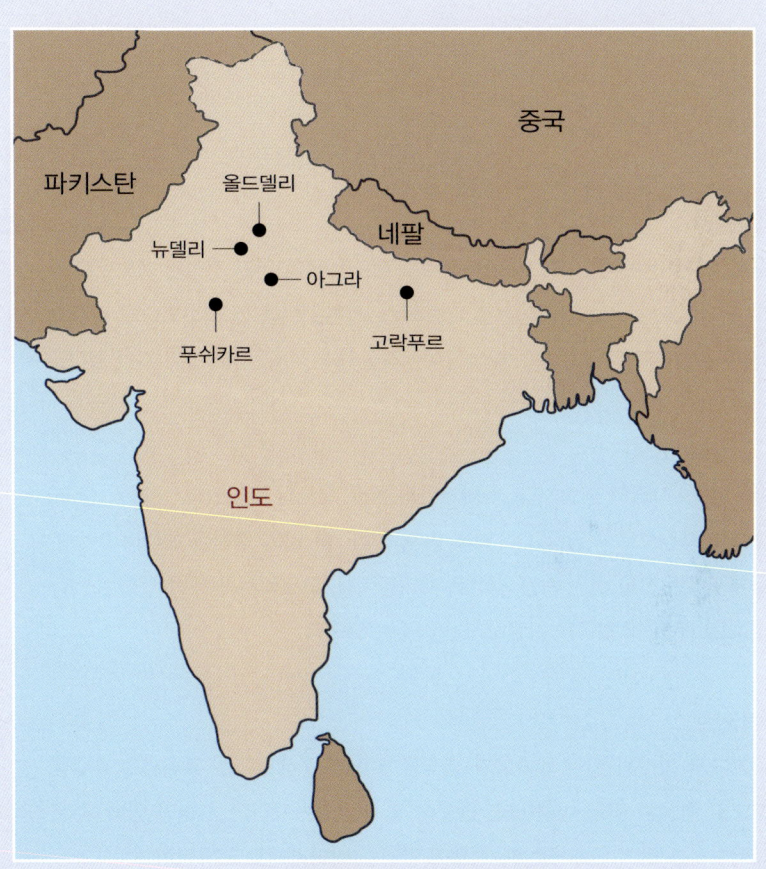

1장의 주요 여정: 인도

뉴델리
인도로 들어가는 관문이다. 델리를 대체할 신도시로 20년간 건설된 계획도시다. 인디아 게이트와 코넛 플레이스로 대표되는 세련된 현대 인도의 모습을 갖추고 있다. 올드델리와 뉴델리 사이에 배낭여행객들의 안식처인 빠하르간지가 있다.

올드델리
정치·외교·사회의 중심지다. 19세기까지 무굴 제국의 수도였다. 오래된 성 레드포트를 중심으로 서남쪽으로 넓게 퍼져 있다. 쉼 없이 경적을 울리며 아슬아슬하게 곡예운전을 하는 차량 사이로 사이클릭샤, 오토릭샤가 범벅이 되는 번잡한 도시로, 인도에 왔음을 강렬하게 알려주는 곳이다.

푸쉬카르
힌두교에서 창조의 신인 브라마가 연꽃을 떨어뜨려 생겼다는 푸쉬카르 호수를 중심으로 형성된 작은 마을이다. 인도에 몇 개 없는 브라마 사원이 있다. 주로 낙타사파리를 하기 위해 찾는다. 11월에 열리는 낙타축제로도 유명하다.

아그라

인도를 여행하는 단 하나의 이유를 찾으라면 바로 타지마할을 보기 위해서라고 해도 과언이 아니다. 샤자한과 뭄타즈 마할의 애틋한 사랑이 고스란히 배어 있는 흰 대리석의 타지마할은 태양의 각도에 따라 천의 얼굴을 보여준다. 유명 관광지인 만큼 호객행위와 바가지요금이 기승을 부리는 곳이기도 하니 정신 바짝 차려야 한다.

고락푸르

인도와 네팔 국경지역에 위치한 도시로, 인도에서 육로로 네팔에 가기 위해서는 반드시 거쳐야 하는 곳이다. 기차로 고락푸르까지 가서 버스나 택시를 타고 국경까지 이동한다. 걸어서 국경을 넘고 다시 장장 8시간 버스를 타야 포카라에 도착할 수 있다. 포카라까지 가는 길은 천길 낭떠러지인 구불구불한 도로가 대부분이라 스릴을 넘어 생명의 위협을 느낄 수도 있다.

인도에 길들여지다

• • • •

인도 여행은 뉴델리New Delhi에서 시작되었다. 비슷한 시기에 각기 다른 사연을 가지고 한 달여 간 인도 여행을 계획한 한국 여자 4명이 뭉쳤다. 직장을 옮기는 사이의 남는 기간에 인도 여행을 결심한 20대 중반, 임용고시 합격 후 임용까지 남은 한 달을 인도 여행에 투자하기로 한 20대 후반, 사업 기회를 찾아볼 겸 여행을 떠나기로 한 50대 왕언니, 그리고 나.

   이전부터 알았던 사이는 아니었다. 우리는 인터넷 카페를 통해 서로의 계획을 알게 되어 오로지 인도 여행을 위해 모였다. 여러 나라를 혼자 여행해봤지만 인도만큼은 살짝 겁이 났던 차에 잘된 일이라고 생각했다.

몇 차례 사전 모임을 통해 역할을 분담하고 나름대로 철저하게 준비를 마친 후 출국 당일 인천국제공항에서 만났다. 다들 여행을 떠난다는 설렘보다 무사히 귀국하자는 결의에 차 있었다. 그만큼 인도는 쉽지 않은 나라였다. 인도에 대해 알아볼수록 온갖 해괴한 소문과 상상 이상의 이야기들만 들려 괜히 인도를 택했나 싶을 정도로 걱정이 많아졌다. 정신 똑바로 차리고 여행하자며 여자 넷은 비행기에 올랐다. 일본 나리타 공항에서 환승해 8시간 반을 날아 뉴델리 인디라간디 공항에 도착했다.

'공항에 내리자마자 인도라는 것을 느낄 수 있다.'라는 여행 후기들을 많이 봐서인지 왠지 모르게 잔뜩 긴장했는데 사리_{sari; 인도 여성들이 입는 전통 의상} 입은 여성도 눈에 많이 띄지 않았고, 인도를 가장 강하게 느끼게 해준다는 향신료 냄새도 코를 찌를 정도는 아니었다. 사건사고가 많다던 뉴델리 공항이었지만 입국심사도 순조로웠고, 수화물은 의외로 빨리 나왔다.

그런데 공항 밖으로 나오니 상황은 급반전되었다. 후덥지근한 공기가 훅 밀려왔다. 인도의 5월은 한국의 한여름 같았다. 나오자마자 현지인들이 한두 사람씩 몰려들었다. 뭔가 끊임없이 이야기하는데 무슨 말을 하는지 잘 못 알아듣겠다. 몇 차례 되물은 결과, 짐을 들어줄 테니 돈을 달라는 짐꾼들이었다. 미리 신청한 픽업서비스가 있다고 양해를 구했지만 이들에게 포기란 없었다. 덕분에 픽업서비스 장소까지 가는 데 한참이 걸렸다. 인도의 첫인상은 무척이나 강렬했다. 그렇게 시작된 인도 여행은 계속 사건과 사고를 몰고 다녔다.

인도에서 가장 먼저 적응해야 할 것은 인도인들의 호기심 어린 시선이었다. 뉴델리에서 푸쉬카르Pushkar로 가는 심야버스에서였다. 일행이 4명이라 둘씩 앞뒤로 자리를 잡았다. 버스는 복도에까지 통의자를 놓고 앉아서 가는 승객들로 꽉 차 있었다. 어스름이 깔리기 시작하고 버스에 탄 승객들은 하나둘씩 눈을 감기 시작했다.

그런데 한 남자가 계속 거슬렸다. 처음에는 지갑이나 가방을 노리는 소매치기인 줄 알았다. 다른 곳으로 시선 한 번 돌리지 않고 우리 쪽만 뚫어져라 쳐다보는 게 소름이 돋을 정도였다. 복도에 의자를 놓고 버스 뒤쪽을 바라보고 앉은 이 인도 남자는 하얀 눈만 번뜩였다. 어쩌다 눈이 마주치면 시선을 돌릴 만도 한데 우리 쪽에 완전히 고정되어 있었다. 점점 불편해지기 시작했다. 시선을 어디에 둬야 할지도 몰라 결국은 나도 같이 뚫어져라 쳐다보기로 마음먹었다. 그러나 눈싸움이 시작된 지 몇 분 만에 졌다. 흔들림 없이 바라보는 눈빛이 너무 부담스러워 포기하고 아예 눈을 감아 버렸다.

인도인들은 이렇게 이방인이 나타나면 신기하다는 듯이 뚫어져라 쳐다본다. 옆에서 힐끗힐끗 훔쳐보는 것도 아니고 대놓고 앞에 와서 쳐다본다. 마치 이상한 나라의 앨리스가 된 기분이다.

인도에 도착한 다음 날, 올드델리Old Delhi에 있는 자마 마스지드 Jama Masjid에 갔다. 국민의 90%가 힌두교도인 나라의 수도 한가운데에는 2만 5천 명까지 수용 가능한 거대한 이슬람 사원이 자리 잡고 있다. 1650년부터 6년에 걸쳐 지은 것으로 무굴 제국의 제5대 황제이자 건축광이었던 샤자한Shah Jahan의 마지막 작품이다.

넓은 계단을 올라 입구에 도착했다. 계단 모서리에 서서 웅장한 자마 마스지드의 외벽을 카메라에 담고 돌아서는 순간 깜짝 놀랐다. 적어도 20명은 되는 인도인들이 어느새 잔뜩 모여 있었기 때문이다. 무슨 일이 생겼나 싶어 주위를 둘러봤다. 사실 인도에서 이슬람교도들은 절대 열위다. 종교 분쟁으로 파키스탄이 분리독립한 후 이슬람교도들은 대부분 파키스탄으로 이주했기 때문이다. 2006년 4월 자마 마스지드에서는 두 차례 폭탄 테러가 발생하기도 했다. 이런 저런 이유로 이슬람 사원 방문에 겁을 먹고 있었다.

그런데 이리저리 둘러봐도 별 일은 없어보였다. 우리 앞에 모여 있는 사람들의 표정이 참 순박했다. 팔짱을 끼고 쳐다보는 아저씨부터 키득거리면서 계속 수군거리는 아이들, 수줍은 듯 사리로 얼굴을 가리고 있으면서도 시선은 똑바로 이쪽을 향해 있는 여인들, 이들은 우리가 어떤 행동을 하는지 하나도 놓치지 않고 보겠다는 표정으로 우리를 주시했다.

신발을 입구에 맡기고 맨발로 사원 마당에 들어서니 바닥에서

아그라에서 순식간에 우리 앞에 몰려든 인도인들. 나마스떼!

후끈한 열기가 느껴진다. 한낮 더위에 작열하는 태양, 대리석인 사원 마당은 거의 불에 달궈놓은 프라이팬 같았다. 그늘을 찾아 깨금발로 뛰는데 자꾸 뒤에서 누가 부른다. 대가족이 왔는지 10명이 넘는 사람들이 같이 사진을 찍자고 한다. 발바닥에 화상을 입을 것 같았지만 꾹 참고 사진 한 방을 찍었다. 돌아서려고 하니 또다시 불러 이번에는 둘씩 찍자고 한다. 그다음에는 한 명씩 일대일로 찍자며 아예 줄을 서서 기다렸다. 연예인이 된 기분이었다.

"여기서는 우리 얼굴이 먹히나봐. 아예 여기 눌러앉아 살까?"

농담을 하며 즐겁게 사진 촬영에 응했다. 그런데 한번 찍기 시작하니 중간에 끊을 수가 없었다. 웃어라, 이쪽에 서라, 손을 어깨에 얹어 달라, 모자를 벗으면 안 되겠냐 등 요구도 다양했다.

드디어 이 가족과의 사진 촬영이 다 끝나고 사원을 향해 돌아섰다. 그러나 몇 걸음 가지 못하고 사진을 같이 찍자는 다른 무리의 요청에 또 발이 묶였다. 그렇게 몇 차례의 관문을 통과한 후에야 사원에 도달할 수 있었다. 사진 찍자는 말은 못 하고 한 20m쯤 앞질러 가서 카메라를 들이대기도 하고, 계속 옆에 붙어서 따라오기도 했다. 문득 6·25전쟁 이후 금발의 미군에게 "헬로 몽키."라며 뜻도 모르고 인사를 건넸던 시절, 그들의 느낌이 이랬을까 하는 생각도 들었다.

인도인들은 호기심이 많다. 릭샤rickshaw; 인력을 이용하는 인도의 교통수단를 타기 위해 가격을 흥정하려고 하면 주변으로 하나둘씩 모여든다. 그러고는 릭샤왈라가 말한 가격이 싸네 비싸네, 거리가 가깝네 머네 하면서 자기들끼리 난상토론을 벌이며 참견한다. 분명 한 사람에게 길을 물어봤는데 대답하는 사람은 4~5명이다. 물론 답은 제각각이다.

유명한 사원에서는 더 유난스럽다. 자마 마스지드에서의 상황은 아그라Agra의 타지마할Tāj Mahal이나 암리차르Amritsar의 황금 사원에서도 똑같이 벌어졌다. 광활한 인도 대륙에 살고 있는 12억 명의 인도인 가운데 이렇게 평면적인 이목구비와 하얀 피부를 가진 동양인을 본 사람이 몇 퍼센트나 될까. 특히 유명 관광지에는 큰 마음 먹고 여행에 나선 시골 사람들이 많으니 동양 여자들이 무척 신기해 보였을 법도 하다. 한 꼬마 아가씨는 나처럼 생긴 사람을 태어나서 처음 봤다고 했다. 한국이 어디에 있으며 그곳의 여자들은 어떻게 결혼을 하고 삶을 꾸려가는지 꼬치꼬치 캐물었다.

말이 많기로 유명한 인도인들은 논쟁을 좋아한다. 결론이 허무하게 나도 그들은 일단 서로 의견을 나누고 반박하고 또 다른 의견을 제시하는 자체를 즐기는 듯했다. 이렇게 '토커티브talkative' 수준을 넘어서 '토커홀릭talkaholic'인 듯한 인도인들 사이에 있으려니 피곤해지기 시작했다. 외국인에 대한 지나친 관심도 마찬가지였다. 제발 좀 나를 가만히 놔뒀으면 했다. 일일이 대답해주고 사진 모델이 되어주는 것도 고역이었다. 누구는 공주병 말기라고 할지도 모르겠지만, 지쳐가는 건 어쩔 수 없었다.

1장 인도를 관찰하다

고아 해변에 위치한 마을. 어딜가나 떠들썩하고 정신없었던 델리와 달리 고요했다.

결국 좀 한적하고 조용한 곳에 가기로 했다. 전형적인 휴양지라 비수기에는 상점도 문을 닫는다는 곳, 현지인보다는 관광객이 더 많다는 인도 남부 고아Goa를 찾았다. 정말 고아에서는 귀찮게 하는 사람이 없었다. 먼저 와서 말을 걸고 사진을 찍자는 사람도 없었고, 호객꾼도 없었다. 현지인 역시 하도 외국인을 많이 봐서 그런지 별로 신기해하지 않았다.

이제 좀 살 것 같았다. 그런데 행복한 건 하루를 넘기지 못했다. 하루가 지나니 갑자기 너무 허전하고 외로워졌다. 그새 떠들썩한 인도인들에게 익숙해졌나보다. 델리로 돌아갔을 때 인도인들이 건네는 인사가 얼마나 반가웠는지 모른다. 인도인들이 나를 길들였다는 생각에 너털웃음이 나왔다.

tip 타지마할 감상법

아그라는 인도 여행 필수 코스다. 위대한 사랑의 대명사로 불리는 무굴 제국의 5대 황제 샤자한의 작품인 타지마할이 있기 때문이다.
타지마할은 샤자한이 자신의 세 번째 왕비인 뭄타즈 마할Mumtaz Mahal의 죽음을 슬퍼해 그녀를 기리기 위해 22년에 걸쳐 건설한 묘지다. 뭄타즈 마할은 샤자한의 부왕인 자한기르Jahāngīr의 스무 번째 아내이자 여성 정치가였던 누르자한Nur Jahan의 조카로, 15세에 처음으로 샤자한을 만나 사랑에 빠졌다고 전해진다. 19세에 샤자한과 결혼해 18년간 소위 '베갯머리 송사'를 통해 상당한 영향력을 행사했다. 샤자한은 뭄바즈 마할과 모든 국가문제를 의논했으며, 심지어 전쟁터까지 동행할 정도였다고 한다.
샤자한이 데칸Deccan 고원 원정중이었을 때 뭄타즈 마할은 15번째 아이를 출산하던 중 38세의 나이로 죽었다. 샤자한은 그 뒤로 2년 동안 슬픔에 젖어 살았던 것으로 전해진다. 샤자한은 뭄타즈 마할을 기리기 위해 1632년 아그라에 묘지를 건설하기 시작했고, 1653년에 완공했다. 이 묘지를 건설하는 데에만 2만 명의 노동자와 장인들이 동원되었다.
샤자한의 노년은 쓸쓸했다. 연이어 계속된 공사로 재정이 궁핍해지면서 왕권이 추락했고, 아들들은 왕위를 놓고 다툼을 벌였다. 샤자한에게 후계자로 지목받지 못한 아우랑제브Aurangzeb는 샤자한을 아그라 성에 유폐했고, 샤자한은 죽을 때까지 8년간 이곳에서 살았다.
아그라 성은 타지마할 뒤편으로 흐르는 야무나 강Yamuna을 따라 북쪽으로 2.5km 떨어진 곳에 위치해 있다. 샤자한은 매일 야무나 강가에서 타지마할을 바라보며 슬픔에 젖어 있었다고 한다.
타지마할 입장료는 750루피, 대략 1만 5천 원 정도로 인도 관광지 중

거대한 대리석 건물 타지마할

에서도 높은 편에 속한다. 이 중 500루피는 아그라발전기금ADA이다. ADA 영수증을 가지고 있으면 당일 아그라 성을 비롯한 아그라 내 유적지 입장권을 살 때 ADA를 또 내지 않아도 된다.

야무나 강 건너편에서 보는 타지마할도 환상적이니 밖에서 보는 것도 놓치지 말자. 특히 해질 녘 석양에 고스란히 드러나는 타지마할의 실루엣은 가히 작품이라 할 수 있다.

보름달이 뜨는 밤에 타지마할을 보는 것은 또 다른 감동을 선사한다. 보름달이 뜨는 날 전후로 한 달에 5일 동안 야간 개장을 하며, 1회 입장 인원은 400명이다. 입장료는 낮과 같지만 입장권 끊기는 만만치 않다. 인도 고고학회 아그라지부에서 야간개장 티켓을 하루 전에 구매해야 한다. 당일 티켓을 끊어서 입장하는 것은 불가능하며, 티켓을 구매할 때는 여권 사본 1장이 필요하다.

보름달이 뜨는 시기에 야간입장 티켓을 구하지 못했더라도 너무 실망하지 말자. 근처 식당 루프탑에서 보름달을 배경으로 한 타지마할을 보는 것도 나름 한 폭의 그림이다.

노 프라블럼!

‧ ‧ ‧ ‧

델리에서 새벽 기차를 타고 시크교도들의 성지인 암리차르로 향했다. 일반 기차로 10시간이 넘게 걸리는 거리지만 샤따브디SHTBDI 익스프레스로는 5시간이면 간다. 기차 시간을 맞추려고 새벽부터 부산을 떤 탓에 졸리기는 했지만, 에어컨 기차에 개별석인데다 식사까지 제공되는 특급 기차를 타본다는 설렘에 냅다 플랫폼까지 달려갔다.

델리에서부터 하늘이 우중충하더니 기어이 빗방울이 차창을 때린다. 암리차르 역에 도착해서 보니 빗방울은 그새 빗줄기가 되었다. 나의 빨간 우산이 그리웠다. 한국에서 가져온 작은 3단 우산을 남부 고아에서 도둑맞았다. 배낭 옆 주머니에 쏙 들어가기에 여행 내내 그렇게 꽂고 다녔는데, 고아 마르가오margao 역에서 점찍은 숙소에 가려고 잡아탄 오토바이 택시의 운전사가 숙박비를 협상하는 중에 짐을 옮겨놓으면서 슬쩍한 모양이다. 괜히 그 뚱뚱했던 오토바이 운전사가 원망스러워졌다.

이상하게 암리차르 역에는 릭샤왈라들이 없었다. 인도 어느 역을 가나 바가지 씌우기 쉬운 외국인에게 날카로운 눈빛을 번뜩이면서 달라붙는 왈라들이 득실거리기 마련인데 이상했다. 대충 둘러보니 주차된 오토릭샤도 별로 없다.

터번을 두른 아저씨가 다가와 어딜 가냐고 물었다. "골든템플

Golden Temple; 황금 사원."이라고 했더니 같이 가잔다. 오토릭샤일 거라고 생각했는데 사이클릭샤cycle-rickshaw; 자전거를 개량한 교통수단였다. 끌고 온 사이클릭샤는 지붕이 있긴 하지만 지붕 길이가 짧아서 비가 다 들이쳤다. 이미 의자에도 물기가 흥건했다. 타려다 멈칫 했더니 "노 프라블럼No Problem."이란다. 수건으로 닦아줄 줄 알고 기다렸는데 계속 타라는 손짓만 한다.

"내가 보기엔 프라블럼이 많다구요. 여기에 물기 안 보여요?"

그래도 이 릭샤왈라는 "노 프라블럼, 노 프라블럼!"만 외쳤다. 내가 졌다. 결국 모자를 깔고 올라탔다. 황금 사원에 도착했을 때 치마는 벌써 젖었고, 무릎 위에 비를 막으려고 올려놓은 가방까지 축축해졌다. 참다못해 이거 보라면서 투덜거리는 내게 릭샤왈라는 뒤통수에 대고 끝까지 노 프라블럼으로 작별인사를 했다.

타지마할이 있는 아그라에서의 일이다. 심야버스를 탄 탓에 새벽에 도착했다. 긴 일정만큼이나 배낭도 커졌다. 쌀가마니처럼 무거워진 데다 앞으로 멘 가방, 옆으로 멘 가방까지 짐 무게에 휘청거릴 지경이었다. 내리자마자 릭샤왈라들이 벌떼처럼 달려들었다. 대부분 일일 관광을 하라는 이야기다. 타지마할과 아그라 성, 몇몇 유적지를 오토릭샤로 하루 동안 둘러보는 데 1인당 300루피 정도를 달란다. 그저 아그라 기차역까지 가고 싶을 뿐인데 도저히 그렇게 가주지는 않을 듯했다. 배낭이 무거웠지만 이들을 뿌리치고 무작정 걸었다.

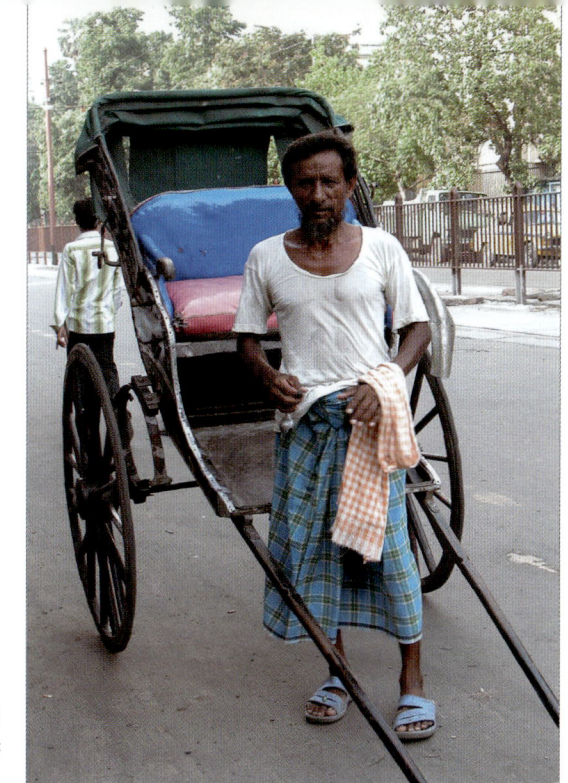

콜카타에서 여자 3명
을 태우고 달린 릭샤
왈라

 그러던 중 사이클릭샤가 앞에 멈춰서더니 어디로 가냐고 물었다. "아그라 역!"이라고 대답은 했지만 속으로는 '이 많은 짐을 싣고 어떻게 자전거로….' 하는 생각에 다시 걷기 시작했다. 그런데 사이클릭샤왈라는 "노 프라블럼."이란다. 당장 바로 앞이 언덕인데도, 마른 사람 2명이 간신히 앉을 만큼 의자가 좁은데도 "노 프라블럼"만 반복한다. 대체 짐은 어디다 실으라는 건지, 어떻게 저 언덕을 올라간다는 건지 알 수 없었다. 배낭은 뒤에 어찌 어찌 매달더니 작은 가방은 안고 타란다. 2명이 좁은 의자에 간신히 걸터앉자 릭샤왈라는 목에 핏줄이 설 정도로 힘을 쏟으며 페달을 밟기 시작했다. 언덕이 나오자 내려서 사이클릭샤를 천천히 끌고 올라갔다. 시간은 좀 걸렸지만 결국은 아그라 역에 도착했다. 정말 '노 프라블럼'이네….

어디서든, 어떤 상황에서든 인도인들은 "노 프라블럼."이라고 외친다. 인도인들의 '노 프라블럼' 철학은 수많은 여행기를 통해 익히 알고 있었지만 정말 인도인들은 노 프라블럼을 입에 달고 살았다. 도저히 안 될 것 같은 상황에서도 이 한마디로 할 수 있다는 의지를 표현한다.

사실 인도인들에게 노 프라블럼은 우리가 생각하는 그런 의미의 '문제없는 상황'을 말하는 것은 아니라고 한다. 문제가 쌓이고 쌓여서 결국 대형 사건으로 터지기 전까지는 문제가 아니라는 의미다. 힌디어로 '노'는 아홉을 뜻하기 때문에 인도인이 노 프라블럼이라고 할 때는 이미 9가지 문제가 있다는 해석도 있다.

인도 여행 초기에 노 프라블럼은 희망이었다. 정말 문제가 없는 건 줄 알았기 때문이다. 하지만 여행을 할수록 노 프라블럼은 짜증을 유발하는 표현이 되어갔다. 문제가 뻔히 보이는데 자꾸 문제가 없다고 우기니 말이다. 하지만 큰 문제가 생기지만 않으면 괜찮다는 그들의 노 프라블럼에 점점 물들어갔다.

기차가 연착되어 1시간이나 늦는다는 방송이 나왔을 때도 '노 프라블럼, 1시간 연착이면 양호하네.', 100달러짜리 지폐 한 장이 사라진 것을 발견했을 때도 '노 프라블럼, 좀더 아껴쓰면 되지.'라고 생각했다. 또 한국으로 돌아올 때 경유로 잠깐 머문 일본에서 비행기를 놓쳐 하루를 더 기다려야 했을 때도 나도 모르게 속으로 '노 프라블럼, 공항에서 하루 노숙 못 할까.'라고 생각했다.

왠지 노 프라블럼을 중얼거리면 안 되는 것도 될 것 같은 기분이 들었다. 인도 델리로 입국했을 때 첫 이동지인 푸쉬카르로 가는 버스가 예정시각보다 2시간 늦게 출발한 것에 화를 내며 초조해했던 내가 노 프라블럼 정신을 이해하게 된 것이다. 인도인들이 쓰는 노 프라블럼의 의미가 내가 생각하는 의미와 다를지 몰라도 그들이 내게 가르쳐준 첫 번째 만트라, 그것은 '노 프라블럼'이었다.

힝글리시의 파워

· · · ·

'인도는 무려 100년 동안이나 영국의 식민 통치를 받았으니까 영어로 의사소통하는 데 크게 무리 없겠지?'

이 단순한 생각은 델리에 도착한 첫날 깨졌다. 이 사람들의 발음은 몇 번을 들어도 고개를 갸우뚱하게 만들었다. 나의 영어 듣기 실력을 탓해보기도 했지만 영어권에서 온 배낭여행객들도 이구동성 같은 의견이었다.

한번은 식당에서 물을 달라고 '워러'라고 발음했더니 알아듣지 못하는 것이다. 나름 외고 졸업에 영문학 전공, 교환학생 등으로 다듬어진 발음이라 자부했건만 인도인은 도통 모르겠다는 표정을 지었다. 워터, 워러, 워타… water로 가능한 발음을 모두 읊었더니 결국은 "아~워떠루?"라면서 알아들었다. 인도인들은 r 발음을 '루'나 '르'로 소리내고, t나 c, p 등은 된소리로 발음한다.

인도의 공용어는 보통 힌디어라고 알고 있다. 실제로도 인도인들이 가장 많이 사용하는 언어인 것은 분명하다. 하지만 비율로 따져보면 국민의 절반도 안 되는 40% 정도만이 힌디어를 쓴다. 인도는 공식 언어만 22개가 되며, 방언은 무려 800여 개에 달한다. 델리에서는 힌디어를, 콜카타Kolkata에서는 벵갈어를, 뭄바이Mumbai에서는 마라티어와 구자라트어를, 고아에서는 꽁끈어를 쓴다. 그래서 동쪽 사람과 서쪽 사람이 만나거나 북쪽 사람과 남쪽 사람이 만나면 영어로 대화할 수밖에 없다.

그런데 이 인도인들이 쓰는 영어라는 게 도통 알아듣기 어렵다. 그들끼리는 무척 잘 통하는 듯한데 말이다. 한번은 침대칸 기차의 3층 침대에서 자다가 깼다. 아직 목적지에 도착하려면 5시간은 더 가야 하는데 아래 1~2층에 탔던 사람들은 벌써 침대칸을 정리하고 앉아 수다 삼매경에 빠져 있었다. 잘 못 알아듣겠는 것을 보니 힌디어 같은데 영어 단어가 불쑥 불쑥 튀어나왔다. 영어인가 해서 귀를 기울여 들어보면 또 아닌 것 같다. '아, 저것이 바로 영어에 가끔 힌디어를 섞어 사용한다는 힝글리시Hinglish라는 거구나!' 싶었다.

영국의 저명한 언어학자인 데이비드 크리스탈 교수David Crystal는 힝글리시가 앞으로 가장 보편적인 구어체 영어가 될 것이라고 주장하기도 했다. 그도 그럴 것이 12억 명의 인도 인구 가운데 3분의 1이 영어를 사용하고 있으니 일단 사용인구 4억 명은 확보한 셈이다. 게다가 산아제한정책이라는 것이 절대 먹히지 않는 나라이니 인구는 계속 늘어날 것이고, 교육수준이 높아지면서 영어를 구사하는 사람도 많아질 것이다. 힝글리시의 위력이 점차 커질 수밖에 없는 이유다.

부드러운 미국식 발음도, 고급스러운 영국식 발음도 아니지만 인도인들은 힝글리시를 자신 있게 구사한다. 우리나라는 영어실력을 발음으로 평가하는 경우가 많지만 인도인들은 발음보다 의사소통을 더 중시하기 때문에 영어로 말하는 데 거침이 없다. 최근에는 필리핀에 뒤처졌지만 한때 인도가 명실공히 콜센터 아웃소싱 1위 국가였던 것도 힝글리시로 의사소통에 문제가 없음을 인정받았기 때문일 것이다.

어찌 되었든 아래층에 앉아 있었던 사람들은 그렇게 남은 5시간을 힝글리쉬로 이런저런 대화를 나누었다. 일상적인 이야기를 하다가도 가끔은 목소리를 높이며 논쟁을 벌이기도 했고, 뭐가 그렇게 재미있는지 박장대소를 하기도 했다. 이들은 비교적 높은 카스트caste; 인도의 신분제도에 고등교육도 받은 모양이다. 언뜻 튀어나오는 영어 단어로 짐작하건대 사회·정치·경제에 대한 토론을 꽤 즐기는 듯했다. 기차 자체가 일반 2등석보다 5배, 일반 침대칸보다는 3배 비싼 에어컨 침대칸이었으니 타는 사람들도 어느 정도 수준이 있는 사람들이었을 것이다.

사실 인도인들은 단어 몇 개를 나열하는 게 전부일 뿐 문장을 완벽하게 구사하는 경우는 많지 않다. 그런데 신기한 점은 이런 식으로도 의사소통이 원활하게 된다는 것이다. 호기심 많은 인도인들은 "할로 마담." 하면서 다가온다. '마담' 하면 바로 유흥업소가 떠오르는 한국인에게는 그다지 유쾌한 호칭은 아니지만 영국과 프랑스, 포르투갈 등의 영향을 받은 인도인으로서는 극존칭인가보다. 그렇게 다가와 "유어르 네임your name?" 하고 대화를 시도한다. 그다음은 "위치 꼰추리which country?"다. 한국 이름은 어려워 따라 하지 못하고, 코리아에서 왔다고 하면 "아~ 꼬레아~" 하면서 굉장히 감탄한 듯한 표정을 지어보인다. 여기서 더이상 영어가 안 되면 그저 웃으며 쳐다보기만 하고, 진척이 있다면 "유어르 패밀리your family?" "스튜던트student?" "유 라이크 인디아you like india?" 정도다. 대부분 서술어가 없으며, 평서문의 끝을 살짝 올려 의문문을 표현한다.

처음 인도에 도착해서는 식당에서 주문할 때나 거리에서 길을 물을 때, 릭샤를 잡아 흥정을 할 때 습관처럼 주어와 서술어가 있고 문장 형식에 따라 목적어나 보어 등을 다 갖춘 교과서적인 완벽한 문장을 말하곤 했다. 그러나 곧 이들과 대화하기에는 단어만 나열하는 게 편하다는 것을 깨달았다. 그래서 그들의 방식을 따랐다. "유어르 패밀리?"하고 물으면 손가락 4개를 펼쳐 보여주며 "파더, 마더, 브라더 앤 미father, mother, brother and me."라고 답하고 "스튜던트?"에는 "노, 워커No, worker."로, "유 라이크 인디아?" 하고 물으면 엄지손가락을 척 들어보이며 "얍Yap." 하고 대답했다. 더이상 대화가 진척이 안 되면 그저 싱긋 웃었다. 그러면 인도인들은 잇몸이 다 보이도록 더 활짝 웃어주었.

이제 완벽한 문장을 고집할 때보다 의사소통하기가 더 편해졌다. 그렇게 짤막한 영어로 인도인들과 많은 이야기를 나눴다. 눈으로, 웃음으로, 마음으로.

불가촉천민이 되다

. . . .

나는 안동 권씨 추밀공파 35대손으로 권씨라는 성을 가진 것에 늘 자부심을 가지고 살았다. 어릴 때부터 족보 앞에서 뿌리에 대한 교육도 많이 받았고, 나이 드신 분들로부터 대놓고 "아이구, 양반 성씨네."라는 말도 많이 들었다. 어머니가 아버지와 결혼하겠다고 했을 때 외할아버지는 안동 권씨라는 이유만으로 결혼을 허락했을 정도로 위세가 대단했다. 물론 시대의 변화에 따라 알아주는 정도가 약해지긴 했지만, 나름대로 가문에 먹칠하지 않아야겠다는 다짐을 하며 살아왔다.

그런데 이런 안동 권씨가 인도에서는 불가촉천민으로 강등되었다. 4개의 카스트에 끼지 못한 소수 민족과 외국인은 모두 사람 축에도 끼지 못하는 불가촉천민으로 분류되기 때문이다. 중고등학교 때 배웠던 카스트 제도를 떠올려보자. 카스트 제도에는 브라만Brahman: 사제, 크샤트리아Kshatriya: 무사, 바이샤Vaisya: 농민이나 상인, 수드라Sudra: 노예로 4계급이 있다. 물론 태어날 때부터 신분은 결정되어 있으며 카스트는 대물림된다. 더 높은 카스트로 올라갈 수 있는 방법도 없고, 다른 계급과의 혼인도 절대 금지다.

카스트 제도의 기원은 아리아인들이 침입했던 기원전 1300년으로 거슬러 올라간다. 얼굴이 하얀 아리아인들이 인더스 지역에 살던 검은 피부의 원주민을 통치하기 위해 고안한 것이 바로 이 계급제도였다. 하얀 피부가 곧 고결하고 높은 신분을 의미한다는 카스트 제도를 만든 것이다. 카스트가 산스크리트어로 '색깔varna'을 뜻하는 것도 이 때문이다. 카스트 제도는 설화로도 뒷받침된다. 아리아인들의 경전인 『리그베다Rigveda』에 보면 신들이 원시 인류인 푸르샤Purusa를 제물로 바치기 위해 죽였는데 머리는 브라만이, 팔은 크샤트리아가, 허벅지는 바이샤가, 발은 수드라가 되었다는 이야기가 나온다.

그런데 이 4개 계급에 끼지 못하는 층이 또 있다. 바로 불가촉천

푸쉬카르에서 사막으로 들어가는 길. 불가촉천민들이 살고 있는 천막이 군데군데 보인다.

민이다. 불가촉不可觸, 즉 접촉하면 안 되는 부류다. 카스트 제도에서는 자신보다 낮은 계급의 곁에 가면 부정이 탄다고 보지만, 불가촉천민들은 아예 접근조차 허락되지 않는다. 동물과 사람의 중간쯤 되는 존재인 것이다. 그렇기에 불가촉천민들은 마을 밖 황폐한 땅에서 다른 우물을 사용하고 천막이나 밀짚으로 지은 집에서 살아왔다. 직업도 조상 대대로 분뇨 수거나 도살, 동물 사체 치우는 일과 같은 천한 일만을 삼아왔다.

불가촉천민촌을 본 것은 서인도의 푸쉬카르에서였다. 낙타를 타고 푸쉬카르를 떠나 사막으로 들어서자 띄엄띄엄 불가촉천민촌이 눈에 들어왔다. 네 땅, 내 땅을 가릴 가치도 없을 만큼 황량한 사막에 초가집을 짓고 삼삼오오 모여 살고 있었다. 이 사막이 모두 내 땅이려니 하는 듯 담도 없고, 세간살이도 여기저기 어지럽게 늘어놓았다. 여인들은 옷 하나로 몇 년을 버텼는지 꼬질꼬질 누더기가 다 된 사리를 걸치고는 사막 바닥에서 나뭇가지로 불을 지펴 밥을 짓는다. 물동이를 하나씩 이고 먼 길로 물을 길러 갔다 오는 여인들도 보인다.

낙타사파리 행렬을 발견하자마자 벌거벗은 어린아이들이 "할로."를 외치며 줄줄이 뛰어온다. 아마도 사탕이든 초콜릿이든 돈이든 뭔가를 달라는 뜻이었을 것이다. 아니면 호기심에서 그냥 따라온 것일 수도 있다. 그러나 그 아이들이 접근하기에 낙타는 너무 높이 있었다. 눈빛이 초롱초롱 빛나는 이 아이들이 자신의 앞날에 얼마나 무거운 굴레가 씌워져 있는지 과연 알고 있을까 생각하니 가슴이 아팠다.

마하트마 간디Mahatma Gandhi는 이 불행한 천민층에 신의 자녀라는 의미의 '하리잔harijan'이라는 이름을 붙여주었고, 1950년 인도 의회는 카스트 제도를 공식적으로 철폐했다. 법리적으로 계급은 없어졌지만 실생활에서는 그렇지 않았다. 다른 계급과의 결혼은 용납되지 않고, 부당한 차별도 여전하다. 지금도 수백만 명의 불가촉천민들이 도시의 하수구와 공공 화장실을 매일 청소하고 있으며, 시체를 치우고 도살을 맡아서 한다. 불가촉천민들도 스스로 마을이나 사원에서 멀리 떨어져 사는 것을 당연하게 생각한다.

외국인도 불가촉천민에 속한다는 말을 처음 들었을 때 의외였다. 접촉을 꺼리기는커녕 어딜 가도 악수 한번 하자는 인도인들 천지였고, 심지어 성추행에 가까운 스킨십을 서슴지 않는 경우도 있었다. 아마도 인도인들은 이론적인 계급이 아니라 그저 얼굴 색깔에 따라 외국인을 대하는 모양이다. 얼굴 색깔로 따지면 비교적 하얀 피부의 극동 아시아인들은 충분히 브라만 계급에 낄 수 있을 것이다.

인도 땅에 발을 디딘 순간부터 철저한 현지화를 추구했지만, 카스트 제도상 나의 소속을 알게 된 후에는 선크림을 더욱 꼼꼼하게 바르고, 늘 챙이 넓은 모자를 쓰고 다녔다. 혹시라도 얼굴이 타서 불가촉천민 대우를 받을까봐 말이다.

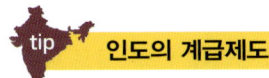 **인도의 계급제도**

카스트 제도에서 가장 상위 계층인 브라만에는 성직자와 학자가 속해 있다. 힌두 신에게 제사를 지내거나 교육을 담당하는 직업이다. 크샤트리아는 사회 제도와 안보를 유지하는 직업이 대부분이다. 왕족과 귀족, 외교관·장교·경찰관·국회의원 등이 모두 이 크샤트리

아에 속한다. 바이샤는 생산활동과 관련된 이들로, 농민·상인·수공업자가 이 범주에 속한다. 오늘날 인도 재벌로 성장한 기업가들이 대부분 바이샤 출신이다. 한때 통신·화학·정유·금융 등을 아우르며 인도 최대 그룹으로 군림했던 릴라이언스그룹의 디루바이 암바니Dhirubhai Ambani 회장도, 인도의 철강 재벌인 락시미 미탈Lakshmi Mittal도, 2014년 취임해 '모디노믹스Modinomics'로 인도 경제개혁을 이끈 나렌드라 모디Narendra Modi 총리도 바이샤 출신이다. 마지막 수드라는 육체노동을 하는 이들로 잡역이나 하인, 청소부 등이 여기에 들어간다.

카스트는 아리아인들이 들어와서 토착민들을 지배하고 혼혈을 막기 위해 만든 제도로 알려져 있지만, 일각에서는 분업에 목적이 있었다는 주장도 있다. 각각의 일을 전문적으로 맡아서 하고 대물림하면 그만큼 효율이 올라갈 것이란 판단에서라는 것이다. 또 같은 직업을 가진 사람끼리 결혼하면 서로를 이해할 수 있고 시너지가 난다고 봤다. 하지만 갈수록 지나치게 계급화되면서 뚜렷한 위계질서가 생겼다는 것이다.

4가지 계급에도 속하지 못하는 사람들은 불가촉천민이다. 파리아paraiyar, 달리트dalit 등으로도 불리는데, 인도 정부의 공식 분류로는 지정 카스트scheduled caste로 칭한다. 인도 인구의 약 15% 정도를 차지하는 불가촉천민은 주로 힘든 일이나 지저분한 일을 전담한다. 시체 다루는 일, 화장실 청소, 도살, 가죽세공업 등이다. 인도인들은 이들과 접촉하거나 스치기만 해도 오염된다고 생각한다. 때문에 불가촉천민들은 그들끼리 모여 살아야 했고, 우물도 따로 사용해야 했다. 이들은 모든 고기를 먹을 수 있는데, 더 더러워질 수 없을 정도로 더러우니 금지할 것도 없다는 인식 때문이었다.

1950년 이들에 대한 차별을 금지하는 법안이 마련되면서 이들은 점차 사회로 나오기 시작했다. 1997년 인도 대통령에 오른 코체릴 라만 나라야난Kocheril Raman Narayanan은 인도 역사상 최초의 불가촉천민 출신 대통령으로 화제를 모았다. 지난 2009년에는 인도 사상 처음으로 불가촉천민 출신의 여성 국회의장이 탄생했다. 20여 년간 인권 보호와 카스트 제도 폐지 운동을 벌였던 메이라 쿠마르Meira Kumar가 당시 의원들의 만장일치로 국회의장이 된 것이다. 나렌드라 자다브Narendra Jadhav 인도 푸네대학교 총장과 마야와티 쿠마리Mayawati Kumari 우타르프라데시 주 장관도 달리트 출신이다.

하지만 여전히 보이지 않는 벽이 존재하며, 직업 대물림이나 같은 카스트 간 결혼 등이 여전히 이어지고 있다. 나렌드라 자다브 총장은 『신도 버린 사람들』이라는 책에서 "불가촉천민은 카르마Karma; 업의 논리에 세뇌되어 살아왔다. 미천한 일을 하는 것은 모두 전생의 업 때문이라는 것이다. 나에게는 카르마가 없다. 내 스스로 운명을 택했고, 지금의 내 모습이 그 결과다."라고 말했다.

인간 나르는 화물차

. . . .

기차여행은 낭만적이지만, 인도에서의 기차여행은 고행이다. MP3 플레이어에서 흘러나오는 노래를 들으며 차창 밖으로 펼쳐지는 아름다운 풍경을 감상하는 상상을 했다면, 인도 기차를 타는 순간 내리고 싶어질 것이다.

인도에서 처음 타본 기차는 타지마할이 있는 아그라에서 네팔과의 국경도시인 고락푸르Gorakhpur까지 가는 15시간짜리 기차였다. 내게 15시간 정도는 가뿐했다. 하룻밤을 보내기에 우중충한 싸구려 게스트하우스보다는 오히려 기차의 침대칸이 더 나았기 때문이다. 작은 아그라포트Agra Fort 역 1번 플랫폼에 쪼그리고 앉아서 기차를 기다렸다. 출발시간보다 한 시간 정도 일찍 역에 도착한 덕에 운 좋게 선풍기 바로 아래에 자리를 잡을 수 있었다. 거미줄에 먼지까지 잔뜩 엉켜 있는 데다 요란한 소음을 내면서 돌아갔지만 푹푹 찌는 날씨에 살짝 불어오는 선풍기 바람이 고마울 정도였다.

출발시각인 밤 9시 50분이 가까워지자 플랫폼은 점점 사람들로 채워지고, 인도인들은 선풍기 바람을 조금이라도 쐬어보겠다고 슬그머니 밀고 들어왔다. 10시를 넘기고 11시가 다 되어가는 데도 들어올 기미를 보이지 않던 기차는 11시가 넘어서야 경적을 울려대며 모습을 드러냈다. 갑자기 플랫폼이 부산스러워졌다. 짐꾼들은 자기 몸의 2~3배나 되는 짐을 부지런히 나르고, 승객들은 자신이 탈 객차를 찾느라 우왕좌왕했다.

플랫폼에 들어오는 기차 모양새를 보니 거의 인간 나르는 화물차 수준이다. 문마다 아슬아슬하게 사람들이 매달려 있고, 내부를 들여다보니 사람들로 꽉 차 있었다. 저 기차를 과연 탈 수 있을까 하는 생각에 몸이 딱 얼어붙었다.

쌀가마니 같은 배낭을 둘러메고 기차에 올랐다. 복도는 입석표를 산 인도인들에게 점거당해서 한 발짝 앞으로 움직이는 게 무척 힘들었다. 이들을 제치고 어렵사리 좌석을 찾았다. 분명히 내 자리가 맞는데 누군가가 앉아 있었다. 그것도 5~6명이 다닥다닥 붙어서 말이다. 한 사람이 누워서 잘 침대석이라 길기는 했지만 성인 남자 5~6명이 앉기에는 아주 좁은 자리였다. 앞에 서서 객차 번호와 좌석 번호, 그리고 기차표를 번갈아가면서 확인했다. 그 사이 내 자리에 앉아 있는 인도인들의 시선은 일제히 이 낯선 이방인들에게 집중되었다. 제발 이 자리 주인이 아니었으면 하는 표정을 짓고 있었다. 표를 보여주니 그래도 순순히 일어났다. 우리는 그렇게 먼저 앉아 있던 인도인들을 몰아내고 자리에 앉았다.

　인도 기차의 침대칸은 상층·중층·하층으로 3개의 침대가 있고, 한 컴파트먼트에 6개의 침대석이 있다. 복도 건너편에는 가로로 2층 침대가 있다. 유럽의 기차처럼 문을 닫을 수 있는 시스템이 아니다. 칸막이도 없고 모든 공간이 트여 있다. 주변에는 모두 인도인, 특히 검은 피부에 흰 눈만 보이는 인도인투성이다. 역시 이번에도 원숭이 구경 났다. 자리를 비켜주기는 했지만 먼저 탄 인도인들이 구석구석 짐을 구겨 넣어놓은 상태라 배낭을 놓을 자리도 없었다.

　바닥에는 쓰레기가 굴러다니고, 벽에는 바퀴벌레가 아무렇지 않게 기어 다녔다. 인도 바퀴벌레는 정말 엄지보다 더 컸으며, 도통 사람을 무서워하는 눈치가 아니었다. 한국에서였다면 바퀴벌

에어컨 없는 SL등급 기차. 창문을 열어도 후덥지근한 공기로 숨이 막힐 정도다.

레의 출현과 동시에 구급차의 사이렌 소리에 버금가는 괴성을 질러댔겠지만 이미 인도 도착 며칠 만에 이 정도는 충격 축에 끼지도 않을 만큼 면역력이 생겼다.

어서 여기서 내리고 싶었다. 아우슈비츠로 끌고 가기 위해 유태인들을 가득 태운 기차의 모습이 이랬을까 하는 생각이 스쳐지나갈 정도로 상황은 최악이었다. 가만히 있어도 땀이 줄줄 흐를 정도로 찜통이고, 천장에서 돌아가는 선풍기도 뜨거운 바람을 쏟아냈다. 그런데 인도인들은 아무렇지 않은 듯이 한 침대석에 2명이 함께 누워 자기도 하고, 살을 맞대고 포개어 앉아 있기도 했다.

일단 앉아서 가기로 하고 배낭을 의자 끝에 놓아 복도로부터 바리케이트를 만들었다. 그러고는 4명이 나란히 앉아 발을 건너편 의자에 쭉 뻗었다. 기차는 덜컹 거리면서 아그라포트 역을 천천히 빠져나갔다. 창문을 통해 들어오는 바람이 선풍기 바람보다 낫기는 했지만 먼지까지 같이 들어와 끈적끈적한 몸에 달라붙었다. 한 남자가 한참 눈치를 보다가 침대 끝에 조금 걸터 앉아도 되냐고 묻기에 가차 없이 "노! 노노노!"라고 답하며 애써 모른 척했다. 자리 한구석을 허용하면 다른 인도인들까지 하나둘씩 몰려들게 뻔하기 때문이다.

이동이 불가능할 것 같은 좁은 기차 안에서도 장사꾼들은 용케 사람들을 헤쳐가며 음식을 팔러 다녔다. 인도인들은 음식을 사서는 시키면 손으로 아무렇지 않게 먹는다. 머리에 큰 혹이 달린 한 인도인은 철도회사에 고용된 직원인지 모르겠으나 청소를 하고 나서는 돈을 달라고 손을 불쑥 내밀었다. 피할 수 없으면 즐기라고 했지만, 그게 말처럼 쉽지 않았다.

점점 졸음이 쏟아진 우리는 각자 침대석을 만들어 잠을 청해보기로 했다. 등받이를 올려 3층 침대칸에 붙어 있는 체인으로 고정시키면 2층 침대석이 만들어진다. 3층 침대석으로 기어올라가 누웠더니 천장이 바로 눈앞이다. 그런데 몸을 옆으로 돌리지도 못하고 꼼짝없이 부동자세로 자게 생겼다. 돌렸다가는 바로 옆 컴파트

먼트의 같은 층 침대에 누워 있는 시커먼 인도 남자와 철사로 된 망을 사이에 두고 불과 10cm 간격으로 얼굴을 마주할 수밖에 없기 때문이다. 큰 배낭은 체인으로 둘러 기둥에 고정하고, 작은 배낭을 베개 삼아 천장을 보고 똑바로 누웠다. 그러다가 스르륵 잠이 들었다. 중간중간 흐르는 땀 때문에 깨서 물티슈로 땀을 닦고 또 잠들기를 반복했다. 기차는 예정된 시간을 2시간이나 넘겨 고락푸르에 도착했고, 누가 먼저랄 것도 없이 에어컨이 있는 게스트하우스로 가자고 외쳐댔다. 기대에 부풀었던 첫 번째 인도 기차여행은 이렇게 고강도 극기 훈련으로 끝났다.

인도에 카스트 제도가 있듯 기차 좌석에도 등급이 있다. 처음에는 멋도 모르고 배낭여행객들이 주로 탄다는 SL을 끊었다. 혹서기에 인도 여행을 하고 있다는 사실을 크게 생각하지 않았던 것이다. 고락푸르행 기차를 탄 이후로는 다시 기차를 타지 않겠다고 다짐했지만, 이 결심은 지킬 수가 없었다. 인도에서 기차만큼 도시 곳곳을 연결하는 교통수단은 없기 때문이다.

콜카타에서 바라나시Varanasi로 이동하기로 결정한 우리는 기차를 제외한 다른 교통수단을 알아봤다. 버스는 아예 없고, 비행기로는 델리까지 갔다가 다시 델리-바라나시 구간 비행기를 타고 온 길을 돌아와야 하는 복잡한 노선뿐이었다. 어쩔 수 없이 또 기차를 탔다. 대신 이번에는 에어컨 기차를 타기로 했다. 에어컨 3등칸 가격이 SL에 비해 3배 정도 비싸기 때문에 비싼 값을 하겠지 싶

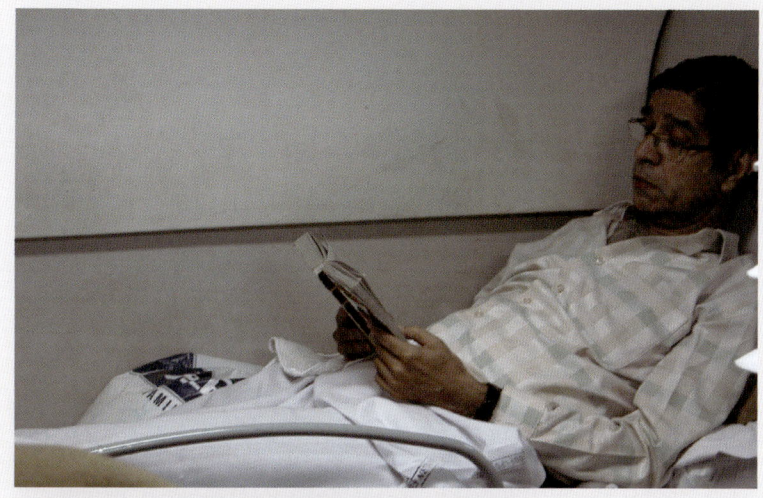

▲ 에어컨 기차는 비싼 만큼 여유가 느껴진다.

◀ 에어컨 기차에서 만난 인도 아이들

었다. 정말 에어컨 기차는 사뭇 달랐다. 추울 정도로 에어컨이 나오는 데다 기차 내부도 비교적 깨끗했다. 타자마자 깨끗한 시트와 베개를 받았다. 바퀴벌레가 없는 것은 아니었지만 새끼손가락 마디 하나 정도의 크기여서 귀엽다는 생각까지 들었다. 기차값이 비싸서 그런지 타는 승객들도 어느 정도 수준이 있어 보였다. 하얀 피부에 영어를 유창하게 구사하는 중산층들이 대부분이라 안심이 되었다.

그 이후로 나는 기차여행을 즐기게 되었다. 물론 무조건 에어컨 있는 좌석으로 끊었다. 일단 기차를 타면 시트를 깔고 배낭을 머리맡에 놓아 누워 잘 수 있는 자리를 만들고, 기차가 출발하면 책도 보고 일기도 쓰고 이런저런 생각에 잠기기도 했다. 그러다가 졸리면 잠을 청하고, 자다가 깨면 기차를 타기 전에 왕창 사두었던 음식을 먹으며 또 책을 보거나 일기를 썼다.

이 시간만큼은 아무에게도 방해받지 않았다. '나를 돌아볼 수 있었던 시간'이라고 하면 좀 거창한가? 아무튼 이렇게라면 20시간이고 30시간이고 갈 수 있을 것 같았다. 다만 에어컨이 있는 기차에는 창문이 짙게 선팅되어 있어서 바깥 풍경을 맘껏 즐길 수 없고, 창문을 통해 들어오는 바람을 맞으며 인도 냄새를 느낄 수 없다는 것이 아쉬웠다. 다음에는 겨울에 인도를 찾아 더위의 방해를 받지 않고 SL등급을 타보리라 마음먹었다.

 **인도의 기차**

인도의 기차는 등급이 세분화되어 있지만 크게 3개로 나눌 수 있다. 앉아서 가는 체어chair, 침대가 있어서 누워 갈 수 있는 슬리퍼SL, 에어컨이 나오는 AC다.

가장 좋은 AC는 침대가 있는 칸과 없는 칸으로 나뉘며, 침대가 있는 칸은 다시 1등석First, 2등석Second, 3등석Third으로 구분된다. AC는 기본적으로 모든 칸에 냉난방이 가능하며 시트와 이불, 베개가 제공된다.

최상급 자리인 에어컨 일등석First AC은 4인 1실 구조로 유럽 쿠셋처럼 2층 침대로 되어 있으며, 다른 사람이 들어올 수 없는 독립공간이다. 에어컨 2등석Second AC은 2층 침대에 복도에도 2층 침대가 있다. 밀폐된 공간은 아니지만 침대마다 커튼이 있어서 사생활 보호가 가능하다. 에어컨 3등석Third AC은 3층 침대와 복도에 2단 침대가 있다.

일등석First Class, FC은 1등급 칸으로, 침대칸은 아니지만 앉아서 갈 수 있다. 단거리 여행이라면 탈 만하다. 에어컨 체어AC Chair Car, CC는 FC보다 한 단계 아래 좌석으로 한국으로 따지면 무궁화호 좌석과 비슷하다. 냉난방이 제공된다.

냉난방이 되지 않는 SL은 에어컨 3등석과 같이 3단 침대와 복도 2단 침대로 구성되어 있다. 에어컨 대신 선풍기가 있기는 하지만, 그 차이는 엄청나다. 특히 더운 여름에는 극기 훈련이 따로 없으니 장거리 여행이 목적이라면 체력 안배를 위해 에어컨 3등석을 추천한다.

세컨드 시팅Second Seating, SS, 2S은 그냥 앉아서 가는 기차다. 나무의자로 되어 있어 장거리 여행은 힘들다. 좌석 예약제가 없어서 먼저 맡는 사람이 임자지만 늘 꽉꽉 차서 가기 때문에 한 의자에 여러 명이 다닥다닥 앉기도 하고, 바닥에 철퍼덕 앉아 가기도 한다. 화장실에 가려면 사람을 헤치고 가야 할 정도다. 짐을 놓는 선반에 사람들이 올라가 자기도 한다. 최고 등급과 체어 등급 간 가격 차이는 최대 10배까지 나기도 한다.

노선에 따라 AC는 식사와 생수, 신문 등을 제공한다. 케이터링 비를 추가로 내는 노선도 있다. 침대칸을 예약할 경우 가장 높은 UL Upper Class가 제일 낫다. 방해를 가장 덜 받고 인도인들의 뜨거운 관심에서 조금 비켜서 있을 수 있다. 현지인들은 주로 SL칸이나 제너럴 체어 클래스를 이용한다.

인도 기차 시간표와 요금 확인, 예약은 www.indianrail.gov.in에서 가능하다. 출발지와 목적지, 날짜를 넣고 검색하면 예약 가능한 좌석을 볼 수 있다. 예약가능Available 뒤에 나오는 숫자가 남은 좌석이다. WL는 대기예약이고 그 뒤의 숫자는 대기예약을 걸어놓은 숫자다. 대기예약 숫자가 많으면 예약이 불가능할 수도 있다.

귀여운 사기사건

‥‥

델리에서 다음 행선지로 택한 곳은 푸쉬카르였다. 신과 악마가 전쟁할 때 창조의 신 브라흐마Brahma가 무기였던 연꽃을 떨어뜨리자 호수가 생겼다는 곳이다. 마을 한가운데에 있는 이 성스러운 호수를 보기 위해 연중 순례자의 발길이 끊이지 않는다. 그러나 우리가 푸쉬카르를 가려고 한 이유는 사실 호수나 순례자를 보기 위해서가 아니라 낙타사파리를 하기 위해서였다. 인도 서부에 위치한 만큼 외곽으로 나가면 사막이 있고 그곳에서 낙타사파리를 할 수 있다.

뉴델리 기차역 앞에 있는 여행사들을 뒤져 그럭저럭 괜찮은 가격에 버스표를 끊었다. 푸쉬카르로 가는 직행버스인지 수차례 확인했다. 푸쉬카르가 워낙 작은 마을이라 대부분 그 근처 관문도시인 아지메르Ajmer까지만 운행하지만, 중간에 어디도 들르지 않고 푸쉬카르까지 바로 가는 투어리스트 버스도 있다. 당연히 푸쉬카르까지 바로 가는 버스가 더 비쌌지만 시간과 노력 등을 생각할 때 기회비용이 있다는 판단에 직행을 택했다. 꼼꼼하게 비교해보고 싸게 끊었다는 생각에 기분이 좋았다.

버스는 여행사 바로 앞에서 밤 10시에 출발하니 출발 30분 전까지 여행사로 오면 된다고 했다. 떠나기 전 뉴델리 이곳저곳을 배회하다 장거리 버스여행을 위해 간식을 잔뜩 사들고는 정확히 밤 9시 30분에 여행사 앞으로 갔다. 가방을 놓고 잠시 기다리라고 하더니 한 시간이 지나도 버스는 보이지 않았다. 계속 물어봐도 조금만 더 기다리라는 대답만 돌아왔다. 기다리다 심심해서 탄두리 치킨도 사오고, 생수도 몇 병 사왔다. 밤 11시가 다 되니 직원 한 명이 따라오라며 앞장서 갔다.

"여기서 타는 게 아니에요?"

"올드델리 역까지 가야 하는데 지하철 혹은 오토릭샤를 탈 수

심야버스를 타고 푸쉬카르에서 아그라로 떠나는 날. 버스터미널이라고 할 것도 없이 길거리에서 기다리다 타면 된다.

있어. 선택은 너희 자유지만 내가 보기엔 지하철이 더 나아. 내가 안내해줄게."

선심이라도 쓰듯 의기양양이다. 어이가 없었지만 따라가는 수밖에 없었다. 무거운 가방을 메고 한참을 걸어 지하철역에 도착했다. 무슨 공항도 아니고 지하철역에서 금속 탐지기를 통과하고 가방 검사까지 한다. 얼핏 들으니 인도에서 지하철은 군사시설에 속하기 때문에 꼭 소지품 검사를 해야 하고, 사진도 절대 찍으면 안 된다고 한다. 꾹꾹 눌러 간신히 싼 짐을 다 풀어헤쳤는데 대충 휙 보더니 되었단다. 짐 검사하는 데 5초도 안 걸렸는데 짐을 다시 싸는 데에는 5분이 넘게 걸렸다. 짜증이 확 났지만 어쩌겠는가. 다시 낑낑대며 짐을 싸고 지하철에 올랐다. 올드델리 역에 내린 뒤 길거리의 수많은 부랑자들을 헤치고 한 300m를 걸어서야 버스에 도착했다.

버스표를 파는 부스가 쭉 늘어서 있다. 다시 한 번 직행인지 확인하고 버스에 올랐다. 짐은 버스 뒤편의 짐 싣는 칸에 아무렇게 던져졌고, 깨끗했던 배낭 커버는 시커먼 기름때를 뒤집어썼다. 그러고는 짐을 실어줬으니 1인당 10루피씩 40루피를 달라고 했다. 버스에 타서도 한참 동안이나 출발할 생각을 하지 않아 지쳐서 항의해볼까 하는 찰나, 운전사와 버스 차장이 버스에 올랐다. 결국 버스는 예정된 시각보다 2시간이나 늦게 출발했다.

자정을 넘긴 시간이라 잠은 쏟아지는데 버스 운전사는 아주 요란스러운 노래만 틀어주었다. 노래 속의 여자 목소리는 고막이 찢어질 정도로 카랑카랑했고, 타악기의 비트도 여간 빠른 게 아니었다. 도대체 잠을 자라는 건지 말라는 건지 신경만 날카로워졌다. 차장과 운전사의 분위기도 요상했다. 딱 달라붙는 나시와 바지를 입고 머리에 두건을 두른 차장과 좀 뚱뚱한 운전사는 종종 서로를 지긋하게 바라보았다. 그나마 이 둘의 행동을 관찰하는 재미 덕분에 버스 타기까지 험난했던 과정을 잠시나마 잊을 수 있었다.

피곤함에 곯아떨어졌다가 다음 날 눈을 떠보니 그 둘은 여전히 묘한 분위기를 풍기고 있었다. 사막을 달릴 때에는 심지어 차장이 운전사의 좁은 운전석으로 뛰어들었다. 둘이 나란히 앉아서 한 사람은 엑셀과 브레이크를, 한 사람은 핸들을 잡는 상황을 연출했다. 이 상황이 잘 이해되지 않았지만 둘은 마냥 즐거운 모양이다. 낄낄거리면서 곡예운전까지 했다. 괜히 앞쪽에 앉았다 싶었다. 간 떨어질 만한 순간을 몇 번 넘기고 휴게소에 도착했다. 운전사가 와서 어디까지 가냐고 묻는다.

"푸쉬카르까지 가는데."

"표를 좀 볼 수 있을까?"

푸쉬카르라고 크게 적혀 있는 표를 당당하게 내밀었더니 유심히 보고는 이렇게 말했다.

"이 버스는 원래 아지메르가 종점이거든. 그런데 너희들 티켓이 푸쉬카르까지 가는 거니까 거기까지 오토릭샤를 태워줄게. 물론 돈은 내가 낼 테니까 걱정하지 마."

"분명 직행이라고 했는데? 몇 번이나 확인했거든?"

"잘못 알고 있는 거야. 아지메르에서 푸쉬카르까지 금방이니까 걱정하지 않아도 돼. 노 프라블럼!"

그러더니 표를 남방 윗주머니에 넣었다. 다시 표를 달라고 할 새도 없이 버스는 출발했다.

버스는 사막 한가운데를 달렸다. 황량하기 그지없는 이 사막에서 눈 씻고 찾아봐도 사람 살 데는 없을 것 같은데 이상하게 도로

푸쉬카르로 가는 버스 안에서 차장이 운전사 자리로 뛰어들었다.

에 나와서 손을 들며 차를 세우는 사람들이 있었다. 버스는 이런 사람들이 보일 때마다 멈춰서 계속 태웠다. 그만큼 도착시간은 늦어졌고 버스는 사람들로 미어터졌다. 차장은 요금을 꼬박꼬박 받았다. 요금이 비싸다고 항의라도 하면 냉정하게 내리라고 등을 떠밀었다. 중간에 태운 사람들 차비는 아마도 이들의 호주머니로 들어가는 부수입일 것이다.

한참을 가더니 드디어 아지메르에 도착했다. 밤늦게까지 차장과 운전사 커플을 관찰하느라 잠을 늦게 잔 데다 버스 좌석도 편하지 않아 온몸이 뻐근했다. 차장은 버스 뒤칸에 실은 짐을 내려주면서 좀 기다리라고 했다. 가방의 무게가 어깨로 전해져 통증이 느껴질 때쯤 오토릭샤 2대가 앞에 나타났다. 4명이니 2명씩 나누어 타면 딱이었다. 짐을 싣고 출발 준비를 마쳤다. 그런데 차장이 와서 이렇게 말했다.

"원래 버스에 가방을 실을 때 10루피를 받고 내릴 때도 10루피를 받아. 너희는 4명이니까 40루피를 내야 되거든. 그런데 어차피 오토릭샤 값이 한 대에 20루피씩 총 40루피니까 나한테 줄 돈을 릭샤비로 내면 돼."

황당하다. 그런 법이 어디 있냐고 항의했지만 막무가내였다. 씩씩거리면서도 어쩔 도리가 없어 알았다고 그냥 가자고 했다. 40루피면 한국 돈으로 900원 정도라 한국에서 아이스크림 하나 사먹었다고 생각하기로 했다. 한 5분 정도 달렸는데 왈라가 도착했다고 내리란다. 이상하다. 푸쉬카르까지 14km나 되는데 벌써 도착했을 리가 없었다.

"여기가 푸쉬카르야?"

"아니, 여기는 아지메르 버스터미널."

"푸쉬카르가 아니라구?"

"여기서 다시 버스를 타야 해."

"뭐라고? 정말? 진짜?"

아까 내린 곳은 아지메르의 사설 버스터미널이고 여기는 말하자면 시외버스터미널인 것이다. 생각해보니 14km를 달리는데 오토릭샤가 20루피밖에 안 할 리 없다. 차장이 속인 것이다. 우리는 아지메르 버스터미널에서 사람을 가득 채운 채 꼬불꼬불한 산길을 위험하게 달리는 로컬 버스를 30분 더 타고서야 푸쉬카르에 도착할 수 있었다. 7루피를 더 주고 말이다.

인도에서 첫 번째 사기는 이렇게 당했다. 호되게 당한 사기는 아니었지만 인도 여행 내내 두고두고 생각이 났다. 나중에는 그렇게 천연덕스럽게 거짓말을 했던 운전사와 차장 커플이 귀엽다는 생각까지 들었다. 이 사기 사건은 인도 여행 초반에 좀더 정신을 바짝 차리는 계기가 되었다. 물론 작정하고 속일 땐 당해낼 재간이 없어 그 뒤로도 이런 귀여운 사기 사건을 여러 번 당했다. 다만 횟수가 거듭될수록 체념도 빨라졌다. 이런 게 인도를 여행하는 맛이라고 생각하면서 말이다.

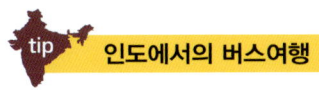
인도에서의 버스여행

버스는 기차에 비해 인도 구석구석을 연결하기 때문에 운행 편수는 많지만 그만큼 여행객들도 많이 활용한다. 기차보다 지연 출발이나 연착이 적다는 점, 짐 도난의 위험이 낮다는 점에서 버스를 선호하는 사람들도 있다.

> 대형 버스터미널에서 출발하는 장거리 버스 외에도 관광객을 대상으로 주요 도시와 관광지를 연결하는 버스도 많다. 주로 여행사를 통해 예약할 수 있다.
>
> 인도의 도로 사정이 그렇게 좋은 편은 아니니 심야버스를 이용하거나 10시간 이상을 이동하는 경우에는 누워서 잘 수 있는 슬리핑버스를 추천한다. 2층 침대칸으로 된 버스에 누워 커튼을 치고 나면 나만의 아늑한 잠자리가 완성된다.

너무나 포근했던 대자연의 품

· · · ·

우여곡절 끝에 도착한 푸쉬카르는 매우 조용하고 한적한 곳이었다. 간간이 비슷한 옷을 입은 순례자들이 떼로 몰려다닐 때를 제외하면 거리에는 관광객보다 소와 행상이 더 많았다. 앞에서도 말했지만 푸쉬카르에 온 가장 큰 목적은 낙타사파리였다. 사막을 보고 싶었다. 별이 쏟아질 것 같은 하늘을 보면서 하룻밤 대자연의 품에서 신세를 지고 싶었다.

보통 낙타사파리는 해질 녘에 떠나 사막에서 하룻밤을 자고 다음날 아침에 돌아오는 식이다. 도착한 날 바로 낙타사파리를 떠나기로 했다. 한국인 4명으로 구성된 낙타사파리팀이 급하게 꾸려졌다. 낙타 한 마리당 관광객 한 명과 낙타몰이 한 명이 탄다. 그러니까 한국인 여자 4명과 인도인 남자 4명이 아무것도 없는 황량한 사막으로 떠나는 상황이 된 것이다. 은장도도 없고 호신용품이라고는 달랑 호루라기 하나가 전부였다. 걱정이 되긴 했지만 그렇다고 안 갈 수도 없는 노릇이었다.

저녁 6시에 출발해 20분 정도 지나자 사막에 들어섰다. 곱디고운 모래 사구를 기대했지만 이곳은 차라리 불모지라는 표현이 더 어울렸다. 바위와 돌덩이들이 여기저기 널려 있고 그 사이로 키 작은 나무와 풀이 듬성듬성 있었다. 간혹 불가촉천민들이 천막을 치고 살고 있을 뿐 쓸모가 거의 없는 땅처럼 보였다.

낙타몰이꾼들은 한국 관광객을 얼마나 상대했는지 한국어를 꽤 많이 알고 있었다. 영어보다 한국말로 의사소통하는 게 더 빠를 정도였다. 낙타 이름도 '원빈' '장동건' 등 한국 연예인 이름이었다. 그 중 한국어를 가장 잘하는 까루가 갑자기 노래를 불렀다. "찰랑찰랑~ 찰랑대네~ 잔에 담긴 위스키처럼~" 하더니 "어머나, 어머나 이러지 마세요~"를 이어 불렀다. 너무 귀여워 까루에게 '철수'라는 한국 이름을 붙여주었다. 17살인데 동생과 둘이서 낙타몰이로 돈을 벌어 10명도 넘는 식구를 먹여 살린단다. 기특했다.

저 멀리 지평선에 걸린 해가 주변 하늘을 온통 붉게 물들여놓았다. 까루의 노래를 들으며 낙타 등에 의지해 터벅터벅 사막을 걷고 있으니 모든 게 평화롭게 느껴졌다. 그런데 갑자기 일행 중 한 명이 조심스럽게 말을 꺼냈다.

▲ 손님을 기다리고 있는
　낙타

▶ 질서정연하게 한 줄로
　걷는 낙타사파리팀

"언니! 언니 낙타몰이꾼 눈이 약간 풀렸어. 마약이나 마리화나 같은 걸 한 게 아닐까?"

아니나 다를까 말이 끝나기가 무섭게 주머니에서 작은 봉지를 꺼내더니 가루 같은 걸 툭툭 털어서 입에 넣었다. 그러고 보니 숨소리도 고르지 못하다. 방금 전까지만 해도 꽤 낭만적인 상황이었는데 덜컥 겁이 났다.

낙타사파리팀은 한 시간 정도를 걷다가 사막 한가운데에서 멈춰섰다. 벽만 남은 건물 잔해와 우물이었던 것 같은 커다란 원통 모양의 돌무덤이 있었다. 차라리 아무것도 없었으면 덜 휑했을 것 같다. 철수가 두꺼운 솜이불 4개를 나란히 펴놓았다.

"텐트 같은 거 없어? 여기서 그냥 자는 거야?"

"원래 낙타사파리가 다 이래."

다행히 낙타몰이꾼들은 50m쯤 떨어진 곳에 짐을 풀었다. 도움이 될까 싶었지만 그나마 호신용품이라고 가지고 온 호루라기를 잘 보이는 곳에 놓고 꼬질꼬질한 솜이불 위에 침낭을 폈다. 그 사이 낙타몰이꾼들은 저녁을 짓기 시작했다. 그들은 불을 피우고 물을 길어 오며 부산스럽게 움직였다. 한참을 꼼지락거리면서 요리를 하더니 저녁식사라고 내놓은 건 인도식 스프인 달dhal과 볶음밥이 전부였다.

한 입 먹자마자 바로 수저를 내려놓았다. 모래가 아작아작 씹혀서 도저히 먹을 수가 없었다. 철수는 짧은 한국어로 "쪼끔쪼끔 마니마니."라면서 계속 먹을 것을 강요했다. 철수는 유난히 한국어를 할 때 코맹맹이 소리를 냈다. 숟가락을 내려놓기가 무섭게 다시 집어주면서 코맹맹이 한국어로 "다 먹어, 다 먹어."라고 재촉했다. 우리가 먼저 먹어야 자신들도 먹을 수 있다면서 먹을 때까지 지켜볼 태세였다. 한국에서 가져온 튜브 고추장의 도움을 받아 억지로 절반을 먹었더니 그제야 싱긋 웃으며 갔다.

사막에도 어둠이 짙게 내렸다. 철수는 낙타몰이꾼들과 재빨리 식사를 한 뒤 디저트라며 큰 수박을 가져왔다. 그리고 어디서 마른 나뭇가지 몇 개를 주워다 불을 피우고는 캠프파이어란다. 불 위에 감자를 올려놓고 기다렸다가 익자마자 손이며 입이며 시커멓게 되도록 감자를 먹어치웠다.

철수는 우리 일행 중 가장 나이가 많은 사람에게 계속 할머니라고 불렀다. 외모는 30대 중반으로밖에 안 보이는데 실제로는 쉰이 넘었으니 철수가 예리했던 것이다.

"할머니, 혹시 이스라엘 사람?"

"얘가 무슨 소리야. 나는 한국인이야, 한국인. 코리안이라고!"

"머리 꼬불꼬불, 이스라엘리Israeli: 이스라엘 사람 같아."

철수가 자꾸 이스라엘 사람 같다고 놀리자 둘 사이에 신경전이 벌어졌다. 안 되는 한국어로 한참을 서로 치고받고 하더니 철수가 영어로 대뜸 이렇게 말했다.

"한국 갈 때 가방에 나 넣어서 데리고 가면 안 될까?"

"한국 가서 뭐하게?"

"한국 잘 사는 나라니까 가서 돈 벌고 싶어."

"너 너무 커서 안 들어가."

이제는 제법 심각하게 말한다.

"그럼 가서 초청해줘. 한국은 비자 받기가 너무 어려워."

코리안 드림. 우리가 한때 가졌던 아메리칸 드림과 비슷한 것일까. 한국에 오면 어떤 대우를 받고 어떤 생활을 해야 하는지 알까. 돈이 전부가 아닌데 말이다. 나중에 팁이나 두둑하게 줘야겠다고 생각했다.

캠프파이어가 끝나고 철수도 낙타몰이꾼들이 있는 곳으로 돌아갔다. 자려고 침낭을 펴고 드러누웠더니 밤하늘이 온전히 눈에 들어왔다. 시야의 한구석을 가릴 건물도, 별빛을 퇴색시킬 만큼 휘황찬란한 조명도 없었다. 까만 하늘에 밝게 빛나는 별뿐이었다. 한참 하늘을 바라보다 나도 모르게 스르르 잠이 들어버렸다.

달콤한 잠에서 깨어나 눈을 떠보니 새벽이었다. 어슴푸레 날이 밝아왔다. 태양이 막 모습을 드러낼 참이었다. 그런데 옆에서 난리가 났다. 어젯밤에 들개들이 주위를 어슬렁거리는 바람에 손전등을 계속 껐다가 켰다가, 저리 가라고 소리도 질렀다가 하느라 한숨도 못 잤다는 것이다. 낙타는 옆에서 계속 되새김질을 하면서 방귀도 뿡뿡 뀌어댔다고 한다. 바로 내 옆에 자리를 잡았던 아이가 물었다.

"옆에서 그리 소란을 떠는데 어떻게 한 번을 안 깨고 그렇게 곤히 잘 수가 있어?"

대자연의 품이 너무 포근했나보다. 정말 들개 소리도, 들개를 쫓는 소리도, 낙타의 방귀 소리도 듣지 못했다. 그저 푹 자서 너무 개운했을 뿐이었다.

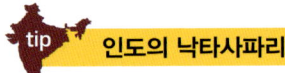 **인도의 낙타사파리**

인도 북서부에서 파키스탄 동부에 이르기까지 넓게 퍼진 타르Thar 사막에서 낙타사파리를 즐길 수 있다. 자이살메르Jaisalmer, 쿠리Khuri, 푸쉬카르 등에는 낙타사파리 여행상품을 파는 여행사들이 많다. 이 중에서 자이살메르가 가장 유명하다.

낙타를 타고 사막 한가운데까지 가서 하룻밤을 자고 오는 것이 일반적인 코스다. 자이살메르의 경우 차량을 타고 사막 입구까지 이동한 뒤 낙타를 타고 사막으로 들어가 오아시스에서 점심을 먹고, 정말 사막 같은 느낌을 주는 모래 구릉지대가 있는 곳에서 짐을 푼다. 그곳에서 낙타몰이꾼들이 해주는 저녁을 먹고 하루 잔 다음에 다시 사막 입구까지 돌아오는 것으로 사파리를 마무리한다.

많이 저렴한 상품이나 푸쉬카르 낙타사파리의 경우는 차량 이동 없이 마을에서부터 낙타를 타고 나가는 게 일반적이다.

자이살메르 시내 게스트하우스나 여행사에서 낙타사파리 상품을 예약할 수 있으니 여러 곳을 비교해보고 선택하자. 일부 게스트하우스는 낙타사파리와 숙박을 묶어서 판매하기도 한다.

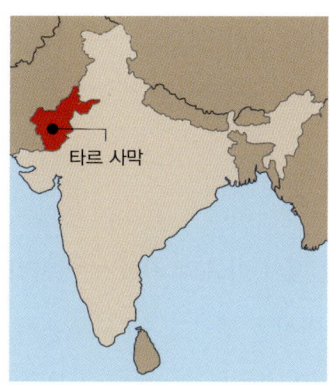
낙타사파리를 즐길 수 있는 타르 사막

낙타사파리를 떠날 때 긴팔 옷은 필수다. 사막은 일교차가 커서 여름과 겨울을 동시에 느낄 수 있기 때문이다. 낮에도 강력한 햇볕에 피부가 탈 수 있으니 얇은 긴팔과 모자를 준비하자.

낙타는 발을 교차해서 걷는 동물이 아니라 같은 쪽 앞발과 뒷발이 동시에 나가기 때문에 낙타를 타고 있으면 좌우로 몸이 기운다. 엉덩이가 무척 아플 수 있으니 몸에 힘을 빼고 낙타에 몸을 맡기는 게 좋다.

이마에 찍힌 붉은 점

• • • •

한낮에 푸쉬카르 호수 주변을 어슬렁거렸다. 태양은 현기증이 날 정도로 뜨거웠다. 호수를 빙 둘러싸고 있는 시멘트 계단도 후끈

달아올라 아래에서 올라오는 열기도 만만치 않았다. 그래서인지 모든 게 조용했다. 호수 가운데 있는 작은 섬과 육지를 잇는 전선 줄에 참새가 빼곡하게 앉아 있는데도 소음이 없고 호수에 잔잔한 물결만 눈에 띄는 정도였다.

호수를 따라 돌다 보니 가트ghat; 계단 형태로 목욕을 하거나 시신을 태우는 곳가 나온다. 성스러운 물에 영혼의 때와 마음의 죄를 씻어버리려는 힌두인들이 땡볕 아래서 말없이 의식을 행하고 있다. 조용히 꽃을 물에 띄워보내고 물에 몸을 담그며 기도를 올린다. 이 조용한 성지가 좋았다. 이 풍경과 분위기 그대로 카메라에 담고 싶어 연신 셔터를 눌러댔다.

그런데 갑자기 저쪽에서 호통을 치는 소리가 들렸다. 고개를 돌려 쳐다보니 저쪽 멀리서 뚱뚱한 아저씨가 두 팔로 엑스 표시를 하며 소리를 질렀다. 아마도 사진을 찍지 말라는 뜻인 듯했다. 바라나시의 화장하는 가트나 힌두Hindu 사원 같은 곳에서는 사진을 찍으면 안 된다는 말을 듣긴 했지만 이곳에는 아무런 표시도 없었고 언질을 주는 사람도 없었다. 그래도 뜨끔한 마음에 얼른 카메라를 가방에 넣고는 다른 곳을 보면서 딴청을 피웠다. 그런데도 저쪽에서 계속 소리를 질렀다. 힐끗 쳐다보니 이쪽으로 오라고 손짓을 하는 듯했다. 별로 끌리지는 않았지만 그 아저씨가 무슨 말을 하는지 궁금해서 건물 모서리를 돌아 아저씨 앞에 섰다.

알고 보니 원래 이곳에서는 사진을 찍으면 안 되지만 사진을 찍

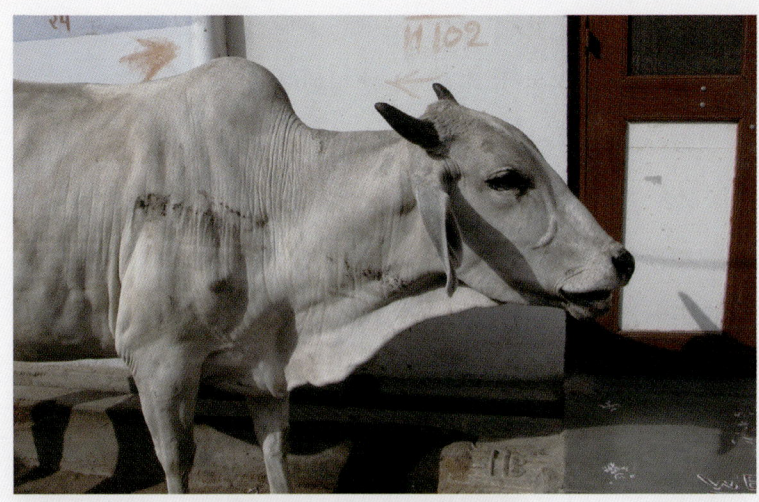

▲ 푸쉬카르 호수 주변을 어슬렁거리던 소
▼ 해질 녘 한가한 푸쉬카르 호수

을 수 있는 패스포트를 주겠다는 이야기를 그렇게 고래고래 소리를 지르면서 했던 것이다. "잇츠 프리It's free, 프리, 프리!"라며 무료라는 부분을 몇 번이나 강조하면서 말이다. 뭔가 미심쩍었지만 일단 무료라는 말에 아저씨를 따라 가트의 시멘트 계단에 앉았다.

일행은 3명인데 각자 흩어져야 한단다. 서로 멀찍이 떨어진 자리를 지정해주고는 가서 앉으라는 제스처를 취했다. 시키는 대로 쭈뼛쭈뼛 가서 앉았더니 3명의 남자가 꽃과 빨간 가루, 쌀알이 담겨진 작은 쟁반을 들고 나타났다. 그 중 한 남자가 옆에 와서 앉았다. '무슨 이상한 의식을 행하려나?' 덜컥 겁이 났다. 정신적인 스승을 찾으러 인도를 찾았다가 사이비 수행자를 만나 감금과 폭행을 당하고, 정신병자가 되어 끌려다니거나 손발이 잘려 앵벌이를 하는 경우도 있더라는 식의 끔찍한 이야기를 들은 터였다.

일단 이 남자는 무표정하게 가족이 몇 명인지, 결혼은 했는지 등을 물었다. 그리고 인도에는 언제 왔으며 얼마나 머물 것인지, 다음 행선지는 어디인지를 말하라고 했다. 별로 궁금하지도 않은 듯 성의 없이 질문을 툭툭 던지더니 이제 자기가 하는 말을 따라 하라고 했다.

"아버지의 건강을 빌고, 어머니의 건강을 빌고, 동생의 건강을 빌고, 나의 건강을 빌고…"

"아버지의 건강을 빌고, 어머니의 건강을 빌고, 동생의 건강을 빌고, 나의 건강을 빌고…"

"아버지의 영적 평화를 바라고, 어머니의 영적 평화를 바라고, 동생의 영적 평화를 바라고…"

"아버지의… 뭐라고 그랬었지?"

"영적 평화."

"아, 아버지의 영적 평화를 바라고, 어머니의 영적 평화를 바라고, 동생의…"

다 끝나지도 않았는데 바로 다음 단계로 넘어갔다.

"아버지의 ○○○를 바라고, 어머니의 ○○○를 바라고, 동생의 ○○○를 바라고…"

도저히 ○○○ 부분을 알아들을 수가 없었다. 영어 단어가 아니거나 내 머릿속에 들어 있는 어휘의 범주를 벗어나 있는 단어인 듯해서 비슷한 발음으로 대충 넘겼다.

이런 문구를 몇 개 더 따라 말하게 만들더니 이제 영적인 자유를 얻었다며 빨간 가루를 물에 갠 뒤 쌀알 몇 톨을 섞어 이마에 꾹 찍어주었다. 이왕 찍어주는 거 연지 곤지 다 찍어달라고 하고 싶었지만 우스꽝스러워질 것 같아서 참았다. 다음 의식은 쟁반 위에 있던 꽃을 호수 위에 띄우는 것이었다. 주황색 금잔화를 손에 얹어주기에 짧은 기도와 함께 물에 곱게 띄워보내고 다시 제자리로 돌아와 앉았다.

이제 패스포트를 주겠단다. 드디어 목표물을 손에 쥐는구나 싶었다. 길거리에서 긴 설문조사에 열심히 답해준 뒤에 기념품을 받

50루피짜리 푸쉬카르 패스포트

기 직전의 느낌이랄까. 그런데 지금까지 드린 기도는 기부금을 내야 효력이 있다며 최소 300달러는 내야 한단다. 그럼 그렇지, 무료일 리가 없지. 그런데 금액이 너무 높았다.

"300루피가 아니고 300달러? 확실히 달러 맞아?"

몇 번을 확인해도 천연덕스럽게 "US달러 몰라? 달러?" 이러면서 아예 주머니에서 1달러를 꺼내서 보여주었다. 어느 여행자에게 갈취한 것이 틀림없었다. 푸쉬카르에서 묵었던 게스트하우스 더블룸의 하루 숙박비가 200루피로 한국 돈으로 하면 4천 원이 안 된다. 물가가 이런 수준인데 장난 같은 의식을 해주고는 30만 원을 내라는 것이었다. 어찌 해야 하나 고민하다가 다른 일행들을 크게 소리쳐 불렀다. 그랬더니 이 남자가 다급하게 막아서며 눈을 부릅뜨고는 의식중에 친구와 이야기를 나누면 불행이 닥친다고 경고를 날렸다. 2명 모두 기도문을 외우느라 정신이 없어서 이쪽을 쳐다보지도 않았다.

일단 달러도 없고 루피도 많지 않다고 둘러댔다. 꼭 내야 한다는 최소 기부금 액수가 300달러에서 200달러, 100달러로 계속 떨어졌다. 그래도 복지부동이자 한숨을 푹푹 내쉬는 것이 영락없는 장사꾼 표정이었다. 이제는 루피로 협상을 시작했다. 1천 루피에서 시작해서 기부금액이 점점 떨어졌다. 계속 반응이 없자 얼마를 낼 수 있냐고 물어본다.

"가난한 배낭여행자라 돈이 없거든. 30루피 이상은 못 내."

딱 잘라 말했더니 그거라도 내란다. 지갑을 열었더니 잔돈이 없었다. 결국 50루피를 강탈당하고서야 자유로운 몸이 되었다. 일행에게 갔더니 한창 협상에 접어든 상태였다. 둘 다 지갑을 안 가져왔다고 버텨서 주머니에 꼬깃꼬깃 접어넣었던 10루피 지폐로 해결하고는 패스포트를 얻었다. 실 몇 가닥을 꼬아놓은 팔찌였다. 가만 생각해보니 나는 기부금을 가장 많이 내고도 패스포트를 얻지 못했다. 냅다 달려가 팔찌를 내놓으라고 했더니 마지못해 주었다. 앞으로 이 팔찌가 있으면 가트 어느 곳에서든 사진을 찍을 수 있다고 했다. 머리에 빨간 점을 찍고 손목에 노란색과 붉은색으로 짠 팔찌를 하고 있으니 진짜 힌두교도가 된 느낌이 들었다.

아까 사진을 찍으면 안 된다고 호통쳤던 남자와 기부금을 내지 않으면 불행이 닥친다고 진지하게 협박했던 이들은 그새 평범한 인도 남자들로 돌아와 같이 사진을 찍자고 난리였다. 사진이 잘 나오는 장소까지 가르쳐주며 안내하기까지 했다. 이것도 사기 당했다고 해야 하나. 어찌 되었든 50루피를 주고 얻은 패스포트를 손목에 차고 인도 여행 내내 어느 도시를 가든 당당하게 가트를 걸어 다녔다.

 **빨간 점의 의미**

인도를 다니다 보면 여성들이 미간에 빨간색 점을 찍고 다니는 것을 흔히 볼 수 있다. 이를 빈디bindi, 티카tikka, 신두르sindoor, 포뚜pottu라고도 한다. 산스크리트어로 빈두bindu; 물방울에서 유래한 빈디는 눈과 눈 사이에 찍어 제3의 눈이라고 부른다.

제3의 눈을 뜬다는 것은 우주의 진리를 깨닫는다는 의미이기도 하다. 인도인들은 빈디를 그리면 악을 쫓아주고 행운을 가져다준다고 믿고 있다.

빈디는 힌두교의 전통 예식에서 승려들이 꽃잎으로 파우더를 만들어 엄지로 여성의 이마에 찍어주는 것이지만, 손님이나 친척을 환영할

액세서리로 활용되고 있는 빈디

때에도 행한다.
원래 결혼한 여성들만 찍었지만 갈수록 미혼 여성들도 즐겨 그린다. 전통적인 의미보다는 패션이나 액세서리로 받아들여지고 있는 것이다. 요즘에는 빨간 점을 찍는 것에서 그치지 않고 보석이나 장신구를 붙이기도 하고 금가루로 그리기도 하는 등 패션 아이템으로 다양하게 활용되고 있다.

· 2장 ·

인도에 적응하다

Intro

점점 인도에 익숙해지기 시작했다.
잦은 정전에 놀라지 않고
오히려 어둠을 즐기게 되었으며,
한 번 크게 설사병을 앓고 나서는
면역력이 생겼는지 길거리 음식을 먹어도 멀쩡했다.
쓰레기통을 뒤져 음식을 주워 먹는
노숙자 모습에 마음 저렸다가
바라나시 강가에서
한 줌의 재로 변하는 시신을 보며
인생을 다시 생각하기도 했다.
마더 테레사 하우스에서 기도하며
숭고한 희생정신을 되새기기도 했다.
시간이 갈수록 인도에서 지내는 게 편해졌고,
그만큼 여행의 즐거움도 배가되었다.

2장의 주요 여정: 인도·네팔

콜카타
노란 택시, 인력거, 드넓은 메단, 영국 식민지 시대의 건축 유산, 마더 테레사 수녀, 간디로 대표되는 독립운동의 발상지 등 천의 얼굴을 가진 도시다. 깔끔하게 잘 정돈된 도시 같다가도 어느 골목으로 들어서면 구걸하는 노숙자들에게 혼을 빼앗기는 그런 곳이다.

바라나시
인도에서 가장 성스럽다고 여겨지는 곳. 갠지스 강을 따라 늘어선 가트 한쪽에서는 죽은 이를 화장하는 의식이 행해지고, 한쪽에서는 신성한 어머니의 강에서 현생의 죄를 씻고자 하는 순례자들이 몸을 씻는다. 한편에서는 관광객들이 호기심에 갠지스 강에 풍덩 뛰어들고, 그 관광객들을 상대로 열심히 호객하고 노를 저어 돈을 버는 인도인들이 섞여 있다. 힌두교도들이 신성시하는 소들이 어느 도시보다 당당히 거리를 활보한다. 군데군데 소똥이 쌓여 있으니 주의해야 한다.

룸비니

인도와의 국경지역에 위치한 네팔의 룸비니는 불교 4대 성지 중 하나다. 불교를 창지한 고타마 싯다르타Gotama Siddhrtha, 즉 석가모니가 기원전 623년에 태어난 곳이다. 석가모니 탄생지임을 알려주는 아쇼카 석주Pillars of Ashoka와 탄생지인 마야데비 사원Maya Devi Temple이 있다. 한국 사찰인 대성석가사도 볼 수 있다.

판짐

고아 주의 주도로 파나지Panaji라고도 불린다. 포르투갈이 식민통치를 했던 곳이라 식민지 시절의 건축물이 많이 남아 있어 이국적인 풍경을 선사한다. 군데군데 있는 흰색의 주택들이 매우 인상적이며, 포르투갈의 가톨릭 전파 정책으로 곳곳에 세워진 가톨릭 성당이 눈에 많이 띈다.

인도에서의 설사, 델리 벨리

． ． ． ．

어디를 가든 물갈이를 해본 적이 없으며 음식도 가리지 않는다. 또 어디든 머리만 대면 곯아떨어지는 편이라 후진 잠자리 같은 건 문제가 되지도 않는다. 나는 스스로 여행체질이라고 자신했다. 그런데 인도에서는 달랐다. 인도에서는 양치질도 끓인 물이나 생수로 해야 한다는 이야기를 들은 터라 잔뜩 긴장했다. 수질이 워낙 안 좋아서 수돗물로 입을 헹궜다가는 당장 설사에 시달릴 수 있다는 것이다. 돈 주고 사먹는 생수도 짝퉁이 있어서 조심해야 한다는 소리도 들었다. 오죽하면 '델리 벨리 Delhi Belly'라는 말도 있겠는가. 델리 벨리를 영어사전에서 찾아보면 속어로 '(인도에서의 외국 여행자의) 설사'라고 나온다.

인도에 와서 보니 정말 그랬다. 인도도 다 사람 사는 곳인데 큰 병 걸리겠냐며 인도 여행 전에 모두 맞고 온다는 이질 예방접종을 건너뛴 것이 후회될 정도였다. 물가가 싼 나라를 여행할 때의 즐거움은 몇백 원에 싱싱하고 맛난 과일을 맘껏 사먹을 수 있고, 길거리에 늘어선 노점상에서 처음 본 음식들을 부담 없이 시도해볼 수 있다는 것이다. 그러나 인도에서는 꾹 참았다.

그렇게 조심했는데도 결국 인도에 온 지 일주일 만에 누구도 피해갈 수 없는 그 벽에 부딪히고 말았다. 인도에서 국경을 넘어 네팔 포카라Pokhara에 도착하자마자 일행 4명이 일제히 설사를 시작한 것이다. 모두 비슷한 음식을 먹었지만 얼마나 더 먹었냐에 따라 설사의 정도에 차이는 있었다.

어떤 음식에서 비롯된 것일까 곰곰이 생각해봤는데, 네팔 국경도시 소나울리Sonauli에서 포카라로 향하는 버스에서 산 사과가 떠올랐다. 버스가 잠시 정류장에 정차했을 때 잡상인들이 버스로 몰려들었다. 아이스크림·과일·빵·과자 등 먹을 것부터 볼펜·모자·전통 기념품까지 종류도 다양했다. 우리는 사과 4개를 사서 옷으로 빡빡 닦아 한 명이 한 개씩 먹기로 했다. 사과가 제법 커서 2명은 하나를 반으로 갈라 나누어 먹었고, 한 명은 한 입 베어 먹더니 입맛이 없다고 남겼다. 나머지 한 명은 자기 몫의 사과 하나를 맛있게 해치우고 나서 남은 사과까지 깨끗하게 먹어치웠다. 사과를 제일 많이 먹은 사람은 포카라에 도착하자마자 드러누웠다. 창가 침

고락푸르로 가는 버
스. 창밖 장사꾼에게
사먹은 사과 때문에
설사병에 걸렸다.

대에 누워 창밖으로 조용하고 한가로운 페와 호수Phewa Lake를 물
끄러미 바라보는 모습이 영락없이 오 헨리의 『마지막 잎새』 여주
인공 잔시 같았다.

그녀는 10분 간격으로 화장실에 뛰어가기를 반복했다. 시간이
지나면 괜찮아질 줄 알았는데 델리 벨리는 실로 강력했다. 결국
심한 탈수 증세로 자정이 넘은 시각에 병원을 찾았다. 이런저런
검사를 해본 결과, 보통 사람들에게 1~2개 있는 박테리아가 그녀
의 몸에서는 17~18개나 발견되었단다. 병원에서 준 약을 먹고 밤

새 모두 게워낸 그녀는 그다음 날 아예 병원에 입원해 링거를 3병이나 맞고서야 살아났다.

나머지 3명도 그다지 괜찮은 상태는 아니었다. 설사병이 완전히 낫기 전에 트레킹을 떠난 탓에 누구는 안나푸르나 산줄기 어딘가에 노상 방변(?)을 하기도 했다. 짝퉁 생수를 마시게 될까봐 목이 탈 때도 그나마 믿을 만한 콜라만 마셔댔다. 이 중 한 명은 트레킹 이후 병원 신세를 지다가 결국 여행 시작 2주 만에 비행기표를 끊어 한국으로 돌아갔다.

그런데 신기하게도 그렇게 설사병을 앓고 난 이후에는 뭘 먹어도 크게 아프지 않았다. 네팔과 티베트를 여행하고 인도로 돌아와서는 음식이 두렵지 않았다. 길거리에서 사탕수수즙에 라임을 넣어서 파는 라임주스를 한번 맛보고는 중독된 것처럼 계속 마셨고, 기차가 역에 정차할 때마다 몰려드는 장사꾼들이 파는 싸구려 음식을 거리낌 없이 사먹었다.

여행을 떠나기 전에 읽은 책에 델리 벨리에 관한 흥미로운 대목이 있었다. 퀴즈로 인도 문화에 대해 알아보는 것이었는데 문제는 이러했다.

"당신의 인도 하녀가 아직도 세살배기 아기에게 모유를 먹인다. 당신은 도움을 주고 싶은 마음에 당신의 아이들이 우유를 마실 때마다 그 아기에게도 우유 한 잔을 주었다. 그러자 아기는 체중이 늘기는커녕 갈수록 야위어가고 계속 설사를 한다. 이유가 뭘까?"

▲ 화덕에 난을 굽고 있는 거리의 음식점
▼ 작은 쟁반과 바구니만 있으면 길거리 어디서든 장사를 할 수 있다. 노점 음식을 먹을 정도로 면역력을 키우면 인도 여행이 편해진다.

답은 "다양한 세균에 대한 면역을 키워온 인도 아이들에게는 서양인이 아무 문제없이 마시는 포장 우유가 오히려 소화하기 힘든 것일 수도 있다."였다.

나에게도 설사병 이후 오히려 다양한 세균에 대한 면역력이 생긴 모양이었다. 길거리에서 파는 음식을 마음껏 먹을 수 있게 되자 인도 여행이 한결 편해지고 행복해졌다.

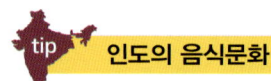
인도의 음식문화

땅이 넓은 인도는 다양한 음식문화를 가지고 있다. 인도 북부는 밀가루를 주식으로 차파티chapatti나 난naan을 만들어 먹고, 인도 남부는 쌀로 밥을 지어 먹는다. 지리적으로 인도 북서쪽에서는 밀이 생산되고, 남쪽 뱅골 지역에서는 쌀이 생산되는 것이 영향을 미친 것으로 보인다.

쌀밥은 우리나라처럼 찰진 밥이 아니라 바람 불면 날아갈 듯한 고두밥이 일반적이다. 밀가루 음식은 발효시켜 만든 난, 밀가루를 물로 개어 얇게 구운 차파티, 기름에 튀겨서 부풀린 푸리puri 등이 있다.

인도 음식 하면 가장 먼저 떠오르는 것이 바로 카레일 것이다. 인도 카레는 우리나라에서 먹는 노란색 카레와 다르다. 인도에서는 강황뿐 아니라 계피·고추·후추·커민·고수 등 여러 향신료를 넣어서 만든 요리를 일반적으로 '커리curry'라고 총칭한다.

여기에 새우·양고기·닭고기 등 주요 재료의 이름이나 만드는 방법에 따라 이름을 달리 부르기도 한다. 빈달루vindaloo는 고추를 넣어 만

고아식 소세지 추리소chourisso

인도의 정식이라고 할 수 있는 탈리

든 매운 커리를 말하고, 코르마korma는 요구르트나 코코넛밀크를 넣어 부드러운 맛을 낸 커리를 칭한다. 인도인이 차파티와 함께 먹는 달dhal은 향신료에 콩을 넣고 끓인 일종의 스프다.

이밖에 감자·완두·다진고기로 만든 일종의 튀김만두인 사모사samosa, 큰 접시에 여러 반찬과 밥을 담아 섞어 먹는 백반 정식 개념의 탈리thali, 한국의 볶음밥과 비슷한 비리야니biryani, 닭고기를 쇠꼬챙이에 꿰어 구운 탄두리 치킨tandoori chicken, 쌀과 렌틸콩 반죽을 얇게 부친 도사dosa 등이 일반적으로 쉽게 접할 수 있는 인도 요리다. 식사할 때 요구르트인 라씨lassi나 다히dahi를 곁들여 먹기도 한다.

인도의 식문화 중에 특이한 점은 숟가락을 사용하지 않고 손으로 먹는다는 점이다. 인도인들이 손으로 먹는 것에 대해 비위생적이라고 생각할 수 있지만, 반대로 그들은 위생상의 이유로 손을 사용한다. 다른 사람이 사용한 숟가락은 아무리 씻어도 위생적이지 않다는 것이다. 고급 식당에 가면 물이 담긴 그릇을 가져다주는데 손을 닦으라고 주는 물이니 마시는 물로 오해하지 말자.

인도인들은 음식을 먹을 때 오른손만 사용한다. 정과 부의 개념이 명확한 인도인들은 왼손을 부정한 손이라고 생각하기 때문이다. 그래

> 서 볼일을 보고 뒤처리할 때에는 왼손만 쓴다.
> 갈수록 숟가락을 사용하는 경우가 늘어나고 있긴 하지만, 여전히 인도인의 주식인 탈리나 차파티는 손으로 먹는다. 특히 탈리는 끈기가 없는 안남미동남아 국가에서 생산되는 쌀로 지은 밥을 여러 반찬과 잘 섞어 먹는 요리라 숟가락으로 섞는 것보다는 손으로 비비는 게 더 효율적이다.

마음이 아려오다

• • • •

시인 타고르Rabīndranath Tagore가 '동방의 등불'을 읊조렸던 곳이며 라비 샹카Ravi Shankar가 전통악기 시타르sitar를 튕겼던 곳, 또 힌두교의 성자 라마크리슈나Ramakrishna와 그의 수제자 스와미 비베카난다Swami Vivekananda가 가르침을 행했던 곳인 콜카타. 예술적으로, 종교적으로 콜카타는 위대한 도시임이 분명하다.

그러나 콜카타는 불행하게도 세상에서 빈곤한 도시 중 하나이기도 하다. 마더 테레사Teresa 수녀가 빈민을 위해 온 생애를 바친 곳인 만큼 인도에서 가장 안타깝고 고통스러운 도시라서 콜카타를 가지 않으려 했다. 지금까지 봐온 인도도 힘들고 슬펐는데 콜카타에 가면 정말 우울해질 것만 같았다.

그런데 일정이 꼬였다. 네팔 카트만두Kathmandu에서 인도 바라나시행 교통편이 해결되지 않는 바람에 콜카타행 비행기를 탄 것이다. 하루만 자고 다음 날 기차로 곧장 바라나시에 가면 된다고 위로했다.

콜카타 공항에 내리자마자 후덥지근한 공기가 확 밀려왔다. 다시 인도에 왔다는 사실을 피부로 느끼며 공항을 빠져나오니 콜카타의 상징인 노란 택시들이 줄을 서서 손님을 기다리고 있었다. 바가지 쓸 염려가 없는 프리페이드 택시prepaid taxi 부스에 가서 택시비를 선지급하고 바우처를 받아 택시에 탔다.

까만 피부의 운전사는 무표정하게 어디까지 가냐고 물었다. 배낭여행자들의 거리인 서더스트리트Sudder Street로 가자고 했다. 형식적으로 어느 나라에서 왔는지, 인도에는 얼마나 있을 건지 등을 묻던 운전사는 뜬금없이 짐의 무게가 총 얼마냐고 물었다. 짐에 대한 비용을 따로 내야 한다는 말을 하기 위해 앞에 워밍업으로 형식적인 질문들을 했던 것이다. 분명 추가 비용이 없는 프리페이드 택시를 탔는데 무슨 소리냐고 발끈했다. 25kg을 초과하면 1kg당 1루피씩 더 내야 한다고 열심히 설명하는데 모르쇠 작전으로 나갔다. 아예 대꾸도 하지 않자 "헬로 마담?" 하고 몇 번 부르더니 포기했는지 조용해졌다.

도저히 시동도 안 걸릴 것 같았던 택시는 터덜터덜 앞으로 나가기 시작했다. 뒤를 돌아보니 택시가 내뿜은 뿌연 매연에 시야가 흐릿해졌다. 우리는 모두 차창 밖을 주시하며 아무 말 없이 앉아

콜카타의 명물 트램. 100년 넘는 역사를 자랑한다.

있었고 택시 안은 정적이 감돌았다. 밖을 물끄러미 바라보다가 갑자기 의아해졌다. 왜 콜카타를 빈민의 도시라고 했을까? 델리만큼 복잡했지만 적어도 공항에서 서더스트리트까지 40분의 여정에서 느낀 콜카타는 깨끗하고 정돈된 도시였기 때문이다.

콜카타에 짐을 풀고 하룻밤을 지내면서 당초 이틀간의 일정을 나흘로 늘렸다. 왠지 깔끔한 콜카타가 좋았다. 영국 식민지 시대의 고풍스러운 건물들은 여기가 유럽이 아닌가 착각하게 했고, 시내 중심의 '메단'이라고 불리는 넓은 잔디밭은 눈을 시원하게 해 주었다.

또 후글리Hooghly 강변으로 나가면 시원한 강바람을 쐴 수 있었다. 거리에는 걸인보다는 말끔하게 차려입은 인도인이, 오토릭샤보다는 택시가 더 많았다. 델리보다 훨씬 일찍 지하철이 개통된 콜카타는 트램과 인력거까지 뒤섞여 거리는 무법천지였지만 가고자 하는 곳을 가는 데에 문제는 없었다. 빈곤의 도시보다는 '현대적인 도시'라는 표현이 더 어울렸다.

그렇게 콜카타를 휘젓고 다니던 중 길을 잃었다. 뒷골목으로 들어선 듯싶었는데 길 양쪽에 쓰레기가 한 더미다. 쓰레기 더미 사이로 뭔가 꿈틀거리는 것이 보였다. 개나 고양이일 것이라 생각했는데 더미 사이로 모습을 드러낸 것은 등이 굽은 할아버지였다. 음식 쓰레기 더미에서 먹을 것을 찾아 들고는 마치 대어라도 낚은 듯 흐뭇해하고 있었다.

노인의 퀭한 눈과 마주친 순간, 그 자리에서 발을 뗄 수 없었다. 내 놀란 표정에도 아랑곳하지 않고 손에 들고 있던 음식 찌꺼기를 입으로 가져가는 그를 보고 갑자기 눈물이 핑 돌았다. 황급히 걸음을 재촉해 골목을 빠져나왔다. 뭔가 도와줘야겠다는 생각보다는 빨리 피하고 싶은 마음뿐이었다. 저 노인이 다가와 구걸하며 만지기라도 하면 피부병에 걸릴 것만 같은 비겁한 생각이 먼저 들었다. 쓰레기 더미를 맴도는 파리와 그 속에 완전히 동화된 듯한 노인의 비쩍 마른 몸은 뇌리에서 한동안 사라지질 않았다. 그땐 도망치다시피 자리를 떴지만 시간이 지날수록 노인에게 아무것도 주지 못한 게 후회되었다.

인도에서 거지를 보는 것은 특별한 일이 아니다. 보통 거지들은 '적선함으로써 덕을 쌓을 수 있는 기회를 제공했으니 고마워할 일'이라는 철학에 떳떳하게 구걸한다. 그러나 눈물샘을 자극할 정도로 안타까운 경우도 종종 있다. 콜카타에서 본 그 노인도 그랬고, 뭄바이에서 본 장애인들도 마음 한편을 아리게 했다.

뭄바이의 해변에 있는 이슬람교의 성자 하지 알리Haji Ali의 무덤을 가는 길이었다. 아라비아 해안에서 50m 정도의 좁은 시멘트길로 연결된 하지 알리의 무덤은 밀물 때 섬이 되었다가 썰물 때 육지가 된다. 그날은 비가 왔고 파도도 높았다. 아라비아 해에는 온갖 쓰레기와 검은 기름이 둥둥 떠 있었고, 파도가 한 번 칠 때마다 검은 구정물이 높이 치솟았다 떨어졌다.

우산도 없이 구정물 물벼락을 피하기 위해 멈췄다가 뛰었다가를 반복하면서 조금씩 나아가던 나는 좁은 길 중간에 딱 멈춰설 수밖에 없었다. 양팔이 잘린 사람, 그리고 양 다리가 잘린 사람, 팔다리가 하나씩 없는 사람, 이렇게 3명이 길 한가운데 누워서 그나마 남은 팔과 다리를 흔들며 구걸을 하고 있었던 것이다. 비와 파도에 흠뻑 젖어 앙상한 몸은 그대로 드러났다. 관광객과 순례자들의 시선을 끌기 위한 그들의 몸부림은 처절했다.

▲ 뭄바이에 있는 하지 알리의 무덤

◀ 하지 알리 무덤을 순례중인 인도 여인

머릿속이 텅 빈 느낌이었지만 얄팍한 나의 이성은 그렇게 멍하게 서 있도록 내버려두지 않았다. 그대로 있다가는 물벼락을 맞을 수도 있다는 생각이 퍼뜩 들면서 그들을 피해 뛰기 시작했다. 이미 몇 번 아라비아 해의 파도에 맞아 인도에서 산 하얀 옷에는 군데군데 검은 얼룩이 들어 있었다. 이번에도 그들을 도와주지 못했다. 마음이 아픈데도 머릿속에서는 가방에서 지갑을 찾아 돈을 꺼내 그들에게 건네주는 시간이면 나도 같이 물에 빠진 생쥐꼴이 될 것이라는 계산이 빠르게 돌아가고 있었다.

이후 거리에서 노숙자를 보거나 거지들이 구걸을 하러 다가올 때마다 이들이 떠올랐다. 인도는 늘 예상하지 못했던 일들이 일어나고 시끌벅적하면서도 활기찬 나라였지만 한편으로는 슬픈 나라이기도 했다.

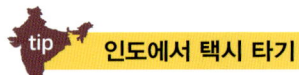 **인도에서 택시 타기**

인도 택시는 외국인 여행자에게 요금을 바가지로 물리거나 엉뚱한 곳으로 데려다주는 것으로 악명이 높다. 그래서 인도 정부가 대안으로 내놓은 것이 바로 프리페이드 택시다.
주로 공항이나 기차역에 노란색의 프리페이드 택시 부스가 설치되어 있다. 요금을 미리 내면 바우처를 2장 준다. 바우처에 적힌 택시번호를 확인하고 맞는 택시를 탄다. 짐을 트렁크에 실어주고 팁을 요구하는 경우도 있지만 무시해도 된다.

> 택시에 올라 한 장은 운전기사에게 주고 남은 한 장은 가지고 있어야 한다. 운전사가 목적지에 도착하기 전에 바우처를 미리 달라고 해도 주면 안 된다. 그들에게 바우처는 현금교환권과 같기 때문에 바우처를 미리 주면 목적지가 아닌 엉뚱한 곳에 내려줄 수도 있기 때문이다. 따라서 택시가 정차하면 최종 목적지가 맞는지 확인한 뒤 바우처를 줘야 한다.
>
> 또 인도에 처음 왔다거나 호텔 예약을 안 했다는 말을 꺼내는 순간 사기를 당할 수 있으니 유의해야 한다. 운전사는 승객이 초행길이라 목적지가 어디인지 잘 모르는 것 같다고 판단되면 "주소를 잘 모르겠다." "못 찾겠다." "그곳은 할렘가라 위험하다." 등의 이유를 대면서 기사가 알고 지내는 곳으로 데려다주고 수수료를 챙긴다. 만일 목적지가 다르거나 팁을 요구할 경우에는 택시 차량번호를 잘 알아두었다가 경찰에 신고하면 된다.

20루피짜리 최고의 음식

· · · ·

배낭여행자들의 거리 서더스트리트에는 늘 비쩍 마른 인력거꾼과 수다스러운 호객꾼, 다양한 피부색의 배낭여행객들이 뒤섞여 있다. 사람만 있는 것은 아니다. 소는 이리저리 거리를 어슬렁거리며, 개들은 그늘에 자리를 잡고 늘어지게 낮잠을 즐기고, 양이나 염소들은 가끔 떼를 지어 우르르 지나가기도 한다.

아침에 서더스트리트로 나서면 "안뇽하쎄요(안녕하세요)? 밤 머고소요(밥 먹었어요)? 요기 진짜 마시쏘요(여기 진짜 맛있어요)!"라며 늘 한국어로 말을 거는 인도 아저씨가 있었다. 하얀 러닝셔츠에 반바지를 입은 이 깡마른 아저씨는 언제나 똑같은 말만 건넸다. 외국인치고는 발음이 그럭저럭 괜찮았다.

이 아저씨를 처음 본 것은 콜카타에 도착한 날이었다. 밤늦게 도착한 우리는 서더스트리트에서 묵을 곳을 찾아 여기저기 헤매고 다녔다. 처음부터 끝까지 100m 정도밖에 안 되는 이 거리의 딱 중간 정도에 유난히 사람들이 모여 있었다. 가보니 다들 접시를 하나씩 들고 간이 의자에 앉거나 서서 음식을 먹고 있었다. 사람들에게 분주하게 요리를 해주고 있었던 사람이 바로 그 아저씨다.

그는 남의 가게 앞에 아주 낡은 조리도구 몇 개와 휴대용 가스레인지 하나를 놓고 뚝딱뚝딱 요리를 해냈다. 벽에 'TIRUPATI 티루파티'라는 간판도 그럴듯하게 걸어놨다. 아침에도, 점심에도, 저녁에도, 밤에도 이 아저씨는 항상 그 자리에서 요리를 했다. 워낙 더운 나라 인도인 대부분이 하루를 늦게 시작하는데, 아침 이른 시간에도 아저씨는 그 자리에서 똑같은 인사를 건넸다.

그렇지만 우리는 매번 그 아저씨를 지나쳐 서더스트리트 끝에 있는 캐서린 제과점에서 아침을 먹었다. 그곳에는 베이글부터 샌드위치, 케이크까지 없는 게 없었다. 에어컨 바람이 빵빵하게 나오는 제과점에서 매일 다른 종류의 빵에 네스카페 한 잔을 마시면서

어떤 음식보다 맛있었던 길거리 음식점 티루파티

그날의 동선을 짜곤 했다. 캐서린 제과점의 빵이 맛있기도 했지만 아저씨네 음식을 외면한 것은 사실 탈이 날지도 모른다는 걱정 때문이었다. 인도에서 길거리 음식은 바로 설사로 이어질 가능성이 높아서 아무리 맛이 있다고 해도 선뜻 발이 멈춰지지 않았다.

그런데 콜카타를 떠나는 날, 기차 출발시간을 2시간 남겨놓고 문득 아저씨 손맛이 궁금해졌다. 맛이 어떻기에 늘 그 아저씨네 노점상 앞에는 사람이 바글댔을까. 배가 고프지도 않았는데 궁금함에 아저씨네로 향했다. 점심시간은 한참 지났고 저녁까지는 먼 애매한 시간이라 사람이 별로 없었다. 한쪽에서 서양 남자와 여자가 테이블도 없는 긴 나무의자에 앉아 일회용 접시에 음식을 가득 담아 먹고 있었다. 우리도 그 나무의자 한쪽에 걸터앉았다. 그동안 그냥 지나치느라 못 봤는데, 벽에는 메뉴들이 일본어와 한국어로 빼곡하게 적혀 있었다. 저 많은 요리를 혼자서 다 한단 말인가? 반신반의하면서 비빔면과 김치국수, 김치볶음밥을 시켰다. 가격은 약 22루피로 우리나라 돈으로 500원도 안 되는 금액이었다.

아저씨가 조리기구를 늘어놓은 곳으로 가더니 성냥을 켜서 곤로 같이 생긴 가스레인지에 불을 켰다. 가스레인지가 하나라 요리도 하나씩 해야 하지만 아저씨는 능숙한 솜씨로 척척 요리를 만들어냈다. 요리 3개를 차례로 내어온 아저씨는 옆에 앉아 한국어와 영어를 섞어가며 자기 이야기를 풀어놓았다. 한국인 친구한테 한국 요리를 배워서 길거리에서 팔기 시작했는데 한국 사람들이 다들 맛있다고 칭찬해줘서 너무 기쁘다는 것이었다. 그 친구는 지금 한국에 있는데 자신에게 고추장을 계속 보내준다고 했다. 선반에 '순창고추장'이라는 딱지가 붙어 있는 용기가 눈에 띄었다.

콜카타에서 400루피짜리 신선로도 먹어봤고 200루피가 넘는 탄두리 치킨도 먹어봤지만, 20루피짜리 아저씨의 음식에 비할 바가 못 되었다. 땀을 뻘뻘 흘리면서 편하지도 않은 긴 나무의자에 앉아 먹은 길거리표 음식이지만, 콜카타에 와서 먹은 어떤 저녁보다도 맛있었다. 왜 이 맛을 이제야 알았을까 후회하면서 서둘러 기차역으로 향했다. 기차 안에서도 그 맛이 계속 입안에 맴돌았다. 한국에 돌아와 여행정보를 얻었던 인터넷 카페에 이렇게 글을 써서 올렸다.

"콜카타에 가면 서더스트리트 중간쯤에 깡마른 아저씨가 하는 노점 음식점 있음. 그곳 음식 꼭 먹어보삼. 강추!"

마더 테레사 하우스 가는 길
· · · ·

콜카타에서 영국 식민지 시대의 유산인 빅토리아 기념관Victoria Memorial에 가기 위해 숙소를 나섰다. 나서자마자 비쩍 마른 릭샤왈라가 따라붙었다. 마더 테레사 하우스에 가지 않겠냐는 것이었다.

마더 테레사 수녀가 평생을 바쳐 콜카타의 가난한 이들을 위해 봉사하며 세웠던 '사랑의 선교회', 콜카타 사람들은 그곳을 '마더 테레사 하우스'라고 불렀다. 마더 테레사 하우스는 빈민의 도시인 콜카타의 상징이기도 했다. 여행 일정을 짤 때 지도에 표시된 마더 테레사 하우스의 위치를 보고 도저히 찾아가기 힘들겠다 싶어서 지레 포기했는데 이 왈라의 말을 들으니 문득 가고 싶어졌다.

이 왈라는 오토릭샤도, 사이클릭샤도 아닌 영화 〈시티 오브 조이City of Joy〉의 포스터에 등장하는 인력거를 끄는 사람이었다. 처

마더 테레사

음 콜카타에 와서는 인력거가 참 비인간적인 교통수단이라고 생각했다. 신발도 신지 않은 채 인력거를 끌고 달리는 이들을 보니 안타까워 차마 못 탈 것 같았다. 그러나 다시 생각해보면 그들에게 인력거는 생계수단으로, 손님이 한 명이라도 더 타면 그날 그들의 저녁상이 푸짐해질 수 있다. 이런 생각이 들자 인력거도 한번 타볼 겸 마더 테레사 하우스에 가보기로 했다.

인력거는 높고 좁았다. 보통 체격의 두 사람이 앉아도 좀 좁을 듯한 의자를 보고 우리는 3명인데 가능하겠냐고 묻자 왈라는 괜

106

찮다고 했다. 2명이 빠듯하게 자리를 잡고 앉은 다음 나머지 한 명은 어떻게 할까 하는 표정으로 쳐다봤더니 왈라는 싱글싱글 웃으면서 그냥 올라타라는 손짓만 한다. 결국 나머지 한 명은 두 사람의 무릎 위에 어정쩡하게 앉았다.

불편한 것도 문제지만 과연 이 왈라가 인력거를 끌 수 있을지가 더 걱정이었다. 하얀 티셔츠에 체크무늬 룽기를 입은 이 아저씨는 손에 든 종을 딸랑거리면서 인력거를 끌기 시작했다. 낡은 슬리퍼에 여기저기 구멍 난 티셔츠를 입었지만 오렌지색 체크무늬 스카프로 나름대로 멋도 냈다. 몇 분 안 갔는데 티셔츠가 땀으로 흥건히 젖어 있었다. 한 번 속도가 붙으면 괜찮은데 장애물 때문에 잠깐 멈춰서기라도 하면 다시 온 힘을 다해 끙끙거리면서 인력거를 끌었다.

인력거는 좁은 골목을 잘도 달렸다. 아저씨가 종을 딸랑딸랑 흔들면 앞에 가던 사람들은 일제히 길을 비켜주었다. 오토릭샤로는 못 올 것만 같은 뒷골목으로 들어섰다. 지금까지 봤던 것은 콜카타의 겉모습에 불과했던 것일까. 빈민가가 펼쳐지기 시작했다. 길거리 수돗가에서 아랫도리만 살짝 가리고 목욕하는 사람들, 쓰러질 것만 같은 허름한 건물 2층 베란다에서 무료함을 달래려는 듯 목을 빼고 거리를 내려다보는 사람들, 벌거벗은 채로 박시시를 외치며 구걸하는 꼬마들….

골목길을 구불구불 돌아 큰길로 나오니 큰 도로에서는 아예 역

주행을 하기 시작했다. 마주 오던 택시들이 신경질적으로 경적을 울려대도 왈라는 아랑곳하지 않고 자기 속도대로 달렸다. 다행히 얼마 가지 않아 마더 테레사 하우스에 도착했다. 힘에 부친 듯 헉헉 대는 왈라에게 당초 흥정했던 40루피에 10루피를 얹어서 주었다. 카메라를 들이댔더니 적당히 포즈까지 취해준다.

마더 테레사 하우스는 생각보다 깔끔했다. 테레사 수녀의 흔적이 곳곳에 남아 있는 이곳, 시끌벅적한 콜카타 거리와는 달리 조용하고 평화로웠다. 곳곳에 파란 테두리가 둘린 하얀 옷을 입은 수녀님들이 보였다. 언뜻 사리와 비슷해 보이는 수녀님들의 복장이 아름다웠다. 마침 미사가 진행중이었다. 신부님이 성체 축복을 하고 영성체를 하는 것을 보니 끝날 때가 된 것 같았다. 좁은 성당이 수녀님들과 신자들로 꽉 찼지만 슬쩍 비집고 들어가 뒷자리에 앉았다. 사리 입은 여인들이 앉아서 성호경을 긋는 모습이 왠지 모르게 어색했다.

미사가 끝나고 성당 안이 좀 한가해졌다. 사람들은 성당 오른편에 있는 큰 대리석 주변으로 모여들었다. 테레사 수녀님의 무덤이다. 무덤은 수수하면서도 은근히 화려했다. "내가 너희를 사랑한 것처럼 너희도 서로 사랑하라."라는 성서 구절이 새겨진 비석과 성모상, 그리고 힌두교 의식인 뿌자puja를 드릴 때 쓰는 금잔화로 장식되어 있다. 무덤 한쪽에 무릎을 꿇고 앉아 기도를 했다. 눈물이 솟았다. 힘든 여정에 신경이 날카로워져 있었는데, 거지들과 호

마더 테레사 하우스에서 경건하게 앉아 기도하는 수녀님

객꾼이 득실대는 인도가 싫어지기도 했는데, 모든 것을 포용한 테레사 수녀님의 무덤 앞에 서니 부끄러웠다. 마더 테레사 하우스에서 느꼈던 감정 그대로 그날 하루를 경건하게 보냈다. 물건을 살 때 몇 루피 깎으려는 노력을 하거나 불평불만을 늘어놓지 않고 인도를 있는 그대로 보고 느꼈다.

그날 밤 유난히 많은 비가 쏟아져 오랜만에 깊이 잠들 수 있었다. 열대야 때문에 콜카타에 와서 매일 잠을 설쳤는데 비가 열기를 식혀주었다. 덕분에 다음 날 아침 가뿐하게 일어날 수 있었다.

▲ 마더 테레사 수녀가 잠들어 있는 곳
▼ "내가 그랬듯 서로 사랑하여라(요 15:12)." 비석에 성서의 한 구절이 새겨져 있다.

숙소를 나서 서더스트리트를 걷다가 우리를 마더 테레사 하우스까지 데려다준 그 인력거 아저씨를 다시 만났다. 반갑게 다가와 오늘은 어디를 갈 거냐고 물었다. 인도에서 산 신발이 또 뜯어져 신발 수선공을 찾아다니던 참이라고 말했다. 콜카타에 도착한 첫날 밑창이 떨어져 나가 10루피를 내고 고쳤는데 또 뜯어진 것이다. 왈라는 자기가 잘 아는 사람이 있다면서 앞장섰다. 우리는 친구라면서 걱정하지 말라고 눈까지 싱긋하면서 말이다.

아저씨를 따라 길거리에서 연장 몇 개로 장사판을 벌인 수선공에게 신발을 맡겼다. 쪼그리고 앉아서 기다리는데 인력거 아저씨가 대뜸 자기가 쓰던 종을 50루피에 사라고 채근했다. 경적으로 쓰고 있는 그 종을 팔면 어쩌겠다는 건지, 오늘 하루 장사는 종을 파는 걸로 대신하겠다는 건지, 계속 종을 사야만 하는 이유를 설명했다.

드디어 신발이 다 고쳐졌다. 수선공 아저씨에게 얼마냐고 물었더니 인력거 아저씨가 30루피라고 답했다. 실로 세 땀 꿰맸으니까 한 땀당 10루피씩 해서 30루피란다. 아무 말하지 않고 30루피를 냈다. 아마 그 중 일부는 인력거 아저씨 호주머니로 들어갔을 것이다.

'여기 또 한 명의 귀여운 사기꾼이 있군.'

그날 아저씨 저녁상이 좀 푸짐하길 바라면서 모르는 척 속아주었다.

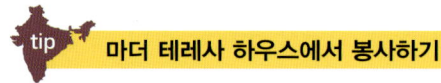
마더 테레사 하우스에서 봉사하기

마더 테레사는 인도 태생이 아니다. 1910년 마케도니아 당시 오토만제국 스코페에서 태어난 금발의 여인으로, 본명은 아그네스 곤자 보야지우Anjeze Gonxhe Bojaxhiu다. 1928년 18세의 나이로 아일랜드 로레토 수녀원에 들어간 그녀는 1929년 인도로 건너갔다. 처음에는 인도 다르질링Darjiling에 머물면서 벵갈어를 배웠으며, 성 테레사 학교에서 교육을 받은 뒤 1931년 5월 종신 서원을 받았다.

1937년 콜카타의 로레토 수녀원 학교 교사로 부임한 후 그곳에서 20년 가까이 지냈다. 교리를 가르치는 일을 즐겼지만 콜카타의 가난한 이들을 돌보는 데 관심을 갖기 시작해 평생을 가난하고 병든 사람을 위한 봉사에 바쳤다.

그 공로를 인정받아 1979년 종교인으로는 처음으로 노벨평화상을 수상했다. 당시 수상 연설에서 그녀는 낙태주의자들을 살인자라고 맹렬히 비난해 페미니스트들로부터 종교적 제국주의자라는 비난을 받기도 했다. 하지만 '빈자의 성녀'라는 추앙은 변치 않았다. 마더 테레사는 1997년 축복 속에서 87세를 일기로 생을 마감했다.

마더 테레사 하우스에서 봉사활동을 하며 마더 테레사의 고귀한 정신을 되새겨보는 것도 괜찮다. 하루만 봉사할 계획이라면 아침 7시에서 7시 30분 사이에 마더 테레사 하우스에 가서 원데이패스를 받으면 된다. 갓난아기나 고아들이 지내는 시슈바반Shishu Bhavan에서 봉사활동을 할 수 있다. 오전반은 오전 8시부터 12시까지, 오후반은 오후 3시부터 6시까지다. 둘 중 한 타임만 해도 되고, 두 타임 모두 봉사하는 것도 가능하다.

하루 이상 할 예정이라면 매주 월·수·금 오후 3시 시슈바반에 가서 오리엔테이션을 받고 등록하면 된다. 오리엔테이션에서 6군데 봉사활동 시설에 대한 정보와 주의사항을 알려준다. 설명을 들은 후 봉사할 시설을 정하면 된다.

봉사시설 중 다야단Dayadan은 장애 어린이, 시슈바반에서는 갓난아기나 고아, 샨티 단Shanti Dan과 프렘 단Prem Dan에서는 장애나 병을 앓고 있는 여성과 남성을 각각 돌본다. 나보 지본Nabo Jibon은 성인이나 소년 장애아가 머무는 곳이며, 깔리갓Kalighat은 호스피스 병동이다. 시설 중 남성이나 여성 봉사자를 구분해서 받는 곳도 있다.

마더 테레사 하우스 주소: 54 A.J.C. BOSE ROAD, KOLKATA
시슈바반 주소: 78 A.J.C. BOSE ROAD, KOLKATA

세상에서 세력이 가장 작은 종교

· · · ·

자이나교Jainism 혹은 자인교라고 불리는 종교가 있다. 인도를 여행하기 전에는 한 번도 들어본 적이 없는 종교다. 세계 여행자들의 가이드북인 『론리플래닛Lonely Planet』에서는 자이나교를 세상에서 세력이 가장 작은 종교라고 설명해놓았다. 10억 명이 사는 인도에서 자이나교도들은 400만 명에 불과하니 작은 종교라 할 수 있다.

콜카타의 파라스나트Parasnath 자이나교 사원에 처음 들어섰을 때 느낌은 '참 예쁘다.'였다. 택시를 타고 골목 골목을 돌아 들어온 이곳은 외부 세계와 단절된 듯이 아주 조용했다. 입구에서 흰 러닝셔츠에 체크무늬 룽기lungi를 입은 새까만 피부의 인도 할아버지가 활짝 웃으면서 맞아주었다.

"입장료는 없는데, 사원 건물 안에서는 사진 촬영이 안 된다는 사실을 명심하시오."

"넵!"

정문을 들어서자마자 아기자기한 정원이 펼쳐졌다. 사원은 크지 않지만 온통 유리와 거울, 형형색색의 돌로 장식되어 있어 그 화려함에 입이 다물어지지 않았다. 별천지 같은 정원을 둘러보고 사원으로 들어서려니 입구에 자이나교에 대한 안내판이 있었다. 자이나교에 대해 무지했던 터라 시간을 투자해 꼼꼼하게 읽었다.

자이나교는 카스트 제도에 반발해 생겨난 종교로 모든 사람이 모두 똑같다고 본다. 자이나교에는 구원자를 뜻하는 티르탕카라Tirthankara가 24명 있는데, 각각의 티르탕카라에 의해 진리가 드러났다고 믿고 있다. 실질적인 창시자인 24대 티르탕카라 마하비라Mahavira는 부처와 같은 시대인 기원전 6세기에 태어났다.

자이나교는 어떤 생명도 살상하지 않아야 한다는 불살생不殺生을 표방한다. 그래서 라자스탄Rajasthan 주에 있는 자이나교 사원에 가면 승려들이 흰 마스크를 쓰고 있는데, 숨을 쉴 때 미생물이 몸속으로 들어가 원치 않는 죽음을 당하는 것을 막기 위한 조치라고 한다. 또 개미라도 밟을까봐 빗자루로 바닥을 쓸면서 걸어다니고 무조건 채식만 한다. 극단적인 금욕과 무소유 역시 자이나교의 특

파라스나트 자이나교 사원을 지키고 있는 교도들

징이다. 그래서 마하비라의 상은 대부분 실오라기 하나 걸치지 않은 나체의 모습을 하고 있다. 옷 한 벌을 걸치고 있는 것도 소유로 보는 것이다. 흰옷을 착용하는 백의파도 있지만, 마하비라를 따라 옷을 입지 않고 나체 수행을 하는 공의파도 있다. 불행인지 다행인지 나체 수행자는 보지 못했다.

자이나교에 대한 공부는 이 정도로 마치고 사원을 둘러보려는데, 저쪽에서 흰색 룽기에 러닝셔츠만 입은 아저씨가 다가와 이런

저런 설명을 해준다. 설명 조금 해주고 가이드비를 요구하겠지 싶었지만 설명을 듣는 것도 나쁘지 않겠다 싶어 귀를 기울였다.

이곳의 정식 이름은 쉬딸나뜨지 자이나교 사원Sheetalnathji Jain Temple으로 24인의 티르탕카라 가운데 10대인 쉬딸나뜨를 모시고 있어서 붙여진 이름이라고 했다. 인도 동부 지역의 자이나교 사원 중 가장 아름답다는 평을 듣는 이곳은 베네치아에서 들여왔다는 샹들리에, 터키에서 가져왔다는 영롱한 터키석, 이탈리아 무라노 섬에서 공수해왔다는 유리공예품 등 럭셔리한 수입산 물건으로 가득했다. 백만장자의 별장에 와 있는 것 아닌가 하는 착각이 드는 순간 다른 생각이 머리를 스쳤다.

'이 사치스러운 사원이 금욕과 무소유에 어울리나?'

사원 내부를 한 바퀴 돌아 어느 등불 앞에 멈춰섰다. 1867년부터 계속 타고 있다는 등불이었다. 사방이 유리벽에 둘러싸여 있는데도 아무런 그을음을 발견할 수 없는 것이 등불의 신성함을 말해주는 증거라는데, 그을음이 생기면 사원이 부정을 탔다는 의미라고 한다. 사원 한 바퀴를 돌며 설명을 마친 아저씨는 예상대로 손을 내밀었다. 명분은 자이나교 발전을 위한 헌금. 아저씨 눈을 피해 살짝 사원 사진도 찍었고, 또 가이드도 엉터리는 아니었기 때문에 있는 잔돈을 긁어모아 몇십 루피를 주고 밖으로 나섰다.

처음 들어올 때 입구에 있었던 할아버지가 뒤편에 몇 개의 사원이 더 있다며 따라오란다. 웃을 때마다 보이는 몇 개 안 남은 치아

파라스나트 자이나교 사원의 모습(좌)과 사원 내부(우)

는 인도식 씹는 담배인 빤pan을 많이 씹어서 그런지 까맸다. 이 할아버지가 설명해준 것은 사원을 꾸민 대리석과 공예품들이 세계 어느 곳에서 공수해온 것인지가 전부였다. 이미 들은 바대로 이탈리아 베네치아, 터키, 중국 등 다양한 곳에서 들여왔다며 연신 "나이스?"라고 되물으면서 누런 이를 드러내놓고는 씽긋씽긋 웃었다. 아마 설명하기 위해 내뱉은 단어들보다 '나이스'를 더 많이 외쳤을 거다.

마지막 사원을 둘러보고 나오는 길에 역시 기부금을 내라고 요구하기에 20루피를 주었다. 그러더니 이번에는 주머니에서 엽서를 꺼내서 보여주었다. 인쇄 상태가 고르지 않을 뿐더러 지나치게 얇아서 엽서로 쓸 수 있을까 의문이 드는 그 종이쪼가리들을 보통 엽서 가격보다 훨씬 높은 80루피에 사란다. 쌈짓돈을 벌기 위한 아르바이트인가보다. 손을 내저으며 뚱한 표정을 지었더니, 바로 가이드비를 요구하며 일행이 3명이니 한 명당 20루피씩 총 60루피를 달라고 했다. 아까 씽긋 웃던 표정은 사라지고 험상궂은 얼굴만 남은 할아버지에게 얼른 60루피를 건네주고 사원을 빠져나왔다.

"금욕과 무소유를 표방하는…" 자이나교 설명 문구에 가이드비를 당당하게 요구하던 할아버지의 모습과 화려한 보석으로 치장한 사원이 겹쳐 한동안 머릿속에 남아 있었다. 연결고리가 전혀 만들어지지 않은 채로.

바라나시, 도망치듯 떠나다
· · · ·

바라나시를 인도 여행의 하이라이트라고 생각했다. '어머니의 강'이라는 갠지스 강Ganges River을 따라 인도인들이 어떤 삶을 만들어 가는지 무척 궁금했다. 내 머릿속에 있던 바라나시는 삶과 죽음이 공존하는 곳, 인도의 모든 수행자들이 모여 정신의 때를 씻는 곳이었다. 그래서 머리가 깨질 듯이 아프거나 뭔가가 복잡하게 얽혀 있을 때마다 늘 바라나시에 가고 싶다는 생각을 했다. 처음 인도로 가겠다고 작정했을 때 바라나시에는 오래 머무를 생각이었다. '사흘 정도 있을까? 아니다. 한 일주일은 있어야겠다.' 이런 생각을 했었다.

인도 여행을 마치고 난 지금, 사실 바라나시에 대해 할 말이 별로 없다. 콜카타에서 밤기차를 타고 오전에 바라나시에 도착해서 하룻밤만 자고 다음 날 도망치듯 바라나시를 떠나버렸으니 말이다. 지금 생각하면 왜 그렇게 나쁜 쪽으로만 생각을 몰고 갔을까 하는 후회도 들지만, 그때는 도저히 참을 수가 없었다.

도착한 첫날 숙소에 짐을 풀고 갠지스 강가를 좀 걷다가 도저히 바라나시에는 적응을 못할 것 같다는 생각이 들었다. 여행사로 들어가 기차표를 알아봤지만 하필 일요일이라 기차표를 예매하지 못했다. 밤새 뒤척이다가 다음 날 새벽에 일어나 바라나시 정션 Junction 역으로 달려갔다. 외국인 전용 카운터에는 이미 기차표를 끊으려는 외국인들로 바글댔다. 그날 자정이 좀 넘어서 출발하는 기차표를 손에 넣고서야 겨우 안도의 한숨을 쉬었다.

지금까지 다녀본 인도 도시 가운데 바라나시는 가장 혼란스러운 곳이었다. 기차역에 내리자마자 쓰레기 냄새가 코를 찔렀고 유난히 떼 지어 날아다니는 파리 떼가 성가셨다. 방금 기차가 쏟아낸 승객들과 이들을 노리는 구걸꾼·짐꾼들이 뒤엉켜 한 걸음 내

바라나시 갠지스 강가를 따라 곳곳에 힌두신을 그린 벽화가 눈에 띈다.

걷기도 힘들었다. 플랫폼과 기차역 앞 광장은 여기저기 누워 있는 인도인들로 가득했다. 마치 전쟁 피난민들 같았다.

4평 남짓한 허름한 인포메이션 센터에는 아저씨 한 명이 앉아서 열심히 호객행위를 하고 있었다. 지도 한 장 얻으려고 했을 뿐인데 여기저기 숙소를 추천해주며 꼭 자기 추천으로 왔다는 걸 이야기하라고 당부했다. 숙소 이야기가 끝나니 이번에는 시티투어를 하라고 권했다. 3명에 1,400루피란다. 3명이서 나누기 좋게 1,200루피로 깎아달랬더니 지난주까지는 1,200루피였지만 기름

바라나시 갠지스 강. 인도인들은 이곳에서 빨래도 하고, 목욕도 하고, 장례도 지낸다.

값이 올라서 안 된단다.

숙소도 시티투어도 별로 관심 없어서 흥정을 그만두고 역을 나와서 오토릭샤를 탔다. 심사숙고 끝에 가이드북에서 고른 게스트하우스 샤히 리버 뷰Shahi River View까지 가자고 했다. 갠지스 강 상류에 있는 아씨 가트Assi Ghat가 한눈에 보이는 곳이다. 오토릭샤는 바라나시 중심가를 향해 내달렸다. 끈적끈적한 더위에 매연과 먼지로 공기도 탁했다. 길거리에 있는 상점들은 거의 문을 닫았고 거리에 사람도 많지 않았다. 보이는 것은 어슬렁거리는 소들과 영역 싸움에 열을 올리고 있는 개들, 우르르 몰려다니는 염소 떼가 전부였다. 길거리는 온갖 배설물과 쓰레기, 파리 떼로 가득했다.

그렇게 주변을 둘러보던 중 오토릭샤가 어느 게스트하우스 앞에 멈춰 섰다. 'Sunrise썬라이즈'라는 큼지막한 글씨가 눈에 들어왔다.

"샤히 리버 뷰에 다 온 거예요?"

"아~ 샤히 리버 뷰보다 썬라이즈가 위치도 더 좋고 가격도 싸. 여기 한번 들어가보는 게 어때? 마음에 안 들면 그때 샤히 리버 뷰에 데려다줄게."

문 앞에서 우리를 가장 먼저 맞아준 건 소똥이었다. 정말 들어가고 싶지 않았다. 이런 식으로 손님을 데려오면 게스트하우스에서는 릭샤왈라에게 수수료를 주고, 당연히 그만큼 숙박비가 올라간다는 건 인도 여행자라면 다 아는 사실이다. 들어갈 것도 없이 당장 샤히 리버 뷰로 가자고 목소리를 높였다.

"오케이. 내가 잘못했어. 샤히 리버 뷰로 데려가줄게."

화를 냈던 게 미안해진 것도 잠시, 얼마 안 가서 다른 게스트하우스 앞에 멈춰 섰다. 간판에 'Shahi샤히'라고 쓰여 있기는 한데 가이드북에서 설명한 것과는 다르게 갠지스 강이 보일 것 같지 않았다. 로비에 들어가서 가이드북을 내밀며 여기가 샤히 리버 뷰 게스트하우스 맞냐고 물으니 거긴 따로 있단다. 정말 화가 났다. 결국 3번 만에 샤히 리버 뷰에 도착했다. 릭샤왈라는 샤히 리버 뷰에서 멀찌감치 떨어진 곳에 오토릭샤를 세우고는 내려서 따라오라고 했다.

"사실 여기는 밤에 굉장히 위험해. 사건사고가 많아서 요즘 여행객들은 여기 잘 안 찾거든. 일단 한번 가봐. 그런데 여기에 묵는 거 별로 권하고 싶지는 않아."

일부러 골목골목을 돌아 들어가면서 겁을 주었다. 샤히 리버 뷰는 정말 갠지스 강이 한눈에 보이는 곳이었다. 상류지역이라 시끄럽지도 않고 딱 마음에 들었다. 여기에 묵겠다고 했더니 릭샤왈라 얼굴에 실망하는 기색이 역력했다. 릭샤왈라가 돌아가자마자 로비에 있던 아저씨들이 오토릭샤비로 얼마를 냈냐고 물었다.

"바라나시 역에서 여기까지 30루피요."

일제히 키득키득 웃는다.

"왜요? 비싼 거예요? 왜 웃죠?"

대답은 안 하고 계속 웃기만 하다가 한 아저씨가 "그 정도면 굿

바라나시의 어느 골목길

프라이스good price."라고만 말해주었다. 나중에 알게 된 건데, 바라나시에서는 손님을 데려오거나 소개해주면 첫날 치 숙박비를 릭샤왈라에게 모두 준다고 한다. 물론 새로 생겼거나 가이드북에 이름을 올리지 못해 손님이 적은 숙소들에게만 해당되는 이야기다. 그래서 인포메이션 센터에 있던 그 아저씨도, 이 릭샤왈라도 그렇게 호객행위에 열을 올렸던 것이다. 당시 역에서 시내까지 오토릭샤로는 50루피가 기본 요금이었다. 더블룸 하루 숙박비가 최소 300~400루피 정도니 릭샤왈라로서는 릭샤값을 조금 덜 받고 수수료를 챙기는 전략을 쓰는 게 당연하다.

바라나시는 모든 것이 호객꾼들을 거치지 않으면 안 되는 곳이다. 길거리에서는 끊임없이 "할로 마담. 웰 유 고잉? 위치 꼰트리? 자빠니? 꼬레아? 할로 마담? 베리 굿 프라이스."라고 말을 건다. 계속 무시하면 어디서 배웠는지 "언니! 누나! 안뇽하쇼? 어디 가쇼? 싸랑해요~" 등 한국어까지 쓴다. 정말 가관이다.

그렇게 바라나시는 처음부터 기겁을 하게 만들었다. 혼을 쏙 빼놓고는 견딜 수 있으면 어디 견뎌보라고 하는 것 같았다. 갠지스 강의 화장터에서 한 줌의 재로 사라진 수많은 혼령들이 계속 머리 위를 떠돌고 있는 듯했다. 그렇지 않다면 이렇게 끔찍하고 싫을 수가 없었다. 결국 견디지 못하고 바라나시를 떠났다.

나중에 다시 바라나시를 찾으면 그때는 며칠 더 버텨볼 생각이다. 하루하루 새로운 일들이 일어나는 맛에 유난히 한 달, 두 달씩 장기체류하는 여행자들이 많은 곳이 바라나시다. 그들 중 대부분은 바라나시를 처음 찾았을 때 나처럼 도망치듯 떠났다고들 한다. 지금은 그때 보지 못했던 것들이 많이 아쉽다. 다음에 찾았을 때 분명 바라나시는 다른 매력을 보여줄 것 같다. 이번엔 아니었지만 말이다.

강가 이즈 라이프 Ganga is life

· · · ·

인도인들 마음속 깊이 자리 잡고 있는 신성한 강 '강가Ganga'. 외지인들에게는 갠지스 강으로 불리는 강가 앞에 선 것은 한낮이었다. 상류에 자리 잡은 샤히 리버 뷰 게스트하우스에 짐을 풀고 갠지스 강을 따라 나 있는 가트를 천천히 걸었다. 뜨거운 태양 아래서 한 걸음 한 걸음 걷는 것도 고역이었지만 바라나시의 갠지스 강이 너무 평범하다는 사실이 더 실망스러웠다.

일단 사람들이 많지 않았다. 간간이 물건을 파는 장사꾼들과 빨래하는 사람들, 물가에서 물장난 하는 아이들이 전부였다. 걷고 있는데 머리 위 태양의 열기보다 더 뜨거운 기운이 후끈 느껴졌다. 저 멀리서 하얀 연기가 모락모락 피어오르는 것을 보니 어느덧 화장 가트까지 왔나보다.

마니카르니카 가트Manikarnika Ghat. 화장 가트에서는 사진을 찍으면 안 된다는 사실을 알고 있었지만 연기를 보자 무의식적으로 카메라를 들어 초점을 맞췄다. 바로 불호령이 떨어졌다. 옆에 있던 인도인들이 여기서는 사진을 찍으면 안 된다며 온몸으로 막아섰다. 미안하다고 사과를 하고 다시 걷는데, 방금 전까지 사진을 찍으면 안 된다고 눈을 부라리던 인도인들이 계속 따라오면서 말을 걸었다. 화장 가트 위에 서서 잠깐 보려 했지만 관광객은 이곳에서 보면 안 된다며 위쪽 건물로 안내한다. 지금이 보기에 딱 좋은

갠지스 강에서 생을 마감한 누군가가 한 줌의 재로 변하고 있다.

시간이라며 건물 입구로 들어갈 것을 권하는데 그다지 내키지 않아 따라가지 않았다.

시체를 태울 땔감으로 쓰일 통나무 더미 사이로 난 길을 따라 걸었다. 화장 가트 바로 옆에 있는 가트에 앉아 잠시 갠지스 강을 감상했다. 강폭이 그다지 넓지 않은데 강의 동쪽과 서쪽은 아주 상반된 모습이었다. 강을 건너 동쪽은 허허벌판 모래밭에 소들이 노닐고 있지만, 서쪽에는 줄지어 있는 가트에 오래된 건물이 다닥

다닥 붙어 있다. 이곳에서 사람들은 목욕을 하고, 빨래를 하고, 시신을 태운다.

모락모락 피어오르는 연기를 보며 죽음이라는 게 무엇일까 잠시 생각했다. 갠지스 강 한쪽에서는 하나의 삶이 연기와 함께 한 줌의 재로 변해가고 있고, 다른 한쪽에서는 마지막 삶이라도 붙잡아보려고 병든 몸을 성스러운 강물에 담그고 있으며, 또 다른 쪽에서는 아직 삶이 무엇인지 모를 개구쟁이 소년들이 물장난을 치고 있었다.

그렇게 상념에 잠겨 있는 와중에 방해꾼이 나타났다. 새까만 얼굴의 비쩍 마른 아저씨가 보트를 타지 않겠냐고 흥정을 걸어왔다. 어차피 게스트하우스로 돌아가려면 강 상류로 올라가야 하기 때문에 배를 타기로 했다. 마침 해가 질 때도 되었으니 석양도 감상하고 강바람도 쐴 수 있을 것 같았다.

배를 가져오겠다고 가더니 뱃머리에 웬 노인을 태워 왔다. 아버지란다. 큰 형과 막내 동생 정도면 모를까, 도저히 부자지간이라고 믿겨지지 않았다. 아들이 겉늙은 건지, 아버지가 동안인지는 모르겠지만 아들이 아버지 봉양을 잘했나보다. 아들은 피골이 상접해 있는데 아버지는 뱃살도 적당히 있고 체격도 좋았다. 아들이 노를 젓자 배가 스르르 앞으로 나아갔다. 노 젓는 게 쉽지는 않은 모양인지 금세 이마에 땀방울이 송송 맺혔다. 아버지는 뱃머리에 가부좌를 틀고 앉아 분위기를 한껏 잡았다.

현세에서 깨달음을 얻은 사두는 화장을 하지 않는다. 주황색 천에 싸여 그대로 갠지스 강 품에 안긴다.

배는 출발하자마자 화장 가트를 다시 지났다. 강 한가운데에서 보는 화장터의 느낌은 또 달랐다. 섬뜩했다. 청개구리 기질이 있어서인지 사진을 너무 찍고 싶어서 배 위에서 슬며시 사진기를 꺼내 들었는데 뱃사공도, 노인도 아무 말도 하지 않았다.

계단에는 주황색 천으로 씌운 시신 2구가 화장을 기다리고 있었고, 한쪽에서는 불길이 활활 타오르고 있었다. 또 다른 쪽에서는 나무토막들이 땔감으로서의 수명을 다해가자 일꾼들이 마지막 불꽃을 태우느라 안간힘을 쓰고 있었다. 유족들은 말없이 불타는 모습을 바라만 보고 있었고, 재를 수습하는 불가촉천민들만 분주한 듯 보였다.

주변에 가득 쌓아놓은 통나무는 무게를 정확히 재서 시신 태우는 값으로 받는다고 한다. 죽는 순간까지 계산이 정확하다. 돈이 없으면 완전히 재가 되지 못한 상태로 세상을 뜨게 되는 것이다. 그래도 죽기 전에 바라나시로 와서 땔감 살 돈을 구걸하다 죽어 신성한 갠지스 강에 뿌려진다면 이만큼 행복한 죽음은 없다고 생각하는 인도인들이다. 화장 가트 바로 앞에 있는 다 쓰러져가는 건물은 죽음을 기다리는 사람들이 지내는 곳이라고 한다. 삶과 죽음의 길목에 선 그들은 매일 사그러들지 않는 불꽃을 보며 무슨 생각을 할까? 죽음의 문턱에서 행복한 상상을 할 수 있는 사람들은 인도인밖에 없을 것이다.

화장 가트를 지나 배는 점점 상류를 향했다. 우리 앞을 가로질러 나룻배 한 척이 지나갔다. 배에 뭔가 매달려 있기에 뱃사공에게 저게 무엇이냐고 물어보니 사두Sadhu: 수행자의 시신이란다. 하얀 천에 둘둘 말린 사두의 시신은 현세에서 이미 깨달음을 얻었기 때문에 화장하지 않고 그냥 강에 떠내려 보낸다고 한다. 아주 가까이서 본 시신에 또다시 섬뜩함을 느꼈다.

배는 조금씩 조금씩 앞으로 나아갔다. 뱃머리에 앉았다가 옆으로 길게 누웠다가 각종 포즈를 취하던 노인이 갑자기 배에 굴러다니던 페트병을 집어 강물에 푹 넣었다. 페트병 안에 담겨 나온 물은 녹색에다 각종 부유물까지 훤히 보였다. 설마 정말 저 물을 마시는 걸까?

"그 물 뭐에 쓰려고요?"

"마시려고."

"마시기에 적당해 보이지는 않는데…."

"우리는 늘 갠지스 강물을 마시고 사는데 괜찮아. 이 물은 신성한 물이거든."

마침 강 저편에 'Ganga is life'라는 글씨를 큼지막하게 써놓은 벽이 눈에 들어왔다. 인도에서 갠지스 강을 정화하자는 운동이 벌어지고 있다는데, 어느 정도 정화가 된 것일까? 그래도 가이드북에서 읽었던 갠지스 강물에서 추출한 샘플에서 100ml당 150만 개의 배설물 대장균이 발견되었다는 내용이 머릿속을 떠나질 않았다. 목욕하기에 안전한 물이 되려면 이 수치가 500 미만이 되어야 한다는데….

이런 저런 생각을 하니 어느새 아씨 가트에 도착했다. 가트를 보니 이곳 바라나시야말로 여러 종교가 공존하고 있음이 느껴졌다. 힌두교 가트를 지나면 머리에 흰 모자를 쓰거나 검은 두건을 두른 이슬람교도들이 모여 있는 무슬림 가트가 나오고, 좀더 지나면 자이나교 가트가 나왔다. 그들은 끼리끼리 모여서 자신들만의 방식으로 갠지스 강을 섬기고 있었다.

저녁이 되니 사람들이 더 많아졌다. 해도 뉘엿뉘엿 지기 시작했

▲ 갠지스 강을 삶의 터전으로 삼고 살아가는 뱃사공

▶ 석양이 지는 갠지스 강

고 강은 녹색에서 회색으로 변해갔다. 어머니의 강은 오늘도 여러 사람들의 소망과 기원을 들어주고 어둠에 그렇게 묻혀갔다.

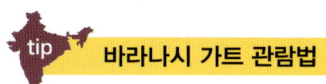 **바라나시 가트 관람법**

가트는 갠지스 강의 층계를 말한다. 가트는 인도 북동부의 갠지스 강과 서부를 흐르는 나마다 강에 위치해 있는데, 보통 인도에서는 바라나시를 흐르는 갠지스 강의 층계를 의미하는 고유명사처럼 쓰인다. 바라나시의 가트는 갠지스 강을 따라 6km에 걸쳐 60여 개가 줄지어 있다. 이 중 유명한 가트는 다사스와메드 가트Dasaswamedh Ghat와 마니카르니카 가트다.

바라나시 하면 가장 먼저 떠오르는 화장터는 마니카르니카 가트에 있다. 계속 불이 타오르는 이곳은 생을 마감하는 곳인 만큼 엄숙한 분위기로, 사진촬영은 금지다.

반면 다사스와메드 가트는 늘 사람들로 북적거리며, 저녁에 열리는 뿌자 예배의식으로 유명하다. 힌두교의 종교 의식인 뿌자는 1시간 동안 진행된다. 꽃초에 불을 붙여 갠지스 강가에 띄우며 소원을 비는 이들을 볼 수 있다. 이외에도 코리안 가트라고도 불리는 판디 가트Pandey Ghat가 있는데, 판디 가트 뒤편에는 한국인이 운영하는 숙소가 있어 한국인을 많이 만날 수 있다.

아침에 보트 투어를 하면 갠지스 강 위에서 일출을 맞이할 수도 있으니 일찍부터 부지런을 떨어 보트 투어를 해보자.

가끔은 어둠이 좋다

· · · ·

바라나시에서 어렵게 에어컨이 있는 숙소를 찾았다. 그런데 워낙 구식 에어컨이라 최대로 틀어놓아도 소리만 요란할 뿐 별로 시원하지가 않았다. 그나마 에어컨이 가동되면 다행이다. 시도 때도 없이 정전이 되기 일쑤였다. 게스트하우스의 리셉션을 지키고 있던 앳되어 보이는 아이는 정전이 잦으니 이해해달라며 미리 양해를 구했다. 오전 10시부터 오후 2시까지는 전력이 아예 공급되지 않는 시간이니 전기를 쓸 일이 있으면 오전 10시 전에 마무리하라는 조언도 잊지 않았다.

게스트하우스 입구에는 거대한 굉음을 내며 돌아가는 커다란 기계가 있었는데 바로 자체 발전기였다. 이 발전기로는 불을 밝히는 데 필요한 전력 정도만 발전할 수 있었다. 에어컨처럼 전기 먹는 하마는 정전이 풀릴 때까지 죽어 있었다. 후덥지근한 날씨에 지쳐 쉴 요량으로 숙소에 들어와 에어컨을 켜면 얼마 되지도 않았는데 꼭 전력이 나가버렸다.

그나마 숙소에 있을 때 정전이 되면 다행이다. 해가 지고 난 후 바라나시 골목을 걷고 있을 때 정전이 되면 미아가 되기 십상이다. 힘들수록 더 구미가 당기는 것이 한국 음식이다. 정확히 한식은 아니지만, 일본인이 하는 곳이라 한국인의 입맛에도 맞는 음식이 많다는 음식점을 추천받았다. 찾아가는 길이 별로 복잡하지 않

바라나시에도 점점 어둠이 내린다.

을 것 같았는데 한 번 잘못 꺾으니 완전히 미로였다. 가도 가도 큰 길이 나올 것 같지 않았다. 사람들에게 물어봐도 왔던 길을 되돌아가라고 말할 뿐이었다. 사람 한 명이 겨우 지나다닐 수 있을 만한 좁은 골목부터 공사중이어서 모래와 먼지가 가득한 골목, 통행세라도 받겠다는 듯 소가 떡하니 버티고 있는 골목, 여기저기 소똥 지뢰가 펼쳐져 있는 골목. 이런 골목들을 정전이 된 상태에서 빠져나가려니 미로도 이런 미로가 없었다.

정전된 바라나시 거리를 밝혀준 결혼식 네온사인 행렬

　간신히 음식점을 찾아 전망이 좋은 4층에 자리를 잡았다. 저 멀리 보이는 갠지스 강과 바라나시의 야경을 즐기고 있는데 갑자기 주위가 어두컴컴해졌다. 도시 전체가 칠흑 같이 어두웠다. 또 정전이 된 것이다. 갠지스 강도 조용해졌다. 더위 때문에 해가 진 다음에 사람이 많아지는 바라나시이건만 정전이 되니 한순간에 고요한 도시로 탈바꿈했다. 식당에서 자체 발전기를 돌려 불은 켜졌지만 에어컨은 나오지 않았다. 더웠지만 어쩔 수 없는 상황이라 참고 밥을 먹었다. 그런데 식사를 마쳤는데도 여전히 전력이 돌아오지 않아 돌아갈 길이 걱정되었다.

무작정 기다릴 수가 없어서 일단 식당을 나왔다. 안 그래도 미로 같은 바라나시 뒷골목인데 정전까지 되어 어떻게 찾아가나 걱정했는데, 신기하게도 이곳 사람들은 별 불편함이 없어보였다. 정전이 익숙한지 바로 발전기를 돌리거나 촛불을 꺼내 불을 밝히고는 일상을 이어갔다. 골목에서 마주친 사람들은 각자 갈 길을 부지런히 가고 있었고, 릭샤왈라들도 여전히 호객행위에 열중하고 있었다.

생각보다 수월하게 골목을 빠져나오긴 했지만 불빛도 없는데 아씨 가트까지 걸어갈 엄두가 나지 않아 사이클릭샤를 잡아탔다. 어둠 속에서 간간히 비추는 불빛, 그 사이를 릭샤왈라는 무서울 정도로 거침없이 달렸다. 중간에 몇 번 접촉사고가 있었지만 아랑곳하지 않고 달렸다.

숙소로 가는 길에 멋진 네온사인 행렬을 만났다. 결혼식 행렬인 것 같았다. 좋은 구경거리다 싶어 사이클릭샤에서 내렸다. 신랑으로 보이는 남자가 어린 남자아이와 함께 화려하게 치장한 말에 올라타 천천히 앞으로 나아가고 있었고, 그 주위를 초록색 네온사인을 든 사람들과 각종 악기를 연주하는 악사들, 음악에 맞춰 춤을 추는 사람들이 에워쌌다. 플래시와 함께 사진을 몇 장 찍었더니 일제히 우리에게 시선이 쏠렸다. 결혼식 행렬을 구경하는 사람보다 우리를 쳐다보는 사람이 더 많아졌다. 결혼식 행렬을 신기한 듯 쳐다보는 동양 여자 3명과 우리를 신기하게 쳐다보는 현지인들은 그렇게 서로를 호기심 가득한 눈빛으로 바라보았다. 우리는 그들과 함께 어울리며 사진도 찍고 어설프게 춤추는 시늉도 하며 즐기다가 무리를 슬쩍 빠져나왔다. 정전이 선물해준 또 하나의 경험이었던 셈이다.

싫기도 했고 좋기도 했던 바라나시를 떠나는 날에도 기차역에서 정전을 경험했다. 기차가 연착되었다는 방송이 나오다가 중단되었고, 전자시계도 꺼지고 불도 소등되었다. 그러나 기차를 기다리는 인도인들은 다들 그러려니 하는 표정으로 전혀 동요하지 않았다. 바라나시는 떠나는 순간까지 강렬한 인상을 남겼다.

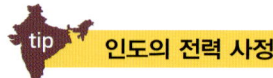
인도의 전력 사정

인도의 전력 사정은 세계에서 가장 열악한 수준으로 정평이 나 있다. 인프라에 꾸준히 투자하고 있지만 빠른 속도로 성장하고 있는 제조업과 국민의 소득수준 향상으로 인한 가구당 전력수요량 증가를 감당하기 어려운 상황이다.

인도 전체 전력생산에서 화력발전소가 차지하는 비중은 80% 이상이다. 따라서 석탄 수급이 부족할 경우 전력 사정에 문제가 생기기도 한다. 코트라KOTRA에 따르면 평상시에는 전력 부족률이 9.6%, 피크 타임일 때에는 13.8%에 달한다. 한여름에는 수도인 뉴델리에서도 지역에 따라 일일 단전시간이 8시간을 넘는 경우가 발생한다.

주별로 볼 때 전력 사정이 가장 나은 곳이 뭄바이가 속해 있는 마하라슈트라Maharashtra 주다. 주 정부가 전력 분야에 집중적으로 투자하는 정책을 펼쳐왔기 때문이다. 2013년 12월 기준 마하라슈트라 주는 인도에서 가장 많은 전력인 3만 2,505MW를 생산하고 있다. 때문에 뭄바이의 경우 전력이 끊기는 일이 거의 발생하지 않는다.

반면 바라나시, 아그라 등 유명 관광도시를 보유하고 있는 우타르프라데시Uttar Pradesh 주는 전력 사정이 열악하다. 1만 4,274MW의 전력을 생산해 일부 지역을 제외하고는 전력부족이 8~15%에 이를 정도로 심각한 전력난을 겪고 있다.

이 같은 전력난을 해소하기 위해 인도 정부는 2012년부터 2017년까지 제12차 경제개발계획 중 전력 부분에서 83GW의 발전용량을 추가로 건설하겠다고 밝혔다. 하지만 11차 5개년 경제개발계획 기간에도 62GW의 전력을 추가할 계획이었지만, 실제로는 55GW를 추가하는 데 그쳐 달성률은 71%에 불과했다.

기차만큼 싼 비행기

. . . .

바라나시의 한 PC방에서 인터넷에 들어가 몇 번 클릭했더니 비행기표가 뚝딱 예매되었다. 델리에서 뭄바이까지 가는 비행기가 3,520루피, 비행기로 2시간 남짓 걸리는 거리가 우리나라 돈으로 7만 4천 원 정도 했다. 이것도 비행기 타기 하루 전에 예매했기 때문에 비싸게 준 것이다. 인도 여행을 한창 준비할 때 알아봤던 가격은 1,800루피였으니 한 달 전쯤 예매했다면 절반 가격에 표를 살 수 있었다. 델리에서 뭄바이로 가는 라즈다니 급행열차 Rajdhani Express가 1,500루피 정도였으니까 기차표 가격 수준인 셈이다. 인도에도 저가항공사가 생기면서 항공요금이 경쟁적으로 낮아지고 있다니 배낭여행자에게는 아주 반가운 소식이 아닐 수 없다. 게다가 인터넷에서 모든 스케줄과 요금 조회가 가능하고 예매도 할 수 있어 편리할 뿐 아니라 수수료도 지불할 필요가 없다. PC방에서 예매한지라 프린트도 못 하고 예약번호만 적었다.

바라나시에서 밤기차를 타 다음 날 아침에 델리에 도착했다. 곧장 에어데칸 Air Deccan 부스로 가니 금방 비행기표를 내준다. 좌석번호는 따로 없었고 짐 검사도 매우 간단했다. 탑승 게이트가 열리자마자 앞에서 대기하고 있던 인도인들이 우르르 몰려들었다. 한 명씩 표를 보여주고 나가 버스를 타고 비행기 앞까지 이동했다. 버스에서 내리자마자 인도인들이 마구 뛴다. 늘 느긋한 줄만 알았는데 이런 모습을 보니 낯설었다. 이들이 뛴 이유는 보다 좋은 좌석을 맡기 위해서다. 지정좌석이 아니기 때문에 맡은 사람이 임자였다.

비행기는 꽤 컸다. 양쪽에 3좌석씩 있고, 비즈니스 클래스나 퍼스트 클래스는 아예 없었다. 중간쯤 창가 자리가 하나 비어 있어서 얼른 앉았다. 옆자리에 인도 여인이 아이 둘을 데리고 와서 앉았다. 그런데 옆에 앉은 아이가 칭얼대기 시작했다. 잠시 후 그 여인이 자리를 바꿔주면 안 되겠냐고 물었다. 아이가 창가 쪽에 앉아서 창밖을 보고 싶어한다는 것이다. 순순히 일어나 복도 쪽으로 자리를 옮겨주었다. 아이는 창가 쪽에 앉아서도 계속 칭얼대다가 이내 울기 시작했다. 뒤에 앉은 아주머니가 사탕을 주는데도 뭐가 불만인지 시끄럽게 울었다.

아이 울음소리에 가뜩이나 정신이 없는데 머리까지 아파왔다. 공항에 있을 때 너무 세게 틀어놓은 에어컨 때문에 살짝 감기 기운이 있었는데 비행기 안은 더 추웠다. 온몸이 으슬으슬 추운 게 소름까지 돋았다. 설상가상 목도 아팠다. 비행기는 2시간여 만에 뭄바이 공항에 도착했다. 결국 비행기에서 감기에 걸려 일주일 동안 감기로 고생했다.

인도의 남부도 북부와 다르지 않게 습하고 덥다. 이 더운 날씨에도 이놈의 감기는 떨어질 생각을 하지 않았다. 뭄바이에서 고아까지 가는 밤기차 안에서는 두루마리 휴지 한 롤을 다 쓸 정도로 밤새 코를 푸느라 정신이 없었다. 감기약은 챙겨오지 않았는데 인도에서 사는 게 좀 찝찝해 자연치유력을 믿으며 버텼다.

절대 나을 것 같지 않던 감기는 남부에서 일주일을 보낸 뒤 뭄바이에서 다시 델리로 돌아가는 기차 안에서 싹 나았다. 비결은 긴 이동중에 누린 꿀맛 같은 휴식이었다. 이번에도 비행기를 탈까 고민하다가 기차를 탔다 어둑해졌을 때 공항에 떨어지는 것보다는 기차에서 하룻밤을 보내고 아침에 시내 한가운데에 있는 기차역에 도착하는 것이 안전할 것 같았기 때문이다.

17시간 만에 델리까지 가는 라즈다니 급행을 탔다. 급행인 데다 비싸서 그런지 타자마자 간식과 보온병에 담긴 따뜻한 물을 주었다. 짜이chai를 만들어 마시라고 홍차 티백과 크림, 설탕과 함께 말이다. 그리고 두꺼운 담요와 깨끗한 시트까지 나누어주었다. 따뜻한 차를 몇 잔 마시고 두꺼운 담요를 머리끝까지 뒤집어쓰고 잤다. 밥 먹으라고 깨울 때마다 일어나서 밥을 먹고 따뜻한 차를 한 잔씩 마셨다. 그리고 또 잤다. 아주 푹 쉰 것이다.

그렇게 17시간을 보냈더니 델리에 도착할 때쯤 감기가 거의 달아났다. 그래서 비행기여행보다는 기차여행이 더 좋아졌다. 대부분의 시간을 자리에 앉아 있어야 하는 비행기와 달리 기차는 좀더 자유로워서 인도인들을 좀더 가까이 느낄 수 있는 공간이기도 했다.

콜카타에서 바라나시로 가는 기차에서였다. 우리 일행은 3명이라 상층·중층·하층 이렇게 한 쪽을 모두 차지했다. 1층에서 자다가 발에 뭔가 걸려 깼는데, 여자 2명이 내 발가락 끝쪽에 걸터앉아 있었다. 시트를 절반이나 잡아먹고 말이다. 발끝으로 쿡쿡 찔러서 시트를 좀 올리고 다시 잠을 청했다. 얼마 지났을까? 잠을 자다가 시끄러운 소리에 눈을 떴더니 이번엔 아저씨 2명이 앉아 있었다. 게다가 난데없이 카드판이 벌어져 운신의 폭이 무척 좁아졌다. 뒤척이다가 발로 건드렸는데도 이들은 꿈쩍도 하지 않았다.

4명이서 짐 박스 위에 하얀 수건을 깔고 카드놀이에 열중하고 있고 그 주위에 구경하는 사람들만 6~7명은 되었다. 잠깐 누웠다가

기차 한편에서 카드
판이 벌어졌다.

시끄러운 소리에 다시 일어나보니 이젠 아예 10명 정도가 빙 둘러서서 카드놀이에 몰입했다. 한가한 데도 많은데 하필 왜 여기서 카드놀이람. 잠은 포기하고 책을 꺼내들어 읽기 시작했다.

그런데 갑자기 바로 윗층에서 큰 소리가 들렸다. 일행 중 한 명이 나를 가리키며 "지금 내 친구가 무척 아프거든요. 카드놀이는 좋은데 좀 조용히 해주시겠어요?"라고 말한 것이다. 과자 먹으면서 책을 보다가 난데없이 환자가 되어버린 나에게 시선이 쏠렸다. 어찌하리, 그냥 싱긋 웃었다. 아저씨들은 서로 검지를 입에 갖다 대고 '쉿' 하는 포즈를 취하더니 한결 조용해졌다.

기차는 약한 흔들림을 동반하며 바라나시로 향하고 있었다. 이 착한 아저씨들은 바라나시에 도착할 때까지 그렇게 조용히 카드놀이를 했다. 이들을 보며 다음에도 비행기값이 기차값보다 싸다고 해도 기차를 타리라 마음먹었다. 그때는 카드놀이에도 한번 껴서 놀아보고 말이다.

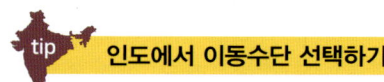 **인도에서 이동수단 선택하기**

인도에서 각 도시로 이동할 때 어떤 수단을 선택해야 할까? 교통수단마다 장단점이 있다. 시간이나 편의성을 생각하면 비행기가 최고다. 기차나 버스로 꼬박 하루를 달려야 하는 거리를 한 시간 남짓에 갈 수 있으니 말이다. 다만 시내에서 공항을 오가는 시간과 검색대를 통과하는 시간 등을 합치면 비슷할 수도 있다. 낮 시간에 비행기를 타고 이동하면 아무리 짧은 거리라고 해도 거의 하루가 날아간다.

반면에 버스나 기차를 타면 시내에서 출발해 목적지의 시내에 내려주니 편하다. 또 가는 길에 창밖 구경도 하고, 가끔 물통 들고 들판에 볼일을 보러 나오는 인도인에게 손을 흔들어줄 기회도 생긴다. 오랜 시간을 이동하는 만큼 같은 공간에 탄 인도인과 친해질 수 있다. 게다가 종종 1박을 해결할 수 있다는 것도 배낭여행객들에게는 장점이다. 침대칸이 있는 기차나 버스를 타면 편하게 잘 수 있기 때문에 하루 숙박비를 아끼면서 이동도 하는 일석이조인 셈이다.

요금은 천차만별이다. 어떤 항공사의 어떤 항공권을 끊는가, 어떤 등급의 기차 또는 버스를 타는가에 따라 요금이 역전되기도 한다. 저가 항공사가 생기면서 비행기값이 기차 고급칸보다 저렴해진 경우도 생겼다. 목적지나 상황에 따라 이동수단의 장단점을 비교해보고 선택하는 것이 좋다.

비행기로 이동하기로 결정했다면 가고자 하는 곳에 공항이 없어 취항하는 항공사가 없을 수도 있으니 각종 항공노선과 출발·도착시간을 반드시 확인하자.

타타그룹이 설립해 인도 정부에 기증한 국영 항공사 에어인디아Air India는 인도에서 가장 많은 노선을 보유하고 있다. 에어인디아, 에티하드가 최대 주주로 있는 제트에어웨이즈Jet Airways, 타타그룹과 싱가포르항공의 합작사인 비스타라 항공Vistara 등은 풀서비스를 제공하는 항공사다.

2000년대 들어 인도에도 저가항공사가 줄줄이 생겨났다. 각각 다른 도시를 기반으로 인도 곳곳을 연결하고 있어 여행객들의 선택의 폭이 넓어졌다. 인도 저가항공사로는 인디고 항공Indigo Airline, 고에어GoAir, 에어인디아익스프레스Air India Express, 제트코넥트Jet Konnet, 스파이스제트Spice Jet, 제트라이트JetLite 등이 있다. 아시아권 곳곳을 연결하고 있는 말레이시아 저가항공사 에어아시아Air Asia도 타타그룹과 합작해 에어아시아 인디아AirAsia India를 설립, 인도 국내선을 운항하고 있다. 가장 많은 편수를 운항하는 인디고의 경우 델리에서 뭄바이까지 하루 17편가량을 운항하고 있다. 요금은 한화로 편도 5만~6만원대. 인도 북부에 위치한 도시 레Leh를 여행하려면 고에어를 이용하면 된다.

다만 저가항공사는 여행 일정이 변경될 경우 변경이나 환불이 안 될 수 있으니 신중해야 한다. 대부분은 수화물이나 기내식에 추가 요금을 내야 한다. 각 항공사의 홈페이지에 접속해 연결편과 가격을 확인하려면 시간이 많이 걸리니 일단 인도 여행사 홈페이지에서 검색한 후 항공사 홈페이지에서 발권하는 것이 좋다. 프로모션중인 항공권도 한눈에 볼 수 있다.

일반항공 Full Service Carrier, FSC

에어인디아 www.airindia.com

제트에어웨이즈 www.jetairways.com

비스타라 www.airvistara.com/trip

저가항공 Low Cost Carrier, LCC

인디고 book.goindigo.in

고에어 www.goair.in

에어인디아익스프레스 www.airindiaexpress.in

스파이스젯 www.spicejet.com

에어아시아 www.airasia.com

에어코스타 www.aircosta.in

여행사 홈페이지

클리어트립 www.cleartrip.com

메이크 마이 트립 www.makemytrip.com

야트라닷컴 www.yatra.com

· 3장 ·

인도에 빠지다

Intro

까무잡잡하게 탄 피부,
시장에서 사 입은 헐렁한 바지,
머리에 아무렇게나 두른 스카프,
뒷모습만 보면 이제 나도 영락없는 인도 여인이다.
처음에는 도망치고 싶을 정도로 부담스러웠던
인도인들의 과도한 관심이 이제는 없으면 허전하다.
인도에, 인도인들에게 길들여진 모양이다.
함께 축구를 보며 응원을 하고,
국경폐쇄식에서 인도 쪽에 앉아 구호를 함께 외치고,
시크교 본산에서 공짜 밥을 얻어먹으며
점점 인도에 동화되었다.
전생에 억겁의 인연이 있어야
현생에 마주칠 수 있다고 한다.
그래서일까, 먼 이국땅에서 만든 인연들이
더욱 소중하게 느껴졌다.

3장의 주요 여정: 인도

암리차르
시크교의 본산으로 황금 사원이 유명하다. 지금은 평온함이 느껴지는 곳이지만 암리차르는 한때 시크교도들의 독립 선언으로 정부군과 유혈사태가 발생했던 아픈 역사를 안고 있다. 황금 사원까지 가는 셔틀버스와 숙식이 무료라는 점에서 배낭여행객에게 매력적인 도시다.

뭄바이
인도 경제와 문화의 중심지다. 소와 소똥에 시달리다 뭄바이에 도착하면 깔끔하고 단정한 모습이 낯설게 느껴지기까지 한다. 거대한 빨래터인 도비가트와 머리 셋 달린 시바 상을 만날 수 있는 엘레판타 섬, 인도 증시를 운영하는 뭄바이증권거래소, 인도 최고의 호텔인 타즈마할 호텔, 아라비아 해를 바라보고 있는 사연 많은 건축물 게이트웨이오브인디아 등 뭄바이에도 볼 것이 많다.

베나울림

고아 주 해변가에 위치한 작은 마을이다. 비쉬누신의 현신인 파라슈라마 Parashurama가 콩칸Konkan에서 화살을 쏘았는데 화살이 떨어져 생긴 곳이 바로 베나울림이라는 전설을 가지고 있는 곳이다. 인도의 대표적인 휴양지로, 한적한 해안가를 여유롭게 거닐면서 전통적인 방법으로 낚시하는 이들을 구경하거나 해안가에 위치한 바에서 바닷바람을 맞으며 맥주 한잔 마시는 여유를 즐길 수 있는 곳이다.

와가-아타리

인도와 파키스탄을 육로로 오갈 수 있는 거의 유일한 관문이 있는 곳이다. 매일 한 편의 쇼와 같은 국경폐쇄식이 열려 관람객들로 인산인해를 이룬다. 국경을 사이에 두고 인도와 파키스탄 쪽 관람객들은 애국심이 솟구치는지 응원 경쟁을 벌인다. 국경수비대의 우스꽝스러우면서도 과장된 몸짓도 볼 만하다.

억겁의 인연
· · · ·

여행할 때는 늘 인연을 꿈꾼다. 이 넓은 세상에 하필 그 시각, 그 장소에 왜 내가 있었고 그 사람이 있었을까. 그건 인연이 닿았기 때문이다. 영화 〈비포 선라이즈Before Sunrise〉에서처럼 인연이 꼭 남녀상열지사일 필요는 없다. 인도에서 만난 수많은 인도인들과 여행자들 모두 인연의 범주 안에 들어온다. 악연도 인연이라고 사기꾼을 만난 것도 인연이다. 옷깃만 스치려고 해도 전생에 억겁의 인연이 있어야 한다는데 말이다.

 델리에서 뭄바이행 비행기를 탈 때부터 혼자가 되었다. 인도 북부에 위치한 도시인 레로 간다는 일행과 떨어져 남부로 향했다. 앞으로 어떤 일이 펼쳐질지 조금 두렵기도 했지만 내심 더 많은 인연이 있지 않을까 하는 기대감도 있었다. 정말 그랬다. 혼자 다닐 때 더 많은 인연을 만들었다.

첫 번째 인연. 뭄바이에 도착한 것은 밤 10시가 넘어서였다. 공항에서 시내로 들어오는 버스를 타고 한참을 달렸다. 가게 문은 대부분 닫혀 있고 불도 꺼져 있었다. 썰렁한 뭄바이 시내를 보니 가지고 있는 거라곤 가이드북뿐인 나는 숙소를 찾을 게 걱정되었다. 일단 배낭여행하는 사람들이 많이 모인다는 콜바Colva 거리까지 가기로 했다. 버스에는 노선 안내도, 안내 방송도 없어서 계속 누군가에게 물어보는 수밖에 없었다. 가이드북의 지도와 교통 표지판으로 대충 가늠해보다가 느낌이 왔을 때 앞에 있던 여자에게 여기가 콜바 거리인지 물었다. 역시 여자의 직감이란 정확했다. 바로 다음 정류장이었다.

제대로 내리기는 했지만 숙소를 찾아가는 것이 문제였다. 길거리는 어둡고 도대체 어디가 동서남북인지 파악이 되지 않았다. 두리번거리다 뒤에 내린 여자아이에게 가이드북을 보여주며 길을 물었더니, 정확히는 모르지만 자기가 가는 방향인 것 같다고 따라 오라고 했다. 좀 걷다가 어두운 골목에 들어섰다. 계속 따라 가야 하나 고민하고 있는데 아이의 휴대폰 벨이 울렸다. 아마 집에서 전화가 걸려온 모양이다. 뭐라고 대화를 나누는데 중간에 "차이니즈"라는 말이 들렸다. 내가 중국인인 줄 알았나보다. 전화를 끊더니 잠깐 기다리란다. 영문을 몰라 머뭇거리고 있는데 잠시 후 하얀 모자와 하얀 펀자비punjabi를 입은 남자가 나타났다. 여자아이는 자기 아빠라고 소개했다. 친절하게도 그 부녀는 어두운 골목길을 지나 나의 목적지였던 게스트하우스까지 안내해주고 돌아갔다. 고맙기도 하면서 잠시지만 나쁜 사람은 아닐까 오해했던 게 미안하기도 했다. 그래서인지 아주 짧은 순간이었지만 인도에서 만난 인연 중에 가장 기억에 남는다.

두 번째 인연. 전날 저녁을 못 먹은 탓에 배가 무척 고파서 아침에 눈을 뜨자마자 식당으로 달려갔다. 내가 묵은 게스트하우스는 아침을 주는 곳이었다. 달걀 프라이에 빵과 바나나를 받아들고 테이블에 앉았는데 한 남자가 다가오더니 한국어로 "한국분이세요?" 하고 물었다. 이렇게 만난 이 남자와 같이 아침을 먹으면서 한참을 이야기했다.

한국을 떠난 지 8개월째인 N씨는 2년 정도 세계여행을 할 생각이라고 했다. 인도는 세계여행중 방문한 세 번째 나라고, 뭄바이에는 어제 도착해서 일부를 둘러봤다고 했다. 그동안 여행한 이야기, 만난 사람들, 앞으로의 계획 등 이야깃거리가 너무도 많았다. N씨는 내게 뭄바이에서 가볼 만한 곳을 추천해주면서 오후에 엘레판타 섬Elephanta Island에 함께 가지 않겠냐고 제안했다. 그래서 오전에는 혼자 뭄바이를 돌아보고 오후에 만나서 엘레판타 섬에 같이 가기로 했다.

"오전 내내 어디를 그렇게 돌아다녔어요?"

"교외선 타고 도비가트Dhobi Ghat에 갔다가 뭄바이 시내를 좀 둘러봤어요. 증권거래소에 한번 들어가보고 싶었는데 입구부터 너무 검문을 철저하게 하더라고요. 그냥 포기했죠, 뭐."

"증권거래소요? 오, 증권에 관심이 많으신가봐요? 실례지만 직업이 어떻게 되세요?"

갑자기 분위기가 진지해진다. 원래 한국인들이 만나면 제일 처음 하는 것이 호구조사지만, 왠지 분위기가 한 다리 건너 아는 사람이라도 나올 것 같아 살짝 긴장했다.

"아… 이데일리 기자로…."

"어? 이름이?"

"권소현인데요."

"우리 어디서 만나지 않았어요?"

"글쎄… 기억이…."

알고 보니 N씨는 D증권사 바이오와 제약 담당 애널리스트로 일했던 사람이었다. 기억을 더듬어보니 한참 증권부에서 코스닥 시장을 취재할 때 모 바이오 기업의 기업설명회에서 인사를 나눈 적이 있었다. 구면임을 확인한 후부터는 오래전부터 친했던 사이인 듯 끊임없이 화제가 이어졌다. 엘레판타 섬을 구경하는 내내 증권 관련 이야기를 했다. 한 다리 건너 아는 사람 이야기도 나왔고, 여의도에서 화제가 되었던 이야기도 나누었다. 그렇게 하루 종일 같이 돌아다니다가 저녁을 먹고 숙소로 돌아왔다.

▲ 인도의 자본이 모이는 곳. 뭄바이증권거래소
▼ 뭄바이의 빨래가 다 모인다는 도비가트

N씨는 그날 밤기차를 타고 마운트 아부Mount Abu라는 곳으로 떠나고, 그로부터 한 시간 후쯤 나 역시 밤기차를 타고 고아로 떠나기로 되어 있었다. 한 사람은 북쪽으로, 한 사람은 남쪽으로 떠나는 것이다. 기차역도 달랐다. 짐을 챙기고, 씻고, 먼 길을 떠날 준비를 끝내고 나서 보니 N씨는 이미 떠나고 없었다. 너무 미적거렸나 보다. 비록 작별 인사도 하지 못한 채 헤어졌지만 한국에서 만든 인연을 낯선 나라에서 우연히 만난 게 무척이나 신기했다.

세 번째 인연. 고아에서 뭄바이로 돌아오는 심야버스에서였다. 혹시라도 이상한 사람이 옆에 앉아 가게 되거나 푸쉬카르에 갈 때처럼 밤새 눈싸움을 하면서 가야 할까봐 걱정이 되었다. 버스 출발시간이 다 되자 뚱뚱한 인도 아저씨가 버스에 오르더니 내 옆자리에 앉았다. 아저씨의 큰 덩치 때문에 나는 자연스럽게 웅크린 자세가 되어 창문에 딱 붙어 가야 되는 상황이었다. 뭄바이까지 가는 길이 고생스러울 듯했다.

그런데 이 아저씨가 의외로 친절하고 상냥했다. 감기에 걸려 계속 기침을 하고 코를 풀어댔더니 휴게소에 잠깐 멈췄을 때 따뜻한 짜이 한 잔을 사다주었다. 옆에서 맥주 한 병을 홀짝 홀짝 마시던 아저씨가 대뜸 나보고 맥주 한 모금 마시란다. 됐다고 거절했는데 한 모금 마시더니 또 권한다. 거의 '자기 한 모금, 나 한 모금'과 같은 분위기였다. 결국 장거리 이동에 일용할 양식으로 잔뜩 사놓은 과자를 서로 하나씩 풀었다. 아저씨와 과자를 나눠 먹으며 이런저런 이야기를 했는데, 아저씨는 인디아스테이트은행State Bank of India 에서 일하는 은행원이었다. 나름 인텔리지만 그래도 동양인인 내가 신기했는지 계속 이것저것 물어봤다.

버스가 출발한 지 한참 지나자 버스에서 영화를 틀어주었다. 아무런 자막 없이 힌디어로만 나와 그냥 자려고 했는데 아저씨가 영화를 보면서 계속 줄거리를 말해주었다. 발랄한 볼리우드 영화라면 화면이라도 볼 만하겠지만 이 영화는 인도의 한 도시인 러크나우Lucknow에서 일어난 정치적 음모를 소재로 한 갱스터 영화였다. 끌리지는 않았지만 옆에서 계속 설명을 해주니 들을 수밖에. 그렇게 영화를 보며 설명을 듣다가 어느 순간에 잠이 들었나보다. 눈을 떠보니 밖이 훤했다. 다닥다닥 붙은 건물이 줄지어 있는 것을 보니 뭄바이 시내로 들어선 모양이었다.

그런데 옆자리에 아저씨가 없었다. 화들짝 놀라서 짐부터 확인했다. 여행기간이 길어질수록 본능적으로 가방과 여권이 제자리에 있는지부터 챙기게 되어 혹시라도 없어진 물건이 있나 본 것이다. 다행히 없어진 물건은 없었다. 생각해보니 아저씨가 나보다 한 정거장 전에 내린다고 했던 기억이 났다. 안도의 한숨을 쉬면서도 아저씨한테 살짝 미안해졌다. 그리고 작별 인사도 하지 않고 그냥 내린 아저씨가 약간 섭섭했다.

혼자 여행을 하면서 만난 인연들과 연락처를 주고받지도 않았고, 심지어 작별 인사도 제대로 하지 못했다. 그저 머릿속에 아련하게 남아 있을 뿐이다. 가끔 그들을 떠올리면 나도 모르게 입가에 미소가 번진다. 어쩌면 이게 진짜 '억겁의 인연'이 아닐까 하는 생각이 든다.

인도는 야하다
····

뭄바이에서 한 시간 정도 배를 타고 들어가야 하는 엘레판타 섬은 석굴사원으로 유명한 곳이다. 서구 열강들이 인도 대륙에서 영토 싸움을 벌였던 그 옛날, 포르투갈 군인들의 사격 표적으로 사용되는 바람에 사원 안에 있던 석상들은 많이 훼손되었지만 그래도 유네스코 세계문화유산에 빛나는 사원이라는 말에 발길을 옮겼다.

외국인이라 인도인들에 비해 열 배나 비싼 입장료를 내고 좁은 계단을 올라 사원에 들어섰다. 인도인들이 가장 흠모하는 힌두교의 시바신Siva 상으로 가득했다. 머리가 3개 달린 시바 상, 춤추는 시바 상, 파르바티Parvati: 시바의 아내이자 정의의 신와 결혼식을 올리는 시바 상, 악마를 죽이는 시바 상 등 전부 시바의 모습이지만 표정과 몸짓은 모두 제각각이었다. 돌덩이의 서늘한 기운이 느껴지는 석굴 한가운데 서서 입구로부터 야트막하게 들어오는 빛줄기에 비춰본 시바 상은 근엄하기도 했고, 평화로워 보이기도 했으며, 때로는 익살스럽기도 했다.

그러다 갑자기 볼록 튀어나온 돌덩이가 눈길을 끌었다. U자를 뒤집어놓은 모양으로 아무렇게나 깎아놓은 듯한 돌덩이였다. 그러고 보니 힌두교 사원에서 몇 번 봤는데 그때마다 그냥 무심하게 지나쳤던 것 같다. 화려한 무늬가 있는 것도 아니고 성스러운 문구가 새겨져 있는 것도 아니었다. 그런데 인도인들은 끊임없이 그 앞에서 절과 기도를 했다. 도대체 저게 뭘까 궁금했다.

사원 한구석에서 이 투박스러워 보이는 돌덩이에 대한 설명이 적힌 안내판을 찾아냈다. 보통 유적 안내판을 마주하면 맨 위에 한두 줄 읽고 말거나 속독하듯 대각선으로 휙 훑어보고 지나친다. 첫 번째 문장에 막히는 단어라도 하나 나오면 아예 제목만 보고 돌아서기도 했는데, 이 돌덩이에 대한 설명은 한 문장 한 문장 꼼꼼하게 읽었다.

이 볼록한 돌은 바로 남근석男根石이었다. '링가Linga'라고 부르는 이 돌은 시바의 다른 현신으로, 링가를 받치고 있는 반질반질한 받침대는 '요니Yoni'라고 한다. 링가가 남근이니 요니는 여근을 상징하는 것이다. 듣고 보니 모양이 딱 그렇다. 사원에 이런 발칙한 조각상이 있다니 왠지 불경스러운 느낌이 들면서도 재미있다.

링가에 대한 설명은 이렇다. 아주 먼 옛날, 우주가 생성되던 시기에 비쉬누Visnu와 브라흐마 신은 서로 자신이 만물의 근원이며 자신이 가장 위대하다고 논쟁을 벌이고 있었다. 이때 거대한 링가가 불꽃과 함께 솟아올라 무한 공간으로 계속 자라났다. 놀란 비

엘레판타 섬의 언덕까지 태워다주는 가마

엘레판타 섬의 석굴 사원 입구. 자연과 묘하게 조화를 이룬다.

비쉬누와 브라흐마는 각각 멧돼지와 거위로 변신해 링가의 시작과 끝을 찾기 시작했다. 그러나 링가는 계속 커졌고 비쉬누와 브라흐마는 어디가 끝인지 발견하지 못했다. 비쉬누와 브라흐마가 지쳐 포기했을 즈음 갑자기 링가가 쩍 갈라지면서 시바가 나타났다. 시바는 자신이 우주의 창조자이자 보호자이며 파괴자의 근원이라고 선언했고, 브라흐마와 비쉬누는 시바 앞에서 고개를 숙이며 경배했다. 이렇게 해서 링가는 시바의 영원한 창조 에너지를 상징하게 되었다고 한다.

이 신화에 등장하는 브라흐마와 비쉬누, 시바는 인도의 3대 신이다. 인도에 존재하는 신에 대해서 설명하자면 아마 밤을 새워도 모자랄 것이다. 무려 3억 3천 명이 넘는 신이 있고, 누가 누구와 결혼을 했고 그들 사이에서 어떤 신이 태어났으며, 이 신은 누구와 바람이 나서 어떤 벌을 받았고 등등 수많은 이야깃거리가 있기 때문이다. 가끔 동물로 변신하거나 자연을 마음대로 주무르는 초능력을 발휘하는 등 형이상학적인 행동을 하지만, 아름다운 여신에게 한눈에 반해 쫓아다니거나 남편의 새 연인을 질투하는 모습은 꼭 70억 명이 바글대며 살아가는 인간 세계와 비슷하다.

인도인들은 이처럼 많은 신들 가운데 하나를 섬기면서 자신을 투영한다. 그래서 신들 사이에서도 나름대로 인기 순위가 있다. 창조의 신인 브라흐마는 인기가 별로 없다. 이미 창조의 과업을 마치고 더이상 지상의 일에 관여하지 않는다고 여겨지기 때문이다. 그래서 브라흐마 사원도 푸쉬카르에 달랑 한 개만 있을 뿐이다. 비쉬누는 정의의 신으로 악마를 물리치는 구세주적인 존재다. 늘 자애롭고 밝으며 질서가 흔들리면 바로잡는 역할을 한다.

이에 반해 시바는 광폭하고 방탕한 신으로 '파괴자'의 전형이다. 양 미간 사이에는 지혜의 눈인 제3의 눈이 있으며 코브라를 목에 두르고 삼지창을 들고 다닌다. 종종 벌거벗은 몸에 온통 재를 바르고 요기yogi 자세로 고행을 하기도 한다. 이 괴팍한 신을 인도인들은 절대적으로 떠받들고 있다. 파괴는 또 다른 창조를 위해 선행되어야 하는 것인 만큼 시바를 통해 '창조-유지-파괴-창조'로 이어지는 우주의 순환고리가 완성된다고 보는 것이다.

한 인간이 태어나 삶을 살다가 죽음을 맞이하고 다음 세상에 다시 태어나는 것도 같은 맥락이다. 생명은 남녀의 육체적 결합에서 태동하는 것이므로 시바신이 만드는 순환고리에는 성적 에너지가 필요한데 이것이 바로 시바신이 남근의 모양을 한 '링가'로 숭배받는 이유인 것이다.

사실 인도인들은 시바가 지칠 줄 모르는 성적 능력을 갖춘 신이라고 믿고 있다. 벌거벗은 채로 요가를 하면서 수행만 한 게 아니라 여기 저기 뛰어다니며 브라만 현자의 아내들을 유혹했다고 한다. 물론 이런 성적인 의미만 가지고 있는 것은 아니다. 링가와 요니의 결합은 창조와 파괴, 삶과 죽음, 빛과 어둠, 선과 악의 통합을 의미하고 있다. 음양은 영원히 분리할 수 없으며 결합되었을 때 존재의 완전성을 갖추게 된다는 심오한 철학이 들어 있는 것이다. 그래도 볼록 튀어나온 이 돌덩이를 볼 때마다 인도인들은 철학을 운운하기보다는 발칙한 상상을 하지 않을까?

인도가 정말 야하다고 느낀 건 어느 책방에서였다. 엽서를 사러 들어간 서점에서 비닐에 꽁꽁 싸여 있었던 『카마수트라Kamasutra』를 발견했다. 『카마수트라』는 기원전 4세기경 바츠야야나Vatsyayana가 쓴 인도에서 가장 오래된 성性 교본이다. 여기서 '카마'는 남녀 간 성애를 의미하며, '수트라'는 규범을 뜻한다. 아내의 의무, 소녀와의 교접, 성적 만족을 높여주기 위한 기술 등이 담겨져 있으며, 529가지나 되는 다양한 성체위가 소개되어 있다. 견본품을 살짝 들춰보는데 갖가지 그림들이 시각을 자극한다. 얼굴이 화끈거려

엘레판타 섬 석굴에
새겨진 시바 조각상

금방 내려놓고 주변을 둘러보니 인도인들은 태연하게 한 페이지 한 페이지 넘기면서 꼼꼼하게 보고 있다. 그래서인지 견본품 대부분이 손때가 타서 너덜너덜했다.

인도인들은 인생의 목적으로 다르마dharma; 윤리, 아르타artha; 실리, 카마kama; 성애를 꼽을 만큼 성을 중요시했다. 다르마는 인간다운 행위를 규정하는 것이고, 아르타는 생존을 위한 처세술이며, 카마는 인생의 재생산을 위한 것이다. 힌두교에서는 소년기에는 아르타를, 청년기에는 카마를, 노년기에는 다르마를 익히도록 하고 있

3장 인도에 빠지다 167

다. 이처럼 터놓고 성을 배우라고 하는 곳이 인도다.

인도에서 가장 에로틱한 곳이라는 카주라호Khajuraho; 마디아프라데시 주에 위치한 도시도 그렇다. 경건해야 할 사원이 온통 성행위를 묘사한 조각상 '미투나Mithuna'로 가득 차 있다. 노골적이면서도 엽기적이다. 심지어는 동물과 성행위를 하는 수간 장면도 있다. 금욕주의자들이 와도 분위기에 휩쓸려 에로틱해진다는 곳이다. 그래서인지 인도인들에게 신혼여행지 일순위로 꼽힌다고 한다. 남성만 있는 사원학교의 브라만 청년들을 위해서 카마수트라를 조각상을 통해 표현한 것이라는 설도 있고, 심한 관음증 환자였던 비의 신 인드라Indra를 달래기 위한 것이라는 설도 있다.

또 탄트라Tantra 상이라는 해석도 있다. 탄트라 신앙에 따르면 원초적인 본능을 만족시키는 것은 세상의 악을 초월하고 깨달음을 얻는 방법 중 하나다. 때문에 탄트라 신앙에서는 보가bhoga; 육체적 쾌락와 요가yoga; 영적 훈련가 동등하게 타당하다고 간주한다. 마하트마 간디Mahatma Gandhi는 "모두 부셔버리고 싶다."라며 강한 거부감을 드러내기도 했지만, 링가부터 카마수트라, 미투나 상에 이르기까지 그 뒤에 숨어 있는 철학은 결국 인간의 삶에 관한 것이다.

수천 년 전부터 성에 대해 솔직했던 인도인들은 세계에서 가장 관능적이면서도 야하다. 오죽하면 시인 마광수가 '야하디야하다'라는 시에 "인도에서 가장 야한 사람의 이름, 야하디야하다"라는 기발한 시구를 쓸 생각을 했을까.

CST역과의 악연

● ● ● ●

"메이 아이 헬프 유?"

뭄바이 콜바 거리에서 버스를 타고 CST역_{Chhatrapati Shivaji Terminus; 차트라파티 시와지 역}에 내리자마자 같은 버스를 탔던 한 남자가 말을 걸어왔다. 커다란 배낭을 메고 버스에서 내리면서 중심을 못 잡고 휘청했던 내가 안쓰러웠나보다.

밤늦은 시간에 짐을 모두 챙겨서 둘러메고 기차역으로 간 것은 뭄바이보다 더 남쪽에 있는 해변 휴양지 고아에 가기 위해서였다. 밤 11시에 기차를 타면 12시간을 달려 점심 때쯤 고아에 도착할 수 있다.

여행이 막바지에 이를수록 짐은 더 커져만 갔다. 가방을 10분만 메고 있어도 어깨가 빠질 것만 같은 통증이 느껴졌다. 게다가 버스가 선 곳은 CST역 맞은편이다. 도로를 건너야 하는데 아무리 둘러봐도 횡단보도가 없었다. 도로 한가운데 있는 허리 높이의 중앙 분리대만 눈에 띄었다. 버스에서 내린 인도인들은 좌우를 재빨리 살피고는 무더기로 무단횡단을 해 중앙 분리대를 넘어 맞은편으로 건너갔다. 무거운 가방과 함께 하자니 중앙 분리대는 만리장성보다 더 높아 보였다.

가방만 아니었다면 아마 이 남자의 호의를 거절했을 것이다. 그러나 고난이도로 도로를 횡단하는 모습을 목격하고는 나도 모르

유네스코 세계문화유산인 CST역

게 "땡큐."라고 답해버렸다. 거대한 가방은 그 남자의 어깨로 옮겨 갔고, 나는 해방감을 만끽하며 다른 인도인들을 따라 무단횡단을 감행했다.

CST역은 상당히 복잡했다. 남부로 가는 모든 열차가 이 역에서 출발하는 데다 교외선까지 있어 사람들로 북적였다. 플랫폼까지 걷는 동안 이 남자는 쉴 새 없이 말을 했다. 영어가 유창하지는 않았지만 기초적인 호구조사는 할 수 있는 수준이니 그럭저럭 말은 통했다. 짧은 시간 동안 그 남자는 내가 한국인이라는 것, 고아로 가기 위해 곧 기차를 탄다는 것, 벌써 한 달째 여행중이라는 것 정도의 정보를 얻었고, 나는 그 남자가 뭄바이에서 일한다는 것, 집이 외곽이라 늘 CST역에서 교외선으로 출퇴근한다는 것, 나이가 25살이라는 것 정도를 알게 되었다. 이 남자가 대뜸 이런 말을 했다.

"뭄바이에서 하루 더 자고 가는 게 어때?"

"안 돼. 나 고아 가는 기차 타야 한다니까. 예매까지 다 했다고."

"나 니가 좋아. 하루 더 있다가 가."

피식 웃음이 나왔다. 이 남자는 점점 끈적끈적해졌다.

"나 진짜 니가 좋아. 사랑해. 너를 만나서 행복해."

"…."

어이없는 내용으로 실랑이를 벌이는 사이 고아행 기차가 대기하고 있는 플랫폼까지 왔다. 기차 입구에 붙어 있는 예약표에서 내 이름 석 자와 좌석 번호를 확인했다.

이제 기차를 타야 하는데 이 남자가 가방을 넘겨줄 생각을 안 한다. 예약표에 있는 이름을 보여주면서 "봤지? 나 이 기차 타야 해. 빨리 가방 줘."라고 말하자 뭔가 아쉽다는 표정을 지으며 마지못해 가방을 건네주었다. 가방을 넘겨받은 순간, 새삼 가방의 무게를 실감하며 거듭 고맙다는 말을 하고는 기차에 오르려고 돌아섰다. 이 남자는 뒤통수에 대고 또 말을 걸었다.

"저기, 할 말이 있어."

속으로 '아, 또 무슨 소리를 하려는 거야.' 하면서 돌아서는데 그 남자 입에서 나온 말은 "나에게 돈을 좀 줄 수 없겠니? 가방 들어줬잖아."였다. 갑자기 너털웃음이 났다. 뭐야 그럼, 아르바이트였어? 그럼 그렇지. 사실 가방을 처음 넘겨주었을 때는 눈물 나게 고마워 뭔가 선물을 주어야겠다고 생각했다. 한국에서 가져온 부채 정도면 괜찮겠다 싶었다. 그런데 그 남자의 태도가 점점 끈적해지자 선물을 주고 싶은 마음이 싹 사라져버렸던 것이다. 이제 태도를 바꿔 돈을 달라는 이 남자 앞에서 지갑을 꺼내기가 갑자기 두려워졌다. 결국 나는 가방을 뒤져 부채를 선물로 주었다.

"이게 전부야?"

실망한 기색이 역력했다.

"이 부채 비싼 거야. 한국 돈으로 3천 원 정도니까 루피로 하면 100루피나 한다고."

인도에서 100루피면 평범한 식당에서는 두 끼 정도를 먹을 수 있고, 물가가 싼 도시에서는 숙소가 허름하겠지만 하룻밤을 묵을 수 있는 수준이다.

"나는 배낭여행자야. 돈 없어. 잘가."

냉랭하게 말하고는 돌아서 후다닥 기차에 올랐다. 왠지 기차 안까지 따라와서 돈을 달라고 할 것만 같아 심장이 떨렸지만 다행히도 그 남자는 거기서 포기했다. 기차는 출발했고 CST역은 시야에

빅토리아 시대의 고딕 양식으로 지어진 화려한 건물. 뭄바이 시내 곳곳에 영국 식민지 시절 건축물이 남아 있다.

서 멀어졌다.

고아에서 한가롭게 시간을 보내고 다시 뭄바이로 돌아왔다. 이번엔 델리까지 17시간 달리는 기차를 타기로 했다. 델리는 뭄바이 북쪽에 있어 델리행 기차는 CST역이 아닌 센트럴 역에서 출발한다. 뭄바이 시내를 둘러보다가 CST역까지 왔다.

고딕 양식의 화려하고 섬세한 CST역은 유네스코 세계문화유산에 지정되었을 만큼 유서 깊은 건물이라 뭄바이를 떠나기 전에 마지막으로 자세히 보고 싶었다. 내부를 둘러보니 공작새·원숭이·

사자 등 각종 동물의 형상이 기차역 기둥과 돔천장, 첨탑, 스테인드글라스 창 등에 조각되어 있었다.

구경을 마치고 CST역에서 센트럴 역에 가기 위해 두 역을 연결하는 124번 버스를 기다렸다. 워낙 CST역이 큰 데다 교통중심지여서 버스 정류장이 일정 간격을 두고 여러 개 있었다. 게다가 아라비아 숫자가 아닌 현지 문자로만 쓰여 있어서 사람들에게 물어 물어 간신히 124번 버스 정류장을 찾았다. 보니까 고아로 떠나기 전 버스에서 내렸던 바로 그 장소였다.

124번 버스가 선다는 사실을 다시 한 번 확인하고는 서 있는데, 수염이 덥수룩하고 이가 듬성듬성 빠진 아저씨가 나타나 싱글벙글 웃으면서 "몇 번 버스를 타냐." "어디 가냐." "거긴 왜 가냐."라고 물었다. 지금 있는 곳이 124번 버스가 서는 데가 맞다면서 이미 알고 있는 사실을 선심 쓰듯 가르쳐주었다. 그러더니 도쿄에서 왔냐고 물었다. "노. 서울, 코리아."라고 답하고는 버스가 오나 살피는데 갑자기 껴안으면서 볼에 입을 맞추려 하는 것이다. 잽싸게 피하긴 했지만 갑작스러운 상황에 어안이 벙벙해졌다. 너무 놀라서 토끼눈에 경직된 표정으로 그 자리에 망부석처럼 얼어붙어 있는 내 모습을 보고 그 이상한 아저씨는 싱글벙글 웃으면서 유유히 사라졌다.

정신을 차리고보니 버스 스탠드에 길게 앉아 있던 사람들의 시선이 일제히 나를 향해 있었다. 주변에 서 있던 사람들도 모두 시선 고정이었다. 왜 CST역 앞에만 오면 이런 어처구니없는 남자들을 만날까. 짜증이 몰려오고 있는 찰나, 버스 한 대가 왔다. 갑자기 버스 스탠드에 앉아 있던 사람들이 동시에 일어나면서 나를 향해 "뭄바이 센트럴"이라고 외쳤다. 124번 버스가 아니라 125번이었는데 이 버스도 센트럴 역에 간다며 타라고 손짓했다.

버스 앞으로 다가갔더니 모두 먼저 타라고 길을 비켜주었다. 한 동양 여성이 인도인들의 호위를 받으면서 버스를 타는 상황이 연출된 것이다. 버스에 오르자 뒤따라 탄 한 인도 남자가 빈자리를 가리키며 앉으라고 길을 만들어주었다. 쭈뼛쭈뼛 가서 자리에 앉았는데도 여전히 놀란 가슴은 진정이 되질 않았다.

버스는 사람들을 가득 태운 채 출발했고 창밖에는 어둠이 내리기 시작했다. 갈수록 황당했던 그 아저씨보다는 '뭄바이 센트럴'을 동시에 외치며 길을 만들어주었던 인도인들이 떠올랐다. 빠르게 뛰었던 심장 박동수는 점점 제 속도를 찾기 시작했고 나는 어느새 미소를 짓고 있었다.

정正과 부정不正

. . . .

바라나시에서 델리로 가기 위해 기차를 기다리고 있었다. 플랫폼에 대충 자리를 잡은 뒤 어깨를 짓누르던 배낭을 내려놓았다. 하루 종일 더위에 지친 데다 자정이 넘은 시각이라 졸음이 밀려왔다. 델리행 기차는 0시 20분 출발 예정이었지만 기차는 보이지 않고 연착한다는 방송만 계속 흘러나올 뿐이었다.

여기저기 천을 깔고 앉아 있는 인도인들이 부러워지기 시작했다. 인도의 어느 역에서나 역 대합실부터 플랫폼까지 자리만 있으면 천 쪼가리 하나 깔고 자기 집 안방인 것처럼 드러눕는 인도인들을 쉽게 볼 수 있는데, 그들은 바닥이 지저분해도 전혀 개의치 않는다. 천 없이 맨 바닥에 그냥 벌러덩 드러눕는 사람들도 부지기수다. 누워서 잠을 청하기도 하고 뭘 먹기도 한다. 기차를 기다리는 인도인들의 방식이다.

가방 옆에 쪼그리고 앉아 있는데 다리가 저려왔다. 다시 일어서서 한참을 서 있으려니 이번에는 다리가 아팠다. 앉았다가 섰다가를 반복하는데 옆에 천을 깔고 앉아 있던 할머니가 자리를 조금 비켜주며 앉으라고 했다. 눈물이 날 정도로 고마워 단번에 땡큐를 외치며 앉았다.

플랫폼에는 싸구려 음식과 음료수를 파는 이들이 계속 왔다 갔다 했다. 옆에 있던 할머니가 "짜이~ 꼬피커피"를 외치는 짜이왈라 짜이를 파는 사람를 불러 짜이를 한 잔 시켰다. 짜이는 홍차에 우유를 넣고 끓인 것으로 인도인들이 즐겨 마시는 음료다. 한 잔에 4루피니 우리나라 돈으로 80원 정도다. 짜이왈라는 바구니에 가득 쌓아 놓은 질그릇을 꺼내 보온병에서 짜이를 따라 주고는 할머니가 다 마실 때까지 기다렸다. 짜이를 홀짝 홀짝 다 마신 할머니는 갑자기 질그릇을 기차선로에 휙 내던졌다. 질그릇이 깨지는 그 쨍그랑 소리에 화들짝 놀랐다. 할머니가 화 났나 하고 슬쩍 곁눈질로 봤더니 아무렇지 않은 듯 다시 부채질을 했다. 옆에서 기다리던 짜이왈라는 다시 "짜이~ 꼬피~"를 외치며 새로운 손님을 찾아 떠났다. 질그릇을 수거해가려고 기다리는 줄 알았는데 아니었다. 그 뒤로는 기차역에서 짜이왈라를 만날 때마다 짜이를 사 마셨다. 짜이보다도 질그릇을 던지고 싶었기 때문이다. 질그릇을 선로에 휙 내던져 깨뜨릴 때의 그 통쾌함이란!

인도인들은 쓰레기를 길거리에 아무렇게 버린다. 기차 선로에도 쓰레기가 가득하다. 질그릇을 던지는 것도 처음에는 쓰레기를 아무데나 버리는 행동 중 하나라고 생각했다. 나중에 알게 된 사실인데 인도에서 질그릇을 깨버리는 것에는 특별한 의미가 있다고 한다. 바로 '정正과 부정不正'이다.

'정'은 단순히 깨끗하다는 의미가 아니다. 힌두교에서 정은 결코 도달할 수 없는 이상적인 상태를 말한다. 인도인들은 인간의 육체가 정과 부정 상태를 계속 오간다고 여기는데, 목욕을 막 마쳤을 때가 가장 정한 상태다. 반면 분비물과 배설물은 부정한 것이다. 화장실에서 휴지를 쓰지 않고 손을 이용해 물로 닦아내는 이유는 물로 깨끗하게 씻어내야 부정의 상태에서 벗어난다고 여기기 때문이다.

도저히 적응하지 못할 것 같았던 인도의 화장실 문화도 결국 정과 부의 개념에서 비롯된 것이었다. 이른 아침에 기차를 타고 가다 보면 창밖으로 넓은 들판에서 쪼그리고 앉아 있는 인도인들을 종종 볼 수 있다. 아이나 어른이나 할 것 없이 아침에 볼일을 보러 들판으로 나오는 것이다. 그들은 작은 들통을 하나씩 들고 밖으로 나와 가릴 것도 없는 탁 트인 공간에서 아무렇지 않게 볼일을 본다. 로따lota라고 불리는 놋쇠로 만든 들통은 인도인들에게 필수품이다. 인도인들은 볼일을 본 후 이 들통에 담긴 물로 씻어낸다. 이때 왼손을 사용하는데 왼손은 부정의 의미를 가지고 있기 때문이다. 반면 음식을 먹을 때나 악수를 할 때는 항상 정한 오른손을 사용한다.

인도의 전통의상인 사리와 도티dhoti: 남성의 전통 의상으로 허리에 둘러 입는 옷도 같은 개념이다. 바느질한 옷은 부정한 옷이고, 바느질을 하지 않은 옷은 정한 옷이다. 사리나 도티는 재단을 하거나 바느질을 해서 만든 의상이 아닌 하나의 천이기 때문에 정하다고 여긴다.

부정의 위협은 항상 존재한다. 컵이나 접시와 같이 접촉을 통해 부정해질 수 있는 물건은 쉽게 폐기할 수 있는 재료로 만든다. 인도에 바나나 잎으로 만든 접시와 진흙으로 만든 찻잔이 많은 이유도 이 때문이다.

책에서 불가촉천민 출신으로 성공한 유명한 정치가에 대한 이야기를 읽은 적이 있다. 그는 사회적으로 성공한 후 고향을 찾았다. 한때 천민이라고 멸시하던 고향 사람들은 당연히 그를 반겼다.

그야말로 금의환향이었다. 어느 모임에선가 멋진 식사를 하고 돌아가려고 할 때 한 천민이 머뭇거리며 다가왔다. 그는 "이제는 뒷걸음을 치지 않아도 된다네. 한때 불가촉천민이었던 나도 이렇게 성공하지 않았는가." 하며 격려했다. 그러자 그 천민은 "저는 그냥 접시를 가지러 왔어요. 사람들이 당신에게 점심을 차려주기 위해 제 접시를 빌려갔거든요."라고 답했다. 접시를 통해 부정해질 수 있다는 인도인들의 생각이 단적으로 드러난 일화다.

특히 흙으로 만든 질그릇은 매우 쉽게 오염되는 것으로 간주해 자신보다 낮은 카스트가 만져서는 절대 안 된다고 한다. 그래서 그 그릇을 반드시 깨뜨려버린다. 처음에 재미로 휙휙 던졌던 질그릇은 반드시 던져서 깨뜨려야 하는 부정한 물건이었던 것이다.

늘 정한 상태를 추구하는 사람들 속에서 왠지 정화되는 느낌이었다. 무더운 여름에 인도를 찾은 탓에 온몸은 늘 땀으로 범벅이 되어 있었고, 며칠을 못 씻어 가끔씩 초췌한 몰골로 돌아다니기도 했지만 개의치 않았다. 마음만 '정'이면 된다면서 말이다.

낙원에서의 극기 훈련

· · · ·

한여름에 떠나는 인도 여행은 극기 훈련이다. 여행을 시작한 지한 달쯤 되자 조금씩 슬럼프에 빠지기 시작했다. 왜 이런 고생을 하면서 여행을 해야 하나 싶었다. 무더운 날씨 탓에 기를 쓰며 하나라도 더 보고 느끼자는 의지도 사라졌다. 일상에서 탈출하고 싶어 여행을 떠났는데 여행 자체가 다시 일상이 되어버린 것이다.

일상 같은 여행이라…. 템포를 늦추고 쉬어야겠다는 생각이 들어 인도에서 가장 한적하다는 고아를 찾았다. 인도 남부의 고아주는 겨울에는 관광객이 붐비지만 여름에는 인도 현지인들도 왜 가냐고 물을 정도로 인적이 뜸한 곳이다. 여기라면 지친 마음을 달랠 수 있을 것 같았다.

'푹 쉬고 난 뒤 다시 일상 탈출의 기분을 맛보며 여행을 하자!'

고아의 여러 유명한 해변 가운데에서도 조용하고 목가적이라는 베나울림Benaulim 해변을 골랐다. 기차가 고아에 들어서자 차창 밖 풍경이 달라졌다. 오길 잘했다는 생각이 절로 날 정도로 바깥 풍경은 색달랐다. 전통 의상인 사리보다 원피스를 입은 여인들이 많았고, 과거 포르투갈의 영토였던 만큼 눈부신 하얀색 바탕에 푸른색으로 포인트를 준 성당들이 눈에 많이 띄었다.

드디어 마드가온 역에 도착했다. 인도의 여느 기차역과는 사뭇 달랐다. 바닥 여기저기에 누워 있는 사람들도 없고 부산스럽지도 않았다. 몰려드는 호객꾼도 없었다. 무엇보다 중요한 건 무척이나 깨끗했다는 점이었다. 고아의 명물이라는 오토바이 택시를 타고 큰 야자수가 늘어선 남국의 한산한 도로를 달리는 기분이 상쾌했다. 매연과 먼지, 사람들로부터 해방된 느낌이었다.

▲ 고아의 베나울림 해변

◀ 인도 남부에는 아담한 가톨릭 성당이 많다.

운전사에게 가이드북에 나온 숙소 중 한 곳인 코코헛에 가자고 했다. 해변 바로 앞에 위치한 곳이라 마음껏 바다를 즐길 수 있을 것 같았다. 그런데 아저씨는 어딘지 모르는 눈치였다. 물어물어 어렵게 코코헛을 찾았는데, "오두막과 해변에 괜찮은 식당이 있고 부부가 운영하는데, 매우 친절하다. 자기네 요트로 관광을 시켜주기도 한다."라는 『론리플래닛』의 설명과는 좀 달랐다. 오두막은 맞는데 식당은 보이지 않았고, 주인은 부부가 아닌 총각인 듯했다. 요트도 보이지 않았다. 그래도 코코헛이 맞다니 짐을 풀었다.

오두막에서 창문을 열면 바로 아라비아 해가 보였다. 해변으로 산책을 나갔다. 사람은 없고 갈매기와 개만 보였다. 한가롭고 평온했다. 조금 더 걸으니 한 인도인 아저씨가 개를 한 마리 데리고 해변에 나와 낚시를 하고 있었다. 바닷가 한쪽에서는 아낙들이 잡은 생선을 널어놓고 삼삼오오 모여 앉아 수다 삼매경에 빠져 있었다. 푸른 들판에서는 소들이 풀을 뜯고 아낙들은 잡초를 뽑았다. 코코넛 야자수 그늘 아래에서 늘어지게 낮잠을 즐기는 모습도 보였다. 끈덕지게 다가와서 말을 시키는 사람도, 호객행위를 하는 사람도 없다. 모두 자기 할 일에 열중하고 있었다. 그저 지나가면 "할로!" 하고 인사하면서 싱긋 웃어주는 게 전부였다.

해변에 있는 레스토랑에 자리를 잡고 앉아서 해산물 요리를 주문하고 인도의 유명한 맥주인 킹피셔Kingfisher를 시켰다. 베나울림 해변의 노을도 점점 어둠으로 변하자 모여 있던 사람들도 하나둘씩 자리를 떴다. 적당한 취기와 잔잔한 파도소리에 오늘은 푹 잘 수 있겠구나 생각하면서 숙소로 돌아왔다. 그런데 아쉽게도 나에게 주어진 행복은 여기까지였다. 자려고 누웠더니 모기의 웽웽거리는 소리가 들리기 시작했다. 불을 켰다 껐다 반복하기도 하고, 선풍기를 틀면 좀 잠잠해질까 싶어 선풍기 바람도 쐬어봤지만 그 악스러운 모기들은 물러설 기미를 보이지 않았다. 차라리 무는 건 괜찮으니 소리만 안 냈으면 싶었다. 계속해서 모기와 전쟁을 벌이고 있는데 몸이 자꾸 가려웠다. 온몸을 벅벅 긁어대서 피가 날 지경이었다. 빈대의 습격이 아닐까 싶었다.

그렇게 나는 뜬눈으로 밤을 지새웠다. 해가 떠서 밝아질 기미가 보이자마자 얼른 짐을 챙겨서 도망치듯 그 숙소를 떠났다. 날이 밝은 뒤에 보니 팔과 다리, 심지어 얼굴에도 빈대 물린 자국이 역력했다. 마치 이마에 잔뜩 여드름이 난 것 같은 모습이었다. 천국의 낮과 밤은 그렇게 달랐다.

찌든 때를 벗겨낼 또 다른 낙원을 찾아야 했다. 베나울림에서 버스를 타고 고아 주의 주도인 판짐Panjim으로 갔다. 숙소에 가자마자 짐을 풀고 나와 칸돌림Candolim으로 가는 버스를 탔다. 이곳에 있는 아구아다 성Fort Aguada을 보기 위해서다. 1612년 포르투갈인들이 세운 이 성에 오르면 아라비아 해를 한눈에 볼 수 있을 정도로 전망이 좋다는 말을 들은 적이 있었다.

칸돌림에서 내려서 한 5분 걸어가면 될 줄 알았는데 가도 가도 끝이 없었다. 지칠 때쯤 나타난 이정표를 보니 오른쪽은 신퀘림 Sinquerim 해변, 왼쪽은 아구아다 성이라고 되어 있었다. "오케이, 이 거야!" 하면서 계속 걸었다. 가이드북에는 성까지 포장된 길을 운전하면서 가도 좋고, 마벨라 게스트하우스를 지나 오르막길을 걸어가도 된다고 되어 있었다.

그런데 그 게스트하우스도, 오르막길도 보이지 않고 큰 도로만 끊임없이 이어졌다. 중간에 한 번 물어봤더니 아구아다 성까지 2~3km는 가야 한단다. 방향은 맞았으니 그때부터는 오기로 걸었다. 오기로 천국을 찾아야 하다니. 1시간, 2시간… 햇볕은 땡볕인데 그놈의 오기 때문에 멈출 수가 없었다. 한참을 가서 코너를 돌면 보일까 설렜다가 실망한 게 3~4번, 지칠 대로 지쳐서 발걸음은 점점 무거워지는데 연인이 탄 오토바이, 가족을 태운 자동차들이 옆을 쌩쌩 지나가 외로워지기까지 했다.

그때 갑자기 자동차 한 대가 옆에 멈춰섰다. 여행할 때 차를 태워준다는 등의 호의는 거절하는 게 나의 원칙이다. 특히 인도에서는 워낙 험한 사건 사고들을 많이 들었기 때문에 당연히 그래야 했다. 그런데 지금은 태워준다고 하면 냉큼 타고 싶었다. 언뜻 보니 뒷좌석에 2명이 타고 있어서 자리 하나쯤은 만들 수 있을 것 같았다. 차를 세운 운전사는 나에게 아구아다 성까지 얼마나 걸리는지, 이쪽 방향이 맞는지 등을 물어봤다. 뒤에서 봐도 외국인임이 확 티가 나는 나에게 이런 걸 묻다니. 잘 모르겠다고 대답하자 고

한 시간 넘게 걷자 저 멀리 아구아다 성이 보인다.

아구아다 성에 오르니 아라비아 해가 한눈에 들어온다.

맙다는 말 한마디를 남기고는 잽싸게 창문을 올리고 쌩 가버렸다. 허탈해졌다. "나도 한국에 가면 내 차가 있는데…."라고 중얼거리며 터벅터벅 걸었다.

  너무 힘들어 나무 그늘을 찾아 쉬고 있었는데 경찰차가 이쪽으로 왔다. 경찰에게 아구아다 성이 도대체 어디에 있냐고 물어보니 2~3분만 걸으면 있단다. 다시 기운을 내서 걸었다. 5분쯤 가니 성벽 같은 것이 보였다. 드디어 결승점에 도착한 것이다. 성 자체는 그다지 감동적이지 않았지만 성 앞에 서서 아라비아 해를 보며 바람을 맞으니 시원했다. 힘들게 한 걸음 한 걸음 뗄 때 내 옆을 쌩쌩 지나갔던 오토바이, 관광차들이 모두 여기에 주차되어 있었다.

  목과 얼굴은 이미 까맣게 탔다. 너무 지쳐 성은 대충 둘러보고 아이스크림을 하나 사들고 앉았다. 나중에 주변에 있던 사람에게 길을 물어보니 산길로 따라 가면 10분 만에 내려간단다. 정말 오솔길을 따라 내려가니 10분도 안 걸려 처음 이정표가 있었던 곳에 도착했다. 축지법을 쓴 기분이었다.

그날 터덜터덜 지친 몸으로 숙소로 돌아온 나는 씻고 나서 가져 간 옷 중에 여행자에게는 어울리지 않는 블랙 원피스를 입고 정성 들여 화장을 했다. 그리고 판짐에서 가장 유명하다는 호텔 베니떼로 저녁을 먹으러 갔다. 그곳에서 시원한 맥주와 함께 인도 고아식 소시지라는 추리소 요리를 먹었다. 힘든 훈련을 성공적으로 마친 후 보상을 받는 기분이었다.

'그래, 이게 천국이지!'

쉬려고 찾았던 고아에서 나는 가장 강도 높은 극기 훈련을 한 셈이었다. 인도에서 돌아온 후 반년이 지날 때까지도 그때 탄 자국이 목둘레에 훈장처럼 남아 있었다. 훈장에는 극기 훈련 중에 잠깐씩 맛본 행복감도 아련하게 새겨져 있었다.

인도의 기후

인도는 영토 크기가 한반도의 15배, 남한의 33배에 달하는 큰 나라다. 동서로도 길지만 남북으로는 더 길다. 때문에 기후도 지역별로 다양하다. 북쪽 히말라야 고산지대는 한대성 기후고, 서북부는 사막이 있는 건조기후, 그리고 그 아래 지역은 열대성 기후다.

인도의 여름은 3월부터 시작하며, 5월에 가장 덥다. 수도 델리는 5월에 온도가 50도까지 올라간다. 6월 말부터는 우기로 접어든다. 이때는 온도가 35도 전후로 떨어지지만 습도가 높아 불쾌지수가 상당하다. 9월 말쯤에 우기가 끝나면 11월까지는 습도가 다소 내려간다.

겨울은 11월부터 2월로 지역에 따라 온도 차이가 크다. 델리의 1월 최저 기온은 3~5도 정도 수준이지만, 첸나이Chennai; 인도 남부의 한 도시의 겨울 평균 온도는 29도나 된다.

인도의 관광 성수기는 겨울이다. 겨울에 방문한다면 비교적 쾌적하게 여행을 즐길 수 있다. 우기는 되도록 피하는 것이 좋다. 인도는 자연재해가 많이 발생하는 나라로, 특히 우기에 홍수가 잦다.

음침한 게스트하우스

· · · ·

'너무 음침해. 1분도 더 있기 싫어. 빨리 벗어나고 싶어!'

혼자 여행할 때였다. 델리 빠하르간지Paharganj의 한 게스트하우스. 5평 남짓한 작은 방에 우두커니 앉아 있으려니 갑자기 외로움이 밀려왔다. 작은 창문이 있었지만 빛 한 줄기 들어오기에도 빠듯할 정도로 앞 건물이 바싹 붙어 있었다. 침대 시트와 베갯잇은 한 달은 안 갈은 듯했다. 혹시 있을지도 모르는 빈대와 벼룩 때문에 침대 귀퉁이에 엉덩이만 살짝 걸쳐 앉아 있었다. 멍하니 있다가 갑자기 이런 생각이 들었다.

'내가 왜 이런 곳에서 이러고 있어야 하지?'

17시간의 긴 기차여행을 마치고 도착한 델리에서 피로를 풀기는커녕 단 1분 1초도 있기 싫은 공간에서 스트레스를 받고 있었으니 말이다.

뭄바이에서 델리로 다시 온 것은 암리차르에 가기 위해서였다. 암리차르는 델리를 지나 북쪽으로 한참을 더 가야 하지만 급행열차를 타면 3시간이면 갈 수 있다. 새벽에 탈 계획이니 델리에서 하룻밤만 자면 되는 것이다.

델리에 도착해 역을 나서자마자 온갖 인도인이 앞을 가로막았다. 쌀가마니 같은 배낭이 어깨를 짓누르고 있어 앞으로 한 걸음도 떼기 힘들었다. 어차피 빠하르간지의 게스트하우스들이 다 비슷비슷하니 아무나 골라서 따라나서자고 생각한 나는 그 중 가장 불쌍해 보이는 사람을 골랐다.

"당신네 게스트하우스로 갈 테니까 안내해요."

얼굴이 까만 이 인도 남자는 신이 나서 앞장섰다. 내가 갈 수 있게 앞을 가로막고 있던 사람들을 밀어내면서 길을 터주었.

10여 분을 걸어서 도착한 게스트하우스는 아주 구석에 처박혀 있었다. 숨이 턱 막혔지만 무거운 짐을 들고 다시 길바닥으로 나가 또 다른 게스트하우스를 찾아 헤매기도 싫었고, 어차피 하룻밤만 버티면 된다는 생각에 짐을 풀었다.

이 작은 방에는 빛이 들어올 틈이 전혀 없었다. 희미한 백열등은 분위기를 더욱 음침하게 만들었다. 에어쿨러에서 나오는 바람은 시원하기는커녕 끈적끈적하기만 했다. 좁고 어두운 방 안은 정적이 흘러 에어쿨러 돌아가는 소리만 더 요란스럽게 느껴졌다.

짐을 풀고 샤워라도 할까 하고 욕실에 들어갔는데 바닥에서 뭔가 꿈틀거렸다. 지렁이다. 지렁이를 본 게 도대체 몇 년 만인가. 어렸을 때 비만 오면 아스팔트 바닥으로 기어 나와 꿈틀거리다가 쨍하고 햇볕이 나면 말라비틀어져 죽어버렸던 지렁이들을 보면서 불쌍하다는 생각을 했었다. 왜 햇볕이 나기 전에 다시 땅 속으로 들어가지 못할까 안타까웠다.

그런데 지금은 물을 몇 바가지씩 쏟아부어서 지렁이를 하수구로 밀어넣고 나와 넓은 침대 한구석에 쭈그리고 앉아 있는 내가 지렁이보다 더 불쌍하게 느껴졌다. 이곳에 더이상 있기 싫었지만 그렇다고 나가야겠다는 의욕도 없었다. 꼼짝 않고 아무것도 하고 싶지 않은 무기력증이 몰려왔다.

침대에 침낭을 넓게 깔고 한가운데 앉아 무릎을 끌어안았다. 세상은 혼자다. 결국은 혼자 사는 것이라는 생각에 갑자기 눈물이 왈칵 쏟아졌다. 왜 이런 여행을 시작하게 되었는가부터 왜 인도로 왔을까, 왜 많은 게스트하우스 중에서도 이런 곳에서 우울해하고 있을까…. 수많은 질문을 던져보고 또 답을 찾으며 그렇게 시간을 흘려보냈다.

다시 욕실에 들어가봤다. 지렁이는 사라졌지만 이번에는 전구가 문제였다. 처음부터 밝지도 않았지만 깜빡깜빡 하더니 아예 꺼져버렸다. 한 사람이 간신히 오르내릴 수 있는 나선형 계단을 빙글빙글 돌아 1층까지 내려갔다. 욕실 전구에 문제가 있다고 하니 얼굴에 좌르르 흐르는 기름으로도 모자라 7 대 3으로 정확히 나눈 머리에 기름을 잔뜩 발라 넘긴 인도 남자가 "I'm your service man."이라며 나섰다.

남자는 이것저것 한참을 만지작거리더니 전구가 깜빡깜빡거리는 정도로만 고쳐놓았다. 원상복귀는 힘들단다. 이 남자, 더 할 말이 없는 것 같은데도 미적거리면서 나갈 생각을 하지 않는다. 야릇한 표정을 짓고 서서는 계속 쓸데없는 말을 해댔다. 속이 갑자기 메스꺼워졌다. 이 인도 남자를 억지로 문밖으로 밀어내고 욕실로 들어갔는데 이번에는 계속 깜빡거리는 전구 때문에 현기증이 났다. 최대한 빨리 샤워를 한 뒤 짐을 정리해놓고 밖으로 나왔다. 어두운 곳에 있다가 갑자기 밝은 곳으로 나오니까 어지러웠다. 그런데 어디로 가야 할지를 몰라 한참을 뜨거운 태양 아래 서 있었다.

정신을 차리고 델리 이곳저곳을 돌아다니다가 12시를 넘겨서야 다시 음침한 게스트하우스로 돌아왔다. 빨리 잠이 드는 것이 상책이라는 생각이 들었지만 왜 그런지 잠도 오지 않았다. 침낭을 깔아도 시트에 살고 있는 벼룩에서 자유로울 수 없었다. 가려움에 밤새 온몸을 벅벅 긁다가 한숨도 못 자고 퀭한 눈으로 새벽 기차를 타러 도망치듯 나왔다.

이틀 후 암리차르에서 다시 델리로 돌아와, 처음 인도여행을 같이 시작했던 일행들과 약속 장소에서 무사히 만났다. 이들은 그사이 북쪽 지방인 레에 갔다왔다. 히말라야 산자락이라 긴팔을 입고 다닐 정도로 쌀쌀했다며 델리의 더위를 새삼 탓했다.

여행 막바지에 이르자 호사를 좀 부려보자며 에어컨이 나오는 중급 호텔에서 묵었다. 앞이 탁 트여서 햇살이 고스란히 다 들어왔고, 지은 지 얼마 안 되었는지 모든 게 새것이었다. 며칠 전에 묵었던 그 음침한 게스트하우스와 비교하면 이곳은 완전 천국이었다. 이 중급 호텔은 더블룸에 엑스트라 베드까지 하룻밤에 800루피였고, 싱글룸은 500루피 정도였다. 어두운 게스트하우스 하루 방값인 150루피에 비해서는 상당히 비싸지만, 500루피라고 해도 우리나라 돈으로 1만 원 정도다. 그런데 배낭여행을 하다 보면 무조건 아껴야 할 것 같고, 무조건 고생하면서 다녀야 할 것 같은 기분이 드는 건 왜일까?

시원한 중급 호텔 침대에 누워서 생각했다. 인도에는 이런 면도 있고 저런 면도 있으며, 세상에는 이런 경우도 있고 저런 경우도 있다. 또 살다 보면 이런 일도 겪고 저런 일도 겪을 수 있으니, 너무 좋은 모습만 보고 좋은 경험만 한다면 기억에 크게 남지 않을 수 있다고. 이런 생각을 하자 그 음침했던 게스트하우스도 그리 나쁘지 않게 느껴졌다.

tip 인도에서 숙소 잡기

보통 여행을 가면 호텔·펜션·민박·게스트하우스 등에서 묵게 된다. 인도에도 세계적인 호텔 체인이 들어와 있다. 도시마다 다르지만 스타우드SPG·하얏트·힐튼·메리어트 등 글로벌 브랜드의 호텔이 있는 곳이 많다. 이런 곳들은 시설이나 서비스가 특급인 만큼 가격도 비싸다. 세계 여느 체인점과 비슷한 금액으로, 하룻밤 숙박하는 데 20만~30만 원을 지불해야 한다.

배낭여행자들에게 가장 만만한 곳은 역시 게스트하우스다. 1만 원도 되지 않는 저렴한 곳부터 2만~4만 원 하는 곳까지 다양하다. 가이드북을 너무 맹신하지 말고 인도에 다녀온 여행자들의 후기를 꼼꼼히 살펴본 뒤 본인이 가장 중요하게 생각하는 기준에 따라 고르자. 뜨거운 물이 나오는지, 청결한지, 시설은 괜찮은지, 와이파이가 가능한지, 침구는 자주 바꿔주는지, 주인이 친절한지, 식사가 포함되어 있는지, 시내 투어를 신청할 수 있는지 등을 따져볼 필요가 있다.

관광객이 많이 몰리는 곳은 미리 게스트하우스 홈페이지 또는 호스텔부커스(www.hostelbookers.com)나 호스텔월드(www.hostelworld.com) 같이 전 세계 호스텔을 비교하고 예약할 수 있는 홈페이지를 통해 예약하는 것이 좋다.

현지에서 호객꾼이 소개하는 곳은 복불복이다. 새로 생겨서 홍보가 필요한 곳인 경우도 있지만, 시설이 안 좋거나 구석에 위치한 곳인 경우도 있다. 호객꾼이 안내해서 갔더라도 숙소가 마음에 안 든다면 주저하지 말고 돌아서자.

게스트하우스에 도착하면 먼저 방을 보여 달라고 하고 시설을 확인한 후에 묵을지 결정하는 것이 좋다. 체크인할 때 돈을 내는 경우 영수증을 꼭 챙기자.

> 인도에 거주하는 우리나라 교민이 1만 명이 넘기 때문에 한인 민박도 있고 한식을 제공하는 곳도 있다. 한인 민박에서는 현지 정보를 쉽게 얻을 수 있고, 가격도 호텔보다 저렴해 추천할 만하다. 민박마다 가격이 다르지만 대체로 10만 원 안팎에서 하루 숙박을 해결할 수 있다.

평온함에 숨겨진 피의 역사

원래 인도에서 가고 싶은 도시 목록에는 암리차르가 없었다. 그런데 한국을 떠나기 바로 전 인도 영화 〈비르와 자라 Veer Zaara〉를 보고는 긴 루트 맨 끝에 암리차르를 넣고 말았다.

영화 〈비르와 자라〉의 여자주인공인 자라는 유모의 유언에 따라 유해를 뿌리러 암리차르까지 온다. 시크교도들의 성지인 황금 사원이 있는 곳이다. 자라는 호수 한가운데에 있는 황금 사원을 넋 놓고 바라보다 시크교 구루guru: 시크교에서 스승을 일컫는 말에게 유해를 뿌리는 의식을 부탁한다. 영화 속에서 황금 사원은 무척 조용하고 아름다웠다. 꼭 이 사원을 찾아 자라가 앉았던 그 자리에서 번쩍번쩍 빛나는 황금 사원을 바라보고 싶었다.

겉으로는 평화롭기만 한 암리차르의 내면은 실제로는 복잡하다. 시크교와 이슬람교, 힌두교 사이의 갈등으로 얼룩진 파란만장한 역사를 가지고 있다. 원래 암리차르는 무굴 황제 악바르Akbar가 하사한 곳으로, 1577년 시크교의 4대 구루인 람 다스Ram Das가 이 도시를 건설할 때만 해도 이슬람교와 시크교 사이는 나쁘지 않았다. 그러나 이슬람 근본주의자인 아우랑제브가 무굴 황제에 오르면서 비극이 시작되었다.

아우랑제브는 시크교를 탄압했으며, 시크교 구루였던 테그 바하두르Tegh Bahadur를 찬드니 초크Chandni Chowk: 올드델리에 있는 대로에서 공개처형하면서 시크교와 이슬람교의 갈등이 절정에 달했다. 1948년 종교 갈등으로 인도와 파키스탄이 분리될 때 펀잡Punjab 주의 수도였던 라호르Lahore는 파키스탄으로, 암리차르는 인도로 편입되었다. 각자의 종교에 따라 이주하던 힌두교인과 이슬람교인 사이에 폭력사태가 벌어져 20만여 명이 죽거나 부상당했다.

1980년대 초반에는 시크교 국가를 건설하려는 과격주의자들이 황금 사원을 점거했고, 1984년에는 인디라 간디Indira Gandhi 수상의 명령을 받은 군대가 황금 사원을 공격하는 사태가 발생했다. 이 과정에서 수백 명의 시크교도들이 사망했다. 같은 해 인디라 간디는 자신의 시크교 경호원들에 의해 암살당했고, 이는 다시 힌두교인들을 자극해 인도 곳곳에서 시크교인 학살이 일어났다.

시크교는 이렇게 피와 폭력으로 점철된 역사를 가지고 있다. 큰 터번에 덥수룩한 수염을 기른 시크교도들에게서 평화로움이 느껴지지만 어깨에서 허리까지 대각선으로 찬 장도 때문인지 언제 다

암리차르 황금 사원(좌)과 황금 사원을 찾은 아이들(우)

시 터질지 모르는 불안을 함께 풍긴다. 시크교도들에게 왜 칼을 차고 다니냐고 묻자 "신은 정의를 위해서라면 칼을 사용해도 된다고 했다."라는 답이 돌아왔다. 온화했던 목소리는 금세 비장함으로 바뀌었다.

  밤이 되니 황금 사원은 더욱 화려해졌다. 24시간 불은 꺼지지 않았고, 시크교 순례자들의 발길도 끊임없이 이어졌다. 이들은 시계 방향으로 호수를 천천히 돌거나 줄을 서서 황금 사원을 참배했다. 또 호수 가장자리에 조용히 앉아 황금 사원을 마냥 바라보며 명상에 잠겨 있기도 했다. 황금 사원에서 낮은 목소리로 경전을 읊조리는 구루의 목소리가 확성기를 타고 계속 흘러나왔다. 나도 호수 가장자리로 가서 반질반질한 대리석에 자리를 잡고 앉았다.

▲ 황금 사원의 눈부신 야경

▶ 창을 들고 황금 사원을 지키는 시크교도

번쩍거리는 황금 사원과 이를 그대로 반사하고 있는 호수를 바라보고 있으려니 마음도 몸도 편안해졌다.

황금 사원을 내게 각인시켜 준 영화 〈비르와 자라〉의 주제는 종교와 정치적 갈등을 뛰어넘은 사랑이다. 격동의 역사를 오롯이 겪어낸 황금 사원이 더욱 빛을 발하는 가운데, 언제 피바람이 불고 칼부림이 있었냐는 듯 암리차르의 밤은 평온하게 깊어갔다.

암리차르 공짜 인심

암리차르는 시크교라는 종교의 도시이기 때문에 무료인 것이 많다. 우선 암리차르 역에서 황금 사원까지 무료 셔틀버스를 운영한다.
황금 사원에 도착하면 외국인을 위한 무료 숙소를 찾아가자. 들어가면 넓은 공간에 다닥다닥 붙어 있는 침대를 볼 수 있을 것이다. 침대는 먼저 맡는 사람이 임자이며, 남녀 구분은 없다. 에어컨은 틀어주지만 무료인 만큼 다른 시설은 기대하지 말자. 짐이나 신발 등을 넣어놓을 수 있는 락커룸이 있으니 귀중품은 락커에 보관하면 된다.
이곳의 장점은 전 세계에서 온 외국인 친구들을 쉽게 만날 수 있다는 것이다. 여기서 모인 사람들끼리 종종 즉흥적으로 투어 계획을 짜기도 한다. 나도 여기서 만난 사람들과 국경폐쇄식을 보러 가자고 의기투합해 승합차를 빌려 싼 값에 편하게 다녀왔다.
이곳에서는 식사도 무료다. 식판을 받아서 돗자리가 깔려 있는 곳에 순서대로 앉으면 배식자들이 돌아다니면서 달과 차파티, 코코넛죽

> 등을 준다. 메뉴는 이게 전부다. 맛있지는 않지만 맛이 없지도 않다. 배식자들은 계속 돌면서 달이나 차파티를 원하는 만큼 채워준다. 눈치 보지 않고 먹고 싶은 만큼 먹을 수 있는 분위기다.
> 이처럼 무료 숙식을 제공하는 것은 시크교 창시자인 구루 나나크Nanak가 전도를 위해 곳곳을 돌아다니면서 입었던 은혜를 갚기 위해 지시한 것이라고 한다. 시크교도와 황금 사원을 찾은 관광객의 기부금, 교인들의 무료 봉사 덕분에 가능한 일이다. 무료로 자고 먹은 만큼 떠날 때 소정의 기부금을 내는 것도 잊지 말자.

한 편의 연극 같은 국경폐쇄식
····

카슈미르Kashmir는 파키스탄의 와가Wagah와 인도의 아타리Atari가 맞닿아 있는 국경지역이다. 이곳은 카슈미르 지역 암만 세투 검문소Kaman Aman Setu-Friendship bridge를 열기 전까지 육로를 통해 인도에서 파키스탄으로 넘어갈 수 있는 유일한 통로였다. 이렇게 국경을 넘을 수 있는 곳이 몇 안 되는 이유는 인도와 파키스탄 간 불편한 관계 때문이다.

두 국가 간 분쟁의 역사는 실로 길다. 이슬람교도들은 인도를 침입해 11세기 초부터 약 800년간 인도를 통치했다. 이때만 해도 소수 이슬람 지배층과 다수의 힌두 피지배층은 큰 갈등이 없었다.

그러나 1858년 영국이 인도를 식민지로 만들면서 갈등의 씨앗이 잉태되었다. 19세기 말에 도입된 의회대표제에서 수적으로 적은 이슬람교도들이 불리해졌고, 힌두인들과 선을 그으면서 이슬람 국가 창건을 추진했다. 결국 1947년 이슬람교 인구가 다수였던 인도의 서북 지역과 동북 지역은 각각 서파키스탄과 동파키스탄으로 분리·독립하게 된다. 문제는 인도 북쪽의 카슈미르 지역이었다. 이슬람교도들은 이 지역 인구의 70% 이상이 이슬람교이기 때문에 파키스탄에 포함해야 한다고 주장했지만, 힌두교였던 이 지역의 마하라자_{maharaja: 영주}가 인도 연방에 합류하겠다고 하면서 피의 전쟁이 시작된 것이다.

이슬람교도들은 파키스탄 정부군의 지원을 받아 반란을 일으켰고, 이에 마라하자는 인도 정부에 군사지원을 요청했다. 1947년 10월 인도와 파키스탄 전쟁이 벌어진 후 1965년, 1971년까지 총 세 차례의 전쟁이 벌어졌다. 그 뒤로 양국이 화해하려는 시도는 여러 차례 진행되었지만, 이슬람 무장단체들의 테러로 인해 긴장이 계속 이어졌다.

때문에 와가-아타리 국경검문소를 통과하는 것도 상당히 까다로워서 인도에서 출국심사를 하는 데 시간이 꽤 걸린다. 짐을 확인한 다음에 여권과 비자를 확인받고 나면 버스를 타고 파키스탄 국경까지 가야 한다. 파키스탄에서 여권을 보여주고 입국 수속을 마치면 파키스탄에 들어갈 수 있다. 인도 측 국경 통과 마감시간은 3시 30분으로, 파키스탄에 갈 계획이라면 서두르는 것이 좋다.

긴장과 경계감으로 살벌할 듯한 이 국경지역은 의외로 매일 열리는 즐거운 이벤트로 유명하다. 매일 해가 지기 2시간 전에 열리는 국경폐쇄식을 보기 위해 연일 수백 명의 관광객이 몰리기 때문이다. 국경검문소 문을 닫는 시간에 서로의 국기를 내리면서 조용히 진행할 만한 국경폐쇄식을 45분에 걸친 퍼레이드와 쇼로 승화한 것이다. 이래뵈도 1959년부터 시작되어 역사가 깊다.

이곳은 낮에는 한가하지만 오후 4시쯤이면 관광객들로 바글댄다. 자동차와 릭샤를 동원해 국경지역에 도착한 관광객들은 내리자마자 무조건 뛴다. 조금이라도 더 좋은 자리를 맡기 위해서다. 대부분 가족 단위로 이곳을 찾지만, 아쉽게도 좌석은 남자와 여자로 나뉘어 있다. 갑자기 가족 간 생이별의 순간을 맞게 되는 것이다. 입장 후 가족들이 서로를 찾느라 난리다. 찾은 이들은 손을 흔들며 반가워하고, 못 찾은 가족들은 계속 서서 두리번거린다.

국경폐쇄식을 시작할 시간이 다가오자 벌떼 같은 관광객들의 입장이 어느 정도 마무리되고, 머리부터 발끝까지 하얀색으로 깔맞춤을 한 사람이 나와서 구호를 마구 외쳐댄다. 힌디어라 무슨 말을 하는지 잘 못 알아듣겠지만 관중의 반응은 폭발적이다. 마치 레크리에이션 강사 같은 이 사회자가 '힌두스탄'을 외치면 관중이 일제히 따라서 '힌두스탄'을 외치고, '진다바드'를 외치면 또 다 같이 '진다바드'라고 소리를 지른다. '바레 마타키 제이'도 구호 중 하

국경폐쇄식을 구경하는 사람들로 관중석이 빼곡하게 채워졌다.

나다. 무슨 뜻인지 모르고 같이 따라 외쳤는데 힌두스탄 진다바드 Hindustan zindabaad는 '인도 만세', 바레 마타키 제이 Bhaarat mataki jay는 '조국 인도에 승리를'이라는 뜻이었다. 반대편에 있는 파키스탄인들이 들으라는 듯 애국심에 고취된 인도인들이 목청을 높인다. 종교 갈등이 어느 지역보다 심해서 늘 폭탄을 안고 사는 펀잡 주에서 하나가 된 인도인들을 보는 것이 살짝 낯설기까지 했다.

좌석을 꽉 채우고도 모자라 앞쪽 길가 양 옆으로도 빼곡하게

▶ 국경폐쇄식의 모습. 인도 국기와 파키스탄 국기가 교차해 강하되고 있다.

▼ 국경폐쇄식이 시작되자 국경수비대가 일렬로 절도 있게 걷는다.

사람들로 채워졌다. 인도 음악이 스피커를 통해 흘러나오자 앉은 자리에서 일어나 빙글빙글 도는 아저씨, 연신 팔을 양쪽으로 쭉쭉 뻗어대는 아저씨 등 흥에 겨워 춤을 추는 사람들이 곳곳에서 보였다. 다들 제각각이지만 춤을 추는 사람도, 보는 사람도 즐겁다. 길 앞에서 한 무리의 여자들이 빙글빙글 원을 그리면서 춤을 추었다. 볼리우드 영화에 빠지지 않는 군무다. 준비한 것도 아닐 텐데 동작이 대충 맞는다. 여자와 노인만 앞쪽에 나와 춤을 출 수 있다고 한다.

점점 분위기가 달아오르자 사회자는 관중 중에 2명을 뽑아 인도 대형 국기를 들고 국경 문까지 뛰어갔다 오기를 시켰다. 그들이 뛰어갔다가 오는 내내 함성이 그치지 않았다. 파키스탄 쪽에서도 비슷한 행사를 하는 것 같은데 인도 쪽 함성에 묻혀 들리지 않았다. 마치 팀 대항 응원전을 하는 듯했다.

드디어 국경폐쇄식이 시작되었다. 국경수비대가 입은 군복이 방금 다림질한 듯 날이 서 있었다. 양쪽 수비대는 미리 짠 듯이 같은 행동을 했다. 한 명씩 국경인 철문에 가서 위압감을 주려는 듯 발을 최대한 높이 들어 올렸다가 세게 내리는 행위를 반복했다. 동작을 하나하나 할 때마다 청중들은 환호했고, 환호 속에 국기는 똑같은 속도로 내려지고 국경인 철문은 굳게 닫혔다. 그렇게 한 편의 연극을 보듯 국경폐쇄식은 끝났다.

인도 국기를 차곡차곡 접은 뒤 국경수비대가 있는 곳까지 절도 있게 걸어오던 군인도 도착하자마자 부자연스러운 자세를 풀었다. 비록 군인들은 더운 날씨에 두꺼운 복장을 입고 연기하는 게 힘들었겠지만, 이를 본 인도인들은 새삼 자신이 인도라는 하나의 국가에 속해 있음을 느꼈을 것이다.

 와가–아타리 국경 가는 법

대중교통을 이용하려면 암리차르 버스터미널로 가야 한다. 여기서 아타리행 로컬버스를 타고 아타리까지 가서 국경까지 오토릭샤를 타고 가면 된다.

국경폐쇄식이 유명한 행사인 만큼 오후 3시쯤이면 황금 사원 외국인 숙소 근처에서 호객꾼들을 심심치 않게 볼 수 있다. 호객꾼들이 관람객들을 모집하고 차량 인원이 다 차면 출발하는 시스템이다. 가격을 알아보고 사람이 많이 차 있는 차를 고르는 것이 좋다. 일행이 많거나 마음이 맞는 여행자들을 만났다면 와가 국경까지 가는 차를 한 대 통째로 빌리는 것도 괜찮은 방법이다.

행사장 안에는 가방을 가지고 들어가지 못한다. 그러니 카메라·여권·지갑·소지품 정도만 주머니에 챙겨 가도록 하자.

차에서 내리면 서둘러서 국경폐쇄식 행사장으로 이동하는 것이 좋다. 외국인 전용석이 따로 마련되어 있지만, 국경폐쇄식을 보러 오는 외국인이 많기 때문에 경쟁이 치열하다. 일찍 가지 않으면 앞에서 보기 힘들다.

여자라서 행복해요?
· · · ·

델리의 인디아 게이트에서 여행자들의 거리인 빠하르간지까지 가는 버스 안에서였다. 버스에 오르자마자 빈자리가 눈에 띄어 자리에 앉았는데 몇 정거장 안 가서 사람들이 우르르 탔다. 한산했던 버스는 금세 만원 버스가 되었다.

다행히 창가 쪽에 앉았기 때문에 서 있는 사람들이 밀어대는 압박에서는 자유로웠지만, 옆자리에 앉은 덩치 큰 남자가 점점 자리를 침범해왔다. 완전히 군기가 들어 있는 듯한 자세로 창가에 바짝 붙어 앉아 있었다. 몇 정거장을 갔을까, 갑자기 똑 부러진 여자 목소리가 들린다.

"실례합니다. 여기는 여성 전용석인데 일어나 주시겠어요?"

옆에 앉아 있던 남자가 군말 않고 일어나 자리를 내주었다. 위를 살짝 올려다보니 창문 위쪽에 하얀 바탕에 빨간 글씨로 'Ladies'라고 적혀져 있는 팻말이 있었다. 뚱뚱한 남자가 일어나고 날씬한 여자가 앉으니 내 자리가 넓어져 아주 편했다.

파키스탄과 맞닿아 있는 와가-아타리 국경폐쇄식을 보러 갔을 때도 여자로서의 권리를 한껏 누렸다. 국경 근처에서 내려 100m쯤 걸어갔는데 국경지역으로 올라가는 계단 입구가 먼저 도착한 사람들로 인산인해를 이루었다. 행렬도 없고 그저 북적거리는 사람들 사이에 껴서 가만히 보니 이상하게도 여성들만 올라가고 있

와가-아타리 국경폐쇄식. 먼저 입장한 여성들이 여성 전용석에 자리를 잡았다.

었다. 국경수비대 한 명이 나를 보면서 손짓했다. 앞에 서 있던 남자들을 헤치고 갔더니 먼저 올라가란다. 남자들은 부러움이 가득한 눈길로 계단을 오르는 여성들을 그저 바라보고 있었다. 한 남자가 일행인 여성을 따라 같이 묻어가려고 하니까 주변에 있던 여성들이 나서서 막았다. 국경수비대가 나서기 전에 여성들에게 먼저 제지당한 것이다.

계단 끝에는 노천극장처럼 계단식 객석이 펼쳐져 있었고, 좌석은 여성 전용석과 일반석으로 구분되어 있었다. 하얀 바탕에 빨간 글씨로 쓰여 있는 'Only Ladies'라는 표지판이 눈에 띄었다. 여자들이 어느 정도 입장을 마쳤는지 갑자기 남자들이 우르르 몰려 들어왔다. 서로 좋은 자리를 맡으려고 밀치고 뛰고 난리였다.

인도에서는 'Ladies' 또는 'Only Ladies'라는 표지판이 눈에 자주 띈다. 시내버스에 타면 항상 여성 전용석이 있고, 기차역에도 여성 전용 창구가 있다. 처음에는 이 나라에서는 여성을 우대해주고 배려한다고 생각했다. 하지만 그게 아니었다. 남자의 소유물인 여성이 다른 남자와 접촉하는 것을 막기 위한 장치였던 것이다.

인도인의 90%가 믿는 힌두교의 교리상 여성은 온전한 인격체가 아니라 남성의 부속물에 불과하다. 힌두교 경전인 『마누법전 Code of Manu』에는 "여성들은 독자적으로 어느 것도 해서는 안 되며, 아버지와 남편, 아들을 벗어나려 해서도 안 된다."라고 쓰여 있다. 그래서 인도에서는 과부들의 재혼이 금지되며, 여자들은 부모님이 돌아가셨을 때 시신을 만질 수도 없다. 이는 인도 사회의 여러 악습으로 발전해 지금도 인도 여성을 괴롭히고 있다.

우선 결혼할 때 신부가 가져가야 하는 엄청난 규모의 다우리 dowry: 지참금 제도다. 불완전한 객체인 여성을 남성에게 보내면서 잘 부탁한다고 돈을 같이 보내는 것이다. 결혼식 비용을 신부 측에서 부담하는 것은 물론이고 각종 예물에 더해 현금까지 두둑하게 챙겨 보내야 한다. 그 규모가 어마어마해서 딸의 결혼식 때 아버지가 평생 번 돈의 약 60%를 쓴다고 한다. 그래서 인도에는 "딸이 1명이면 집안을, 2명이면 친척까지 망하게 한다."라는 말이 있을 정도이며, 인도인들 사이에서 "딸이나 낳아라."라는 말은 악담 중에 최악의 악담으로 손꼽힌다고 한다. 그렇기에 초음파검사를 통해 배 속 아기가 딸이라는 것을 알게 되면 낙태 수술을 하는 경우가 수두룩하고, 초음파검사조차 어려운 가정에서는 일단 낳고 딸이면 내다 버리기도 한다.

인도에서 여성으로 무사히 태어나서 자랐다고 해도 결혼과 함께 고행길로 들어선다. 충분한 결혼 지참금을 가져오지 않아 학대를 받고 사는 경우가 많으며, 심지어는 남편이 아내를 죽이고 새 장가를 가면서 지참금을 또 챙기는 일도 허다하다고 한다. 그래서 가끔 해외 토픽 기사를 보면 지참금을 적게 가져왔다는 이유로 남편에게 맞아 죽었다는 황당한 뉴스가 나오기도 한다.

인도에서 여성으로 살기란 힘든 것이 현실이지만, 인도는 조금씩 변화하고 있다. 인도 대도시에서는 전통 의상인 사리를 벗어던지고 청바지에 티셔츠 차림으로 거리를 활보하는 여성들이 많아졌다. 그들에게서 당당함이 느껴졌다. 암리차르에서 만나 몇 마디 나누다가 친해진 13살짜리 꼬마 아가씨는 마치 보디가드인 양 멀리서 몰래 사진을 찍으려는 남자들을 모두 막아주기도 했다. '몰카' 기미가 보이면 남자들에게 다가가 "What's problem?" 하면서 허락 없이 사진을 찍지 말 것을 당당하게 요구했다. 황금 사원이 너무 아름다워 사진을 찍으려고 잠시 홀로 서 있으면 "혼자 있지 말랬지?" 하면서 손을 잡아끌기도 했다. 훗날 유명한 여권 운동가가 되지 않을까 생각했다.

'Ladies'나 'Only Ladies'의 기원이야 어찌 되었든 신세대 인도 여성들은 이 같은 특권을 적극적으로 누리는 듯했다. 이들의 이런 당당한 모습을 보며 다우리와 사티sati: 남편이 죽으면 아내를 함께 태워 죽이던 인도 풍습가 없는 미래의 인도를 잠시 꿈꾸었다.

 통계로 보는 인도 내 여성 지위

지난 2006년 발표된 유니세프 보고서에 따르면 1986년부터 20년간 인도에서 최소 1천만 명의 딸들이 낙태 수술로 사라졌다. 2012년 저명한 의학저널〈란셋The Lancet〉에는 매년 인도에서 여아 50만 명이 낙태로 목숨을 잃는다는 연구결과가 실리기도 했다. 불법 낙태 수술이 성행하면서 이로 인해 목숨을 잃는 산모도 한 해 4천여 명에 달한다.

인도에서 낙태는 엄연히 불법이다. 산모가 위험하거나 아기가 심각한 장애를 가지고 태어날 가능성이 있는 경우에 한해서만 임신 20주 이내에 낙태를 할 수 있다. 그 외의 이유로 성별을 미리 감별해 낙태 수술을 할 경우 의료진에게 3년 이하의 징역과 1만 루피의 벌금형이 내려진다. 처벌 받고도 또 불법 낙태 수술을 하다 걸리면 그땐 5년 이하의 징역과 5만 루피의 벌금을 물어야 한다. 하지만 워낙 인도의 재판 절차가 느린 데다 증거를 확보하기 쉽지 않아 실질적으로 처벌을 받는 의사는 거의 없다고 한다.

인도 국가범죄기록국이 발표한 '2005년 범죄시계'에 따르면 결혼 지참금 문제로 인도 여성은 77분마다 한 명꼴로 살해되었다. 물론 지참금도 법으로 금지되어 있지만 법전에 있는 문구일 뿐 여전히 횡행하고 있는 것이다.

남편을 먼저 떠나보낸 과부는 거의 사회적으로 사형선고를 받은 것이나 다름없다. 남편을 잃은 과부는 죄인이기 때문에 평생 수절하면서 혼자 살아야 한다. 『마누법전』에는 "과부가 정절을 지키지 않으면 동물의 자궁에서 환생한다."라는 문구도 있다.

과부가 되면 간혹 시댁에서 쫓겨나기도 하고, 남편을 따라 죽는 사티를 강요받기도 한다. 사티는 여성의 정조와 헌신을 상징하기 때문에 사티에 나선 며느리는 가문의 영광으로 여겨진다. 어느 한 해외 토픽 기사에서 인도 여성이 죽은 남편을 화장하는 불길에 뛰어들어 자살했다는 내용이 실렸는데 바로 사티를 행한 것이다.

인도 정부가 1987년에 사티를 금지하는 법을 제정했지만, 이 역시 법으로만 존재할 뿐이다. 인도에서 여성은 성(性)의 대상으로 여겨지는 경향이 강해 성폭력 사건도 심심치 않게 발생한다. 지난 2012년 말에는 인도 뉴델리의 한 시내버스에서 23세 여대생이 6명의 남성들에게 집단 성폭행과 구타를 당해 사망한 사건이 발생했다. 이로 인해 인도 사회가 들끓었고, 국제적으로도 인도 여성의 인권 문제가 이슈가 되기도 했다.

인도의 양성 평등은 전 세계에서 하위권에 속한다. 세계경제포럼 World Economic Forum, WEF에서 매년 발표하는 '글로벌 성 격차 지수' 보고서를 보면 인도는 2014년 142개국 중에 114위에 머물렀다.

그러나 현재 2천 년이 넘는 힌두 관습에 갇혀 있던 인도 여성들이 조금씩 그 틀을 깨고 있다. 1966년 인도 최초로 여성 총리에 오른 인디라 간디나 그의 며느리로 활발하게 정치 활동을 하고 있는 소냐 간디Sonia Gandhi, 2007년 인도의 첫 여성 대통령으로 선출된 프라티바 파틸Pratibha Patil처럼 여성 정치인들이 많아지는 추세다.

더불어 여성의 경제 활동이 늘어나면서 인도 여성들의 목소리가 점점 높아지고 있다. 인도 출신의 여성 글로벌 기업 CEO도 많아졌다. 2006년부터 미국의 〈타임Time〉과 〈포브스Forbes〉 등으로부터 가장 영향력 있는 여성에 이름을 올린 펩시의 CEO인 인드라 누이Indra Nooyi가 대표적이며, 유럽 최대 전자업체인 필립스 계열사의 CEO인 하르짓 길Harjit Gill과 전 페이스북 인디아 대표 키르티가 레디Kirthiga Reddy, HSBC 그룹 인도 대표인 나이나 랄 키드와이Naina Lal Kidwai 등도 유명한 인도 출신 여성 경영인이다.

글로벌 경영지도자 조사기관인 EAM파트너스가 인도에 진출한 총 215개 기업을 대상으로 조사한 연구 결과를 보면 2013년 인도 기업의 CEO와 이사급 여성 리더의 비율은 21%로 브릭스BRICs 및 신흥국가 중에 가장 높았다.

· 4장 ·

히말라야를 맛보다

Intro

인도와 맞닿아 있는 네팔은
산악인들의 로망인 히말라야 고봉이 있는 나라다.
가볍게 트레킹이나 하자는 생각에 찾은 안나푸르나,
너무 쉽게 생각했다. 저질 체력인 데다
공교롭게 우기라 길도 좋지 않았다.
한 번 쏟아지면 퍼붓듯 오는 비가 야속했다.
전기가 들어오지 않아
재래식 화장실에 촛불을 들고 가야 했고,
온수가 나오지 않아 샤워는 꿈도 못 꿨으며,
곳곳에 거머리가 득실댔다.
심지어 안나푸르나 산 중턱에서는
마오이스트maoist; 마오쩌둥주의자도 만났다.
험난한 과정이었지만 비가 그친 후
산 중턱에 짙게 깔린 안개와 드물게 구름 사이로
빼꼼 모습을 드러내는 설산은 감동 그 자체였다.

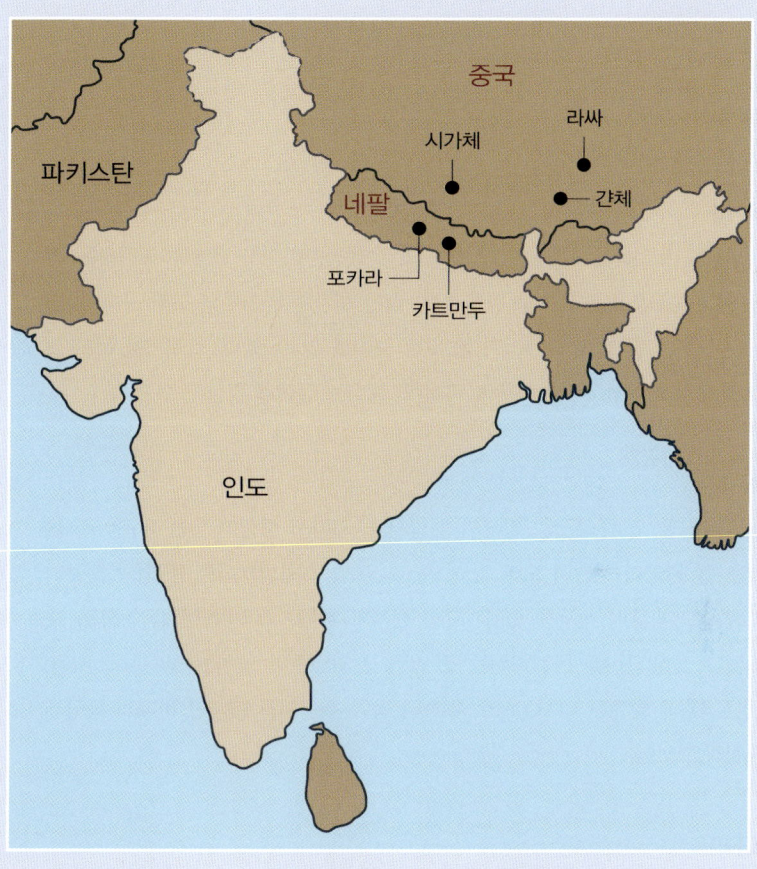

4장의 주요 여정: 네팔·티베트

포카라
안나푸르나 트레킹을 위한 베이스캠프다. 트레킹뿐아니라 고봉에 도전하는 전문 산악대원들이 모인다. 트레킹을 위한 입산 허가증 받기부터 포터 구하기, 등산에 필요한 각종 장비 마련하기 등 모든 준비를 할 수 있다. 트레킹을 하지 않더라도 페와 호수에서 뱃놀이하며 저 멀리 보이는 설산을 감상할 수 있다.

카트만두
네팔의 수도로 정치·문화·경제의 중심지다. 시가지 중심에 있는 더르바르 광장에는 옛 왕궁과 사원이 모여 있고, 보드나트와 스와얌부나트 등 외곽 곳곳에 오래된 유적지들이 산재해 있다. 도시 전체가 유네스코 세계문화유산으로 지정되었다. 히말라야를 등정하려는 전 세계 산악인들이 모이는 곳이기도 하다. 2015년 4월에 발생한 대지진으로 유적이 많이 훼손되긴 했지만 하나씩 복구해 재개장하고 있다.

코다리
네팔과 티베트의 국경도시다. 코다리에서 네팔 국경을 통과해 한참을 걸어가면 중국 쪽 국경 심사대가 나온다. 카트만두를 출발해 코다리에 거의 다다를 때쯤 거친 길을 만날 수 있다. 폭우라도 오면 길이 끊기는 사태가 발생한다.

라싸

티베트 제1의 도시다. 한때 달라이 라마의 거처였던 포탈라 궁이 라싸 중심에 자리잡고 있다. 조캉 사원과 세라 사원, 비구니 사원인 아니상쿵 등 티베트 불교의 사원을 볼 수 있다. 또 티베트 인들이 오체투지를 하는 모습을 시내 곳곳에서 볼 수 있다.

시가체

티베트 제2의 도시로 판첸 라마의 본거지다. 금색 지붕이 화려한 타쉬룬포 사원이 한눈에 들어온다. 네팔에서 티베트로 넘어와 처음으로 만날 수 있는 도시다운 도시다.

간체

라싸와 시가체에 이어 티베트 제3의 도시다. 1904년 영국군이 침공했을 당시 격렬한 전투가 벌어졌던 곳이다. 티베트인들이 영국군에게 저항하다 뛰어내린 절벽 위 요새 간체종 Gyantse Dzong과 판첸 라마 Panchen Lama가 공부했던 백거사 白居寺로 유명한 곳이다.

잠깐의 신선놀음

• • • •

밤새 무섭게 쏟아지던 비가 아침이 밝아오자 거짓말처럼 멈췄다. 6월부터 본격적으로 시작되는 우기를 조금이라도 피해보려고 인도에서 서둘러 네팔로 넘어왔다. 5월 말의 네팔은 이미 우기의 영향권이었지만 장마 때처럼 계속 비가 퍼붓는 건 아니었다. 잠깐씩 소나기처럼 비가 내리다가 언제 비가 왔냐는 듯 활짝 갰다. 그래도 파란 하늘에 하얀 눈으로 뒤덮인 히말라야 고봉들은 도도하게도 모습을 잘 드러내지 않았다. 구름 속에 숨어 있다가 아주 짧게 살짝 나타났다 재빨리 숨어버리곤 했다.

인도에서 국경을 넘어 네팔 포카라로 향한 것은 히말라야 산자락을 밟아보고 싶은 마음에서였다. 네팔은 에베레스트Everest,

칸첸중가Kanchenjunga, 초오유Cho Oyu, 마칼루Makalu, 안나푸르나Annapurna, 로체Lhotse 등 쟁쟁한 최고봉들을 품고 있다. 히말라야의 8천m급 14좌 가운데 8좌가 네팔에 위치해 있고, 6천m가 넘는 봉우리는 무려 1,300개가 넘는다.

그렇기에 네팔은 1년 내내 산악인들로 북적거린다. '등정 성공'이라는 헤드라인으로 세계 산악 역사에 길이 남을 사건들도 많았지만 아무 때나, 그리고 아무에게나 허락하지 않는 히말라야이기에 수많은 산악인들이 이곳에서 마지막 숨을 거두는 비운을 맞이하기도 했다.

우리는 많은 산군 중에서도 안나푸르나를 보기 위해 관문도시인 포카라를 택했다. 국경도시 소나울리에서 포카라까지 가는 길은 위험천만했다. 한쪽은 가파른 계곡이고, 다른 한쪽은 돌이 언제라도 굴러떨어질 것만 같은 돌벽 길이 구불구불 끊임없이 이어졌다. 복도도 모자라 지붕까지 승객을 실은 고물 버스는 터덜터덜 힘겹게 길을 달렸다. 뒤로 조금도 젖혀지지 않는 좌석에 앉아 8시간을 가려니 고생길이 따로 없었다.

그래도 차창 밖의 절경이 눈을 즐겁게 해주었다. 멋들어진 능선이 겹겹이 쌓여 한 폭의 수묵화를 연상시키고, 간혹 보이는 산골 마을의 소박한 모습들은 호기심을 자극했다. 버스 안의 승객들은 풍경을 보며 상념에 잠기거나 일행과 담소를 나누기도 했다. 나는 풍경을 즐기다가 이내 잠에 빠져버렸다.

네팔 버스는 지붕에
도 사람을 태운다.

 졸다가 차창에 머리를 부딪치기를 수십 번, 머리 한쪽이 얼얼해
질 때쯤 어둑어둑해진 포카라에 도착했다. 페와 호수를 따라 길쭉
하게 형성되어 있는 포카라의 아래쪽에 숙소를 잡았다. 다운타운
에서 좀 떨어진 한적한 곳이라 그런지 무척 조용했다. 이튿날 아
침에 눈을 뜨니 비가 방금 그쳤는지 공기가 상쾌했다. 창밖 풍경
을 바라보는데 호수 저편으로 살짝 설산이 보이는가 싶더니 금세
구름 뒤로 사라져버렸다.
 빠듯한 일정에 조금 지친 우리는 하루 정도 편히 쉬기로 결정했

▲ 잠깐 모습을 보여주고는 다시 구름 속으로 사라진 마차푸차레

▶ 해질 녘의 페와 호수

다. 어차피 트레킹을 떠나려면 준비할 시간도 필요했다. 빈둥거리면서 포카라 시내를 슬슬 둘러보기도 하고, 페와 호수 근처를 산책하기도 했다. 집 떠나 처음으로 느껴보는 여유로움이었다. 사람을 지치게 하는 더위도 없고, 진드기처럼 들러붙는 호객꾼도 없었다. 인도에서 빼놓았던 혼을 다시 찾은 느낌이었다.

저녁이 되자 페와 호수 너머로 해가 떨어지면서 주변이 붉게 물들기 시작했다. 배를 빌려 타고 잔잔한 페와 호수 한가운데로 나아갔다. 저 멀리 흰 눈으로 덮인 마차푸차레Machapuchare가 모습을 드러냈다. '생선 꼬리'라는 뜻의 마차푸차레는 정말 물고기 꼬리 모양으로 생겼다. 신성한 곳이라 등정을 금지하는 바람에 안나푸르나 산맥 가운데 유일하게 인간이 정복하지 못한 봉우리라고 한다. 그래서인지 붉은 노을을 반사해내는 마차푸차레 봉이 신비감을 더했다.

우기에 운 좋게 페와 호수 한가운데에서 구름 사이로 설산을 보고 있자니 신선놀음이 따로 없다. 여유롭게 주변 산책을 마친 우리는 다음 날 트레킹을 떠나기 위해 포터porter; 트레커의 짐을 운반해주는 사람를 섭외하고 루트를 짰다. 트레킹에 필요한 것만 챙겨서 다시 짐을 싸고 일찍 잠자리에 들었다. 설렘에 잠이 오지 않았다. 고강도 극기 훈련을 하게 될 줄은 상상도 못하고….

포카라에서 출발하는 트레킹 코스

안나푸르나 산군은 트레킹 코스로 유명하다. 최고봉인 안나푸르나는 높이가 8,091m로, 세계에서 열 번째로 높은 산이다. 안나푸르나는 1봉부터 4봉까지 있으며 모두 7천m 이상의 고봉들이다. 안나푸르나 사우스Annapurna South와 강가푸르나Gangapurna, 틸리초Tilicho, 닐기리Nilgiri도 7천m가 넘고, 마차푸차레와 히운출리Hiunchuli봉도 7천m에 가깝다. 안나푸르나는 이런 고봉들로 둘러싸여 있어 트레킹하는 내내 눈이 즐겁다.

변화무쌍한 산악지대 풍경, 구룽족 마을을 보는 재미도 쏠쏠하다. 때문에 트레킹을 위해 네팔을 찾은 이들의 2/3가량은 안나푸르나 지역을 찾는다. 트레킹 중간에 쉴 수 있는 롯지lodge; 트레커들이 묵는 집와 식당 등이 갖추어져 있다는 점이 전문 등반가뿐 아니라 일반인 트레커를 끌어들이는 요인이 된다.

안나푸르나 트레킹은 보통 포카라에서 시작한다. 그래서 포카라에는 언제나 등산객으로 넘쳐난다. 그 중에서도 트레킹을 하기 가장 좋은 시기는 9월 중순부터 11월 초순까지 이어지는 가을이다. 우기가 끝나고 파란 하늘을 배경으로 한 설산을 만끽할 수 있기 때문이다. 성수기인 만큼 전 세계에서 온 트레커들로 등산로가 붐빈다는 점은 각오해야 한다.

안나푸르나 트레킹 코스는 자신의 일정과 체력에 맞춰 짤 수 있다. 가장 쉽게 안나푸르나의 장관을 볼 수 있는 곳은 바로 푼힐Poon Hill 전망대다. 일출에 맞춰 오르면 안나푸르나 1·2·3봉과 마차푸차레, 히운출리까지 고봉 파노라마를 볼 수 있다. 포카라에서 나야풀Nayapul까지 차량으로 이동한 뒤 고레빠니Ghorepani까지 가서 푼힐 전망대를 보고 내려오는 코스로 대략 2박 3일 정도의 짧은 코스가 가능하다. 정식 트레킹을 원하는 이들은 MBC Machapuchare Base Camp, 마차푸차레 베이스캠프와 ABC Annapurna Base Camp, 안나푸르나 베이스캠프까지 가는 코스를 택하거나 안나푸르나 산악지역을 빙 도는 서킷circuit 혹은 라운딩이라고 부르는 코스를 선택하면 된다. 이 코스는 대략 10~20일가량 걸린다. 이 중 좀솜Jomsom에서 묵티나스Muktinath까지 이어지는 길은 트레커들이 하이라이트라고 부르는 구간이다. 서킷을 모두 돌기 힘든 경우 포카라에서 좀솜까지 비행기로 이동해 묵티나스까지 일부 구간만 트레킹할 수도 있다.

안나푸르나 트레킹을 하려면 안나푸르나 보존구역프로젝트ACAP 허가증을 받아야 한다. 포카라 사무소에 가서 받으면 2천 루피지만 안나푸르나 체크포인트에서 사려면 4천 루피로 값이 2배다. 미리 포카라나 카트만두의 ACAP 사무소나 여행사에서 사두는 것이 좋다.

또 2008년 1월부터 트레킹정보관리시스템인 팀스TIMS가 도입되면서 팀스카드도 필수가 되었다. 가이드나 포터와 동행하는지, 혼자 트레킹하는지에 따라 가격이 다르다. 비용은 대략 2천 루피 정도다. 여행사를 통해 가이드나 포터를 고용하면 여행사가 대행해주고, 개인의 경우 여행사에 신청하면 된다.

거머리 습격 사건

‥‥

드디어 트레킹을 떠나는 날! 밤새 뒤척이느라 잠을 거의 못 잤다. 안나푸르나를 안내할 포터는 약속된 시간보다 더 일찍 숙소에 와

거머리 퇴치에 빛을 발한 국방색 스타킹. 패션 테러리스트여도 괜찮아!

있었다. 이름은 하루카였다. 까무잡잡한 얼굴에 자그마한 몸집을 가진 하루카에게 커다란 배낭을 넘겨주기가 미안했지만, 그래도 산에서 다져진 몸이라 그런지 다부져보였다. 밤새 내린 비에 낮게 안개가 깔려 있었다. 배웅하러 나온 게스트하우스 주인이 '리치 leech: 거머리'를 조심하라고 단단히 일렀다. 우기에 트레킹을 하려면 거머리를 조심해야 한다는 것쯤은 알고 있었다.

택시를 타고 트레킹의 출발지점인 페디Phedi까지 갔다. 이제 본격적으로 산행 시작이다. 초반에는 수십 개의 가파른 계단을 쉴 새 없이 올라야 하는 코스였다. 가도 가도 끝이 없었다. 트레킹을 시작한 지 몇 분 지나지 않았는데 무릎이 쑤셔오기 시작했다. 힘들었지만 완주하기 위해 꾹 참았다. 그래도 고도를 높여갈수록 눈앞에 펼쳐지는 전경이 감탄스러움을 더했다.

계단 코스가 끝나자 걷기 편한 평지가 잠깐 이어지는 듯 하더니 정글 코스가 나타났다. 좁은 길을 따라 주렁주렁 늘어진 덩굴에다 밤새 내린 비 때문에 원시 열대림을 걷는 기분이 들었다. 가끔 얼굴이 간지러워서 보면 어디서 묻었는지 얼굴에 거미줄이 드리워져 있었다.

일행 중 한 명이 갑자기 소리를 질렀다. 발목까지 오는 양말에 물든 선명한 핏자국. 넘어진 적도 없고 까진 것도 아닌데 피가 많이 나 보였다. 하루카가 신발을 벗어보라고 했다. 이번에는 아까보다 더 큰 비명소리가 들렸다. 양말 속에서 지렁이를 1/10로 잘라 놓은 듯한 벌레 한 마리를 발견했기 때문이다. 거머리란다.

'거머리가 이렇게 생겼구나.'

신기한 것도 잠시, 허겁지겁 내 발목은 안전한지 확인해봤더니 다행히 아직은 무사했다. 이미 피를 많이 먹었는지 빵빵해진 거머리를 하루카가 떼어주었다.

그 후로는 앞을 보고 걷는 것이 아니라 발만 보고 걸었다. 그 전까지는 몰랐는데 나무 밑둥에 붙어 있는 거머리, 나뭇잎 끝에 고개를 쳐들고 있는 거머리, 바위 위를 기어가는 거머리 등 온갖 거머리가 눈에 들어왔다. 수시로 신발을 확인해가면서 걸으려니 산행이 10배는 더 힘들었다.

어느덧 점심시간이 되어 한 롯지에 들어가 점심을 시켰다. 우기라 그런지 롯지에는 우리 일행뿐이었다. 점심을 먹고 있는데 갑자기 창밖에서 무섭게 비가 쏟아졌다. 장대비였다. 비를 피해 트레커 2명이 롯지로 뛰어 들어왔다. 롯지 주인은 서양인 남자를 보자마자 양말을 가리키며 "리치!"라고 외쳤다. 이 남자는 한두 번이 아닌 듯 능숙하게 거머리를 제거했다.

점심을 다 먹었을 때쯤 비가 그쳐 다시 길을 나섰다. 오늘의 목적지는 비축데우랄리Bichuk Deurali로 정했다. 앞을 보고 몇 걸음 걷다가 다시 발을 내려다보고 거머리가 붙었는지 확인하는 식으로 2시간을 걸어 드디어 목적지에 도착했다. 이곳 롯지는 전기도 들어오지 않고, 물도 어디선가 떠오기 때문에 조금씩 아껴 써야 하는 곳이었다. 물론 샤워는 엄두도 못 냈다.

온몸이 쑤시는 듯 아팠다. 아직 밖이 환했지만 짐을 풀고는 쓰러져 정신없이 잤다. 얼마를 잤을까, 문을 두드리는 소리에 깼다. 하루카가 저녁 먹을 시간이라며 나를 깨웠던 것이다. 밖이 어둑어둑한 걸 보니 저녁 시간이 맞나보다. 하루카가 안내한 곳은 롯지 가족들이 사용하는 부엌이었다. 투숙객을 위한 식당이 따로 있었지만 워낙 비수기라 손님이 없어서인지 부엌으로 안내되었다. 옛

우기의 안나푸르나 전경(좌)과 지친 등산객들을 맞아주는 롯지(우)

날 부뚜막 같은 분위기였다. 전기가 들어오지 않는 탓에 촛불과 호롱불에 의지해야 했지만 여주인은 능숙한 솜씨로 뚝딱 요리를 해냈다.

온 가족이 둘러앉아 우리가 밥 먹는 모습을 쳐다봤다. 시부모·아들·며느리·아이까지 3대가 모여 사는 이 가족에게는 비수기에 간간이 찾아오는 우리 같은 손님이 무척 반가운가보다. 아침부터 속이 좋지 않았던 탓에 밥도 제대로 먹지 못하고 약으로 버티고 있던 터라 몇 숟가락 못 뜨고 수저를 내려놓았다. 아무도 피해 갈 수 없다는 설사병 델리 벨리를 앓고 있었던 것이다.

갑자기 배에서 신호가 와서 한 손에는 플래시, 한 손에는 화장지를 들고 숙소 앞에 있는 화장실로 향했다. 전기가 없다는 것은 여간 불편한 게 아니었다. 손이 3개였으면 좋겠다는 생각을 하면서 볼일을 봤다. 일을 치르고 다시 방으로 돌아왔는데 아킬레스건 있는 쪽이 가렵기 시작했다. 긁적거리는데 왠지 내 피부가 아닌 듯했다. 촛불에 비춰보니 빵빵해진 거머리 한 마리가 떡하니 붙어 있는 게 아닌가!

정신이 혼미해졌다. 오늘 하루 거머리로부터 잘 방어했다고 자부했는데 잠깐 방심한 사이에 공격을 당한 것이다. 양말도 안 신고 운동화를 구겨 신은 채 화장실을 다녀온 게 빌미가 된 모양이다. 거머리는 잘 떨어지지도 않았다. 한바탕 소란을 피우고 나서야 간신히 거머리를 떼어낼 수 있었다. 살려두면 다시 스멀스멀 기어올라와 몸에 달라붙을 것 같아서 눈을 질끈 감고 발로 밟았다. 순간 바닥에 선혈이 낭자해졌다. 저것이 다 내 몸에서 나온 피일 텐데…. 아무리 지혈을 해도 피가 멈추지 않았다. 아침부터 거의 먹지 못한 데다 굶주린 거머리들에게 헌혈까지 하고 나니 갑자기 어지러워졌다.

이튿날에는 특단의 대책을 썼다. 바로 스타킹! 일행 중 한 명이 거머리를 막는 데 스타킹이 최고라는 정보를 듣고 몇 개 챙겨온 것이다. 서울 거리에서는 절대 신지 못할 것 같은 국방색 스타킹이었다. 양말 안으로 바지를 집어넣고 그 위에 스타킹을 신어 무릎까지 끌어올렸다. 여기에 구두까지 신으면 딱 1970년대 아저씨 스타일이다. 등산화를 신는다고 촌스러움이 사라지진 않았다. 폼은 안 났지만 거머리로부터는 확실히 안전했다. 국방색 스타킹 덕분에 이제는 바닥을 보기보다는 한 폭의 수채화 같은 안나푸르나를 감상하면서 트레킹할 수 있는 여유가 생겼다.

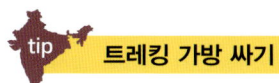

tip 트레킹 가방 싸기

짐은 숙소에 맡기고 가급적 간편하게 짐을 꾸리는 것이 좋다. 평소에는 전혀 무겁지 않게 느껴지는 가방도 오르막길을 6~7시간 오르다 보면 어깨를 짓누르는 애물단지로 변신하기 때문이다. 밤에 노래를 들으면서 일기를 쓰겠다며 일기장과 스피커를 챙기거나 매일매일 옷을 갈아입겠다고 옷을 한가득 넣는다면 아마 트레킹하는 도중에 버리고 싶은 충동을 느낄 것이다.

포터를 고용한다고 해도 포터가 질 수 있는 무게에는 한도가 있다. 보통 15~20kg 정도며, 포터가 질 수 있는 짐 무게가 많을수록 비용도 올라간다.

일단 체크포인트를 통과하기 위한 팀스카드·퍼밋·여권은 기본적으로 몸에 지니고 다녀야 한다. 등산장비도 착용해야 한다. 등산화를 신고 등산스틱을 가져가는 것이 좋다. 옷도 추위를 대비해 든든히 가져갈 필요가 있다. 낮에는 더워도 밤에는 쌀쌀하다. 숙소에 난방이 안 되는 경우가 많아 핫팩이 간절히 생각날 수도 있다.

특히 안나푸르나 베이스캠프까지 가거나 서킷을 돌려면 어느 계절에 트레킹을 하건 두꺼운 오리털 침낭과 패딩점퍼, 아이젠 같은 동계용 등산장비는 필수다. 고도가 높아질수록 추위가 심해지니 체온 조절에 신경써야 한다.

등산장비를 서울에서부터 준비해갈 필요는 없다. 포카라에는 등산용품점이 많으니 이곳에서 구입하거나 대여하면 된다.

고도 3천m를 넘어서면 고산병을 앓을 수도 있으므로 미리 약을 먹는 것이 좋다. 또 무리한 트레킹으로 근육통을 느낄 수 있으니 근육이완제나 파스도 챙기자.

트레킹을 하는 중에는 씻지 못하는 경우가 많으므로 세면도구를 무겁게 챙겨갈 필요는 없다. 위로 올라갈수록 전기 사정이 좋지 않기 때문에 헤드랜턴이 도움이 많이 되며, 트레킹 중간 중간 허기를 달랠 수 있는 초콜릿바나 에너지바도 있으면 좋다. 우기에 간다면 일회용 우비도 필요하다. 우산으로는 배낭까지 커버할 수 없는 데다 손이 자유롭지 않아 불편하고, 무게도 나가서 추천하고 싶지 않다. 고도가 높아질수록 자외선이 강해지니 선글라스와 선크림도 챙겨야 한다. 이렇게 필요한 짐만 챙겨도 배낭은 무거워진다.

길이 그다지 복잡하지 않기 때문에 혼자 트레킹에 나서는 것도 가능하지만, 초행이라면 되도록 포터나 가이드와 함께하는 것을 추천한다. 일단 길을 잃어버릴 수 있다는 불안감에서 해방될 수 있고, 무거운 짐에 대한 부담도 덜 수 있다. 간혹 가이드 또는 포터가 통역사나 훌륭한 친구가 되어주기도 한다.

하루 트레킹 거리를 적당히 조절하는 데에도 포터의 도움이 절대적이다. 대충 숙소가 어디쯤 있는지 알기 때문에 "오늘은 여기까지만 걷고 이 숙소에서 묵자."라고 제안한다. 포터나 가이드는 묵고 있는 숙소에 부탁하거나 여행사에서 신청해 구할 수 있다.

구룽족의 파티

. . . .

'태풍이 오나? 내일 트레킹은 제대로 할 수 있을까?'

밤새 내리는 빗소리에 여러 번 잠에서 깼다. 억수같이 쏟아지는 비와 오밤중에도 울어대는 닭 때문에 선잠이 들었다가 깼다가를 수차례 반복하다 결국 일어났다. 시계를 봤더니 아침 6시 반이었다. 창문을 열어 보니 가시거리가 2m도 안 되는 듯했다. 앞이 온통 안개로 뽀얗다. 일출은 고사하고 까딱 하다가는 롯지에 발이 묶이게 생겼다.

다행히 10시쯤 비가 멈추고 안개도 어느 정도 걷혀 채비를 하고 길을 떠났다. 2일차 트레킹의 시작은 내리막길이었다. 오르막이나 내리막이나 힘들기는 마찬가지였다. 비가 온 다음이라 그런지 밀림을 탐험하는 기분이었다. 흔들다리 밑으로 보이는 계곡에는 물이 무섭게 소용돌이치면서 흐르고 있고, 산등성이에는 운해가 낮게 깔려 있었다.

좁은 길을 따라 걷다 보니 어느새 마을이 나오고 사람들이 하나둘씩 보였다. 어느 지점부터인가 이곳 주민들의 생김새와 옷차림이 점점 하나로 통일되어갔다. 얼굴선과 이목구비가 굵직굵직한 인도 계통의 사람들은 사라지고, 밋밋한 몽골 계통의 사람들이 대부분이었다. 옷도 티셔츠에 수건을 두른 듯한 치마, 그리고 조끼로 단일화되어 있었다. 알고 보니 그들은 네팔의 소수민족 중 하나인

카메라를 보고 신나서 모여든 산골 마을 아이들

구룽족이었다.

 산골짜기인데도 마을에는 없는 게 없었다. 학교도 몇 군데 지나쳤다. 이런 산골 마을에 학교가 있는 것도 신기했지만, 흑장미색 교복을 입고 있다는 것도 놀라웠다. 산골이지만 체계적인 교육시스템이 갖춰져 있다는 느낌이 들었다. 마침 쉬는 시간이었는지 학교 교문을 따라 아이들이 우르르 몰려나왔다. 카메라를 들이댔더니 몇 명이 와서 렌즈 앞에 섰다. 한 장 찍고 나니 또 몇 명이 다가

왔다. 그러고는 서로 앞에 서서 찍겠다고 자리다툼을 했다. 얼굴에는 장난기 가득한 웃음이 번졌다.

얼떨결에 수십 장을 찍었다. 즉석카메라가 있었으면 아이들에게 멋진 선물을 줄 수 있었을 텐데 하는 아쉬움을 남기고 갈 길을 재촉했다. 한참을 걸었는데 아까 사진 모델 중 하나였던 아이가 앞질러 가면서 인사를 했다. 슬리퍼를 신었는데도 종종걸음으로 빨리도 걷는다. 역시 산에서 자란 아이다웠다. 그리고 보니 트레킹을 시작하고 나서 간간이 만난 이곳 주민들 중에 등산화나 운동화를 신고 있는 사람은 없었다. 심지어 트레킹 초반에는 치렁치렁하게 사리를 차려 입었거나 헐렁한 펀자비를 입은 여인들이 굽이 있는 샌들을 신고 산을 타는 모습도 봤다. 산골 마을에서 사는 사람들이라 다르긴 한가보다.

하루 종일 걸어 오후 3시쯤 목적지인 란드룩Landruk에 도착했다. 짐을 풀고 늦은 점심을 먹은 뒤 침대에 침낭을 깔았지만 어제처럼 바로 곯아떨어지지는 않았다. 이제 조금씩 몸이 적응을 하나보다. 전날 못 씻은 탓에 일단 씻었다. 상쾌한 기분으로 방 앞에 의자를 가져다 놓고 책을 읽기 시작하는데 갑자기 포터 하루카가 소란스럽게 불러댔다. 마당으로 뛰어나가 하루카가 가리키는 곳을 봤더니 살짝 모습을 드러낸 설산이 눈에 들어왔다.

처음에는 히운출리의 뾰족한 봉우리만 드러냈는데 구름이 조금씩 왼쪽으로 이동하자 안나푸르나 사우스가 모습을 드러냈다. 트

간밤에 비가 세차게 오더니 아침 산등성이에 안개가 자욱하게 꼈다.

레킹하는 동안 꼭꼭 숨어 있던 설산이 이제서야 눈앞에 나타난 것이다. 그러나 모습을 완전히 다 보여주지는 않고 몸 한 부분은 꼭 구름 뒤에 숨기고 있었다. 마치 "어디 감히 나의 모습을 눈 똑바로 뜨고 다 보려 하느냐."라고 말하는 것 같았다. 해가 뉘엿뉘엿 져서 어둠이 깔리기 시작했는데 설산 근처만 유난히 빛나니 신비로웠다. 하루카도, 롯지 주인아주머니도, 지나가던 동네 아저씨들도 모두 우리를 보고 운이 좋다고 말했다. 우기에 저런 풍경을 보기 힘들다는 것이다.

설산의 모습에 넋을 놓고 있는데 누군가 아는 척을 했다. 어제 묵었던 비촉데우랄리 롯지의 주인아저씨였다. 왼쪽 가슴에는 꽃 장식을 한 이름표 같은 것을 달고 있었다. 비촉데우랄리 롯지부터 우리 걸음으로 5시간 정도의 거리에 있는 이곳까지 왜 왔는지 물어보니 오늘밤 이 근처에서 파티가 열린단다. 근처 계곡에 새로운 다리를 놓는데 산동네 주민들이 힘을 모아 직접 건설하고 모금도 한다고 했다. 가슴에 꽃장식의 이름표를 붙인 사람들이 많이 보였는데 모두 다리 건설 때문이었나보다.

정말 밤 10시가 되자 북소리와 노랫소리가 들리기 시작했다. 파티는 어떻게 하나 괜히 궁금해졌다. 누가 초대한 것도 아닌데 일행과 함께 소리를 따라 찾아가봤다. 마당에 모여 앉아 노래를 부르고 춤을 추던 주민들은 우리를 보자 의자를 가져다주며 앉을 자리를 마련해주었다. 귀빈대접이다.

이곳의 파티는 참 단순했다. 누군가 한 소절 선창하면 북소리에 맞춰 다 같이 부른다. 그 단순한 노래에 맞춰 몇 명은 앞에 나와 춤을 추기도 한다. 춤을 추라고 잡아끄는 사람은 없다. 그저 추고 싶은 사람이 나와서 춤을 춘다. 정해진 춤사위도 없었다. 그냥 리듬에 몸을 맡기며 흐느적거리는 춤이었다.

파티를 찬찬히 살펴보는데 특이한 점이 있었다. 앉아서 노래를 부르는 사람들도, 나와서 춤을 추는 사람들도 모두 여자였다. 남자들은 그저 뒷짐 지고 관망했다. 그러고 보니 안나푸르나 트레킹을 하면서 수많은 경작지를 지나쳤는데 밭에서 일하는 사람들은 대부분 여자였다. 롯지에서 일하는 사람들도 모두 여자였다. 요리는 물론이고 청소와 정리정돈까지 여자의 몫이었다. 그래서 파티도 여자들 차지였는지 모르겠다.

네팔의 소수민족

네팔인은 대부분 아리아인이지만, 소수민족도 많다. 가장 익숙한 소수민족은 셰르파족 Sherpa 일 것이다. 주로 에베레스트 산기슭에 거주하면서 히말라야 등반대의 가이드나 포터 역할을 한 덕에 지금은 등반대를 돕는 이들을 칭하는 보통명사처럼 쓰이기도 한다.

이들은 티베트인 계열로 모험심이 많은 산악가 기질을 가지고 있으며, 고소 적응능력이 뛰어나 산악 원정대 안내를 맡기에 제격이다. 1953년 에베레스트에 최초로 오른 에드먼드 힐러리 Edmund Hillary 도 당시 텐징 노르가이 Tenzing Norgay 라는 셰르파인과 함께였다.

그 다음은 수도인 카트만두 근처에 주로 거주하는 네와르족 Newars 으로 네팔 전체 인구의 7%를 차지하는 토착민 중 하나다. 오늘날 정치·경제·문화 등을 주름잡고 있다.

구룽족도 유명하다. 구룽은 티베트어로 농부를 뜻하는 '그룽 grung'이라는 말에서 비롯되었다. 티베트-미얀마 계열로 안나푸르나 산 중턱에 주로 거주한다. 과거에는 용병으로 명성이 높았다. 영국이 인도를 통치했던 시대에 네팔에서 용병을 모집해 조직했던 구르카군의 상당

> 수도 구룽족이었다. 안나푸르나 트레킹을 하다 보면 구룽족들을 쉽
> 게 만날 수 있다.
>
> 이밖에도 라이·림부·머가르·타루·타망·수누와르 족 등이 있다.

마오이스트의 싱거운 협박

. . . .

안나푸르나 트레킹의 마지막 날이 다가왔다. 아침에 유난히 날씨가 맑아 설산을 제대로 볼 수 있을까 기대했는데, 하늘이 어둑어둑해지더니 어느새 온통 먹구름으로 뒤덮였다. 이내 한 방울 한 방울씩 빗방울이 떨어졌다. 비도 피할 겸 늦은 점심을 먹으러 롯지에 들어갔다. 늘 그랬듯 콜라 하나를 시키고 티베탄 브래드를 주문했다. 걸을수록 힘이 달려 든든히 먹어두어야겠다는 생각뿐이었다. 후드득 떨어지던 빗방울이 이제는 빗줄기가 되어 양철판으로 된 지붕을 요란스럽게 두드렸다.

비가 그치길 한참 기다렸다. 시간이 지나자 비가 좀 잦아들면서 해가 또 빼꼼 얼굴을 내밀었다. 날씨가 변덕을 부리기 전에 서둘러 갈 길을 재촉했다. 비 온 뒤 하늘은 눈이 부시게 푸르고 맑았다. 한쪽으로는 히말라야 산맥에서 녹아내린 물이 계곡이 되어 흐르고, 다른 한쪽은 녹색 물감으로 문질러 칠한 듯 푸르른 숲이 보였

우기라 시시때때로 비가 쏟아진다. 급하게 피할 곳이라도 있으면 다행이다.

다. 눈이 즐거웠다. 각종 소똥과 염소똥, 당나귀똥을 이리저리 피해 걸어야 하는 재미도 있었다.

그런데 하늘이 또다시 먹구름으로 뒤덮이더니 빗방울이 떨어지기 시작했다. 저 먼 곳까지 온통 짙은 회색이었다. 쉽게 그칠 비는 아닌 것 같은데, 우리의 포터 하루카는 롯지에 들어갈 생각을 안한다. 결국 빗줄기가 굵어지자 어느 짓다 만 집으로 뛰어 들어갔다. 골격만 갖추어져 있을 뿐 내부공사는 아직 시작하지 않은 듯

싶었다. 여기저기 목재와 톱가루가 널려 있고, 무시무시한 톱이 벽에 걸려 있었다. 그 안에서 비가 그치길 기다리며 한참을 그렇게 빗줄기를 보고 있는데 아이 셋이 뛰어 들어왔다. 앞에 보이는 허름한 집에 사는 아이들인 듯했다.

눈이 마주치기가 무섭게 상처가 난 다리를 들이대며 "메디신."이라고 짤막한 단어를 내뱉었다. 진물이 나와 곪기 일보직전이었다. 어쩌다 이 지경이 되도록 내버려뒀나 싶을 정도였다. 상처에 바르는 연고를 꺼내 발라주고 밴드를 붙여줬더니 지켜보던 아이들이 너도 나도 상처를 내민다. 손·팔목·정강이·무릎 등 상처가 다 아문 곳도 연고가 무슨 만병통치약이라도 되는 양 여기저기 발라달라고 졸라댔다. 심리적 효과라는 것도 있으니 내미는 족족 연고를 바르고 밴드를 붙여줬다. 그리고 남은 연고와 밴드를 한 아이의 손에 쥐어주었다.

그런데 아이들은 고맙다는 표현을 전혀 하지 않았다. 외국인 트레커들을 늘 이렇게 치료해주고 약도 주는 존재로 알고 있나보다. 아이들에게 "이럴 땐 '땡큐'라고 말하는 거야."라고 말해주고는 다시 길을 나섰다. 왠지 모를 찜찜함이 쉬이 가시지 않았다.

한참을 걷자 멀리 다리가 보였다. 이 강을 건너면 우리의 마지막 목적지인 나야풀에 도착한다. '이제 이 고생스러운 트레킹도 끝이 보이는구나. 바그룽Baglung 자동차도로까지만 가면 편하게 차를 타고 게스트하우스에 가서 쉴 수 있겠다.'라고 생각하던 찰나, 다리 앞에서 몇몇 사람들에게 가로막혔다.

하루카가 그들과 네팔어로 뭐라 뭐라 이야기하는 동안 다리 위에 늘어져 있는 빨간 천과 그 끝에 적혀 있는 'MAOIST'라는 글자가 내 눈에 들어왔다. 하루카가 오더니 1인당 1천 루피를 내야 한단다. 이게 웬 강도인가 싶었다. 우리는 이미 네팔 관광청에 2천 루피나 내고 퍼미션을 받았는데 또 돈을 내라고 하니 좀 억울하다는 생각이 들어서 따졌다. 그도 그럴 것이 마오이스트라고는 하지만 사실 조금 만만해보였다. 꾀죄죄한 하얀 남방을 입은 키 작은 남자, 눈가에 주름이 자글자글한 이 몽골계 남자는 키가 나보다도 훨씬 작아서 내려다봐야 했다. 그리고 그 옆에는 어디서 좀 놀았을 듯한 시커먼 얼굴의 남자가 배시시 웃고 있었다. 험악한 표정을 지어도 무서울까 말까인데 계속 미소를 날렸다. 마지막으로 남색 사리를 곱게 차려입은 여인은 반군 같은 분위기가 어디에서도 느껴지지 않았다.

논리적으로 왜 돈을 내야 하는지 설명하라며 한참을 따졌지만 먹히지 않았다. 그래서 이번에는 돈이 없으니 배째라 모드로 돌입했다. 나야풀에서 택시를 타고 숙소로 돌아가야 하는데 택시비 빼면 남는 돈이 없다고 둘러댔다. 반군이면 소지품이나 지갑 검사를 할 만도 한데 아주 쿨하게 둘이 합해서 1천 루피로 깎아주겠다고 제안했다. 여전히 못 내겠다고 버티고 있는데 저쪽에서 키가 훤칠한 한 남자가 다가왔다. 민소매에 야구 모자를 푹 눌러 쓴 이 남자

나야풀로 가기 위해 건너야 하는 다리. 그 위에 마오이스트가 쓴 붉은 천이 걸려 있다.

는 오자마자 국적을 묻더니 똑같은 내용을 설명했다.

"마오이스트는 네팔 제2의 정부다. 안나푸르나 지역은 마오이스트가 접수했다. 관광청에서 받은 퍼미션은 여기서 소용없다. 그러니 통행료를 내라. 돈을 내고 티켓을 끊으면…"

중간에 말을 자르고 끼어들었다.

"이미 다 들은 내용이라 알고 있거든. 하지만 문제는 돈이 없다는 거야."

남자는 움찔하는 듯했다. 기세를 몰아 좀더 억양을 높여서 따져

▶ 저 멀리 어슴푸레 마차푸차레가 보인다.

▼ 해질 녘의 나야풀. 노을이 몽환적인 분위기를 만들어냈다.

볼까 하는 찰나, 남자의 허리춤에 있는 권총이 눈에 들어왔다. 이러다 반군에게 잡혀서 억류당하는 게 아닌가 하는 생각이 순간 머리를 스쳤다. '가늘고 길게 살자.'라는 좌우명을 잠시 잊고 있었구나! 바로 자세를 고쳐 읍소 전략으로 나갔다.

이 남자는 얼마를 낼 수 있냐고 물었다. 둘이 합쳐서 500루피면 낼 수 있다고 했더니 흔쾌히 오케이를 외친다. 의외로 쉽게 풀렸다고 생각하면서도 '아, 좀더 싸게 불러볼 걸.' 하는 생각이 들었다. 사람의 마음이 참 간사하다.

우리는 처음에 불렀던 통행세의 1/4만 내고 다리를 건널 수 있었다. 건너자마자 쭉 늘어서 있는 상점들이 보이고 중국 노래가 들려왔다. 여기가 과연 반군 관할 지역이 맞나 싶을 정도로 너무 평화로웠다.

트레킹을 시작할 때 포카라 시내에서 단체 구보를 하는 정부군을 봤다. 반군과 그들이 오버랩되면서 많은 생각이 들었다. 포카라 시내는 정부군 관할이지만 안나푸르나 산악지대는 반군이 접수한 곳이 많다. 고레빠니, 촘롱Chomrong, 타다파니Tadapani 등 주요 포인트마다 각각 다른 마오이스트들이 통행료를 징수한다. 그러나 어느 곳에서든 한 번만 통행료를 지불하면 나머지 곳에서는 영수증으로 통과할 수 있다.

반군은 나름의 시스템과 원칙을 가지고 움직였다. 외국인에게 해코지를 하는 법이 없으며, 마오이스트 정당이 있는 국가인 페루·

호주·일본·스리랑카 등의 국민에게는 통행료도 면제해준다고 한다. 또 안나푸르나 지역에서 롯지와 레스토랑을 운영하는 이들에게는 세금도 줄여주었다고 한다. 하루카는 솔직히 마오이스트들이 정권을 잡았으면 좋겠다고 말했다.

비를 맞으면서 걷다 보니 어느새 바그룽 자동차도로에 도착했다. 800루피에 흥정해 포카라까지 가는 택시를 잡아탔다. 택시를 타고서도 한참을 달렸다. 이제 밖에는 완전히 칠흑 같은 어둠이 깔렸다. 짧은 시간 고생스러웠지만 많은 경험을 안겨준 트레킹은 그렇게 끝이 났다. 택시 안에서 나는 다음에는 꼭 안나푸르나를 한번 빙 돌아보겠다는 다짐을 했다.

tip 마오이스트는 누구인가

마오이스트는 1996년 마오쩌둥의 공산주의 이론을 따르는 마오쩌둥주의자들을 일컫는다. 중국화된 마르크스-레닌주의라고 할 수 있다. 즉 이념상으로는 마르크스와 레닌이 확립한 공산주의를 중국 현실에 짜맞춰 농민을 중심으로 한 혁명방식을 말한다. 마오이즘은 인도 공산당과 네팔 공산당에 의해 채택되기도 했다. 특히 네팔에서는 정부군과 마오이스트 간 내전이 12년간 이어질 정도로 마오이스트들이 세를 불렸다.

네팔은 1951년 절대왕정에서 입헌군주제로 전환했고, 1990년 다당제 민주정으로 개혁했다. 하지만 국민들의 기대와는 달리 카스트 제도에 따른 불평등과 가난이 이어지면서 마오이스트 반군이 득세하기 시작했다. 1996년 2월 약 200명으로 출발한 마오이스트 반군이 정부를 공격하기 시작했고, 이후 12년간 정부군과 마오이스트 간 내전이 이어졌다.

2005년 마오이스트들은 네팔 정부에 대해 일방적으로 3개월간의 휴전을 선언했다. 하지만 네팔 정부는 이전에도 휴전 선언이 지켜지지 않아 지속적인 평화로 이어지지 못했다는 점을 들어 조심스럽게 행동했다. 결국 2006년 정부가 휴전 선언에 상응한 조치를 취하지 않았다는 점을 이용해 마오이스트들은 휴전 종료를 선언하고 폭력활동을 재개했다.

2006년 11월 정부군과 마오이스트 간 제2차 합의를 통해 평화협정이 체결되면서 내전이 끝났으며, 입헌군주제도 공식적으로 폐지되었다. 이후에도 곳곳에서 충돌은 계속되었지만 2008년 4월 제헌의회 선거에서 마오이스트 반군이 총 601석 중 217석을 확보해 승리했다. 제1차 제헌의회에서 공화국 선포안을 승인하면서 정식 국명을 네팔연방민주공화국으로 바꿨다.

2008년 7월 초대 대통령으로 의회 제2당이었던 중도파 네팔회의와 2개 군소정당 지지로 람 바란 야다브Ram Baran Yadav가 선출되었다. 하지만 실질적인 권한을 가진 총리에는 전 반군 지도자였던 프라찬다Prachanda가 취임하면서 마오이스트가 정권을 장악했다.

2년 내에 헌법을 제정할 예정이었지만 계획이 늦어지면서 람 바란 야다브 대통령이 7년간 대통령직을 수행했고, 2015년 두 번째 대통령에 비디아 데비 반다리Bidhya Devi Bhandari 통합마르크스레닌주의 네팔공산당 부총재가 당선되었다. 네팔 사상 첫 여성 대통령이 탄생한 셈이다.

네팔 의사의 자존심

‧ ‧ ‧ ‧

 네팔에서 병원을 슈퍼마켓 드나들 듯했다. 한국에서는 병원 가는 일이 분기별 행사였는데, 먼 타국에서 1년 치 병원 방문을 미리 몰아서 한 느낌이다. 그래도 아파서가 아니라 환자 보호자로 방문한 게 다행이다. 일행 중 한 명이 아파서 입원까지 했는데 그녀가 낫자마자 또 다른 한 명이 앓아누웠다.

 처음 K양을 데리고 병원에 갔던 날 까무잡잡한 얼굴에 땅딸막한 의사가 야간 당직을 서고 있었다. 자신을 라잔이라고 소개한 이 의사는 이런 경우를 수없이 봐왔다는 듯 능수능란하게 환자를 다루었다. 말할 기운도 없는 K양을 대신해 의사에게 그녀의 증상을 말해주었다. 설사가 멈추질 않고 기운이 하나도 없으며, 구토 증세와 복통이 있다고….

 그러자 라잔이 갑자기 'stomachache'에서 제동을 건다. 머리 아픈 건 'headache'가 맞는데 배가 아픈 건 'stomach pain'이란다. "너 그거 몰랐지?" 하는 표정을 지으며 의기양양하게 재차 강조한다. 사전에도 나오는데 무슨 소리냐고 했더니 단어 실력이 실망스럽다며 자꾸 우겼다. 환자를 앞에 두고 작은 실랑이가 벌어졌다. 너무 강하게 우기니까 혹시 의학용어는 다른가 하는 생각에 살짝 자신이 없어졌다. "한국에서는 stomachache라고 쓰는데…." 하며 말꼬리를 흐리고는 치료나 빨리 해달라고 했다.

그리고 이튿날 아픈 K양은 숙소에 남아 쉬기로 하고 우리는 트레킹을 떠났다. 트레킹에서 돌아와서 보니 혈색을 되찾은 그녀는 언제 아팠냐는 듯 아무거나 잘 먹었고 생기발랄했다. 그런데 이번에는 트레킹을 같이 떠난 L양이 시름시름 앓기 시작했다. 트레킹하는 내내 소화가 안 된다며 잘 먹지도 못하더니 결국 탈이 난 것이다.

아침 일찍 눈을 뜨자마자 병원을 찾았다. K양도 같이 가겠다고 따라나섰다. K양은 그새 라잔에게 살짝 반한 모양이다. 병원을 처음 찾았을 때는 아파서 정신이 없었는데 원기를 조금 회복하고 나니 라잔이 무척이나 멋있어 보이더라는 것이다. 그녀의 말을 들어보니 입원해 있는 동안 라잔이 그녀를 굉장히 챙겨준 듯했다.

그러나 아쉽게도 라잔은 병원에 없었다. K양은 무척 실망하는 눈치였다. 대신 키가 훤칠한 젊은 의사가 자리를 지키고 있었는데 K양은 그에게 눈길 한 번 주지 않고 계속 라잔 이야기만 했다.

이 키 큰 의사는 L양에게 증상을 묻고 맥박을 재더니 그냥 알약 두 알과 물에 타먹는 탈수방지제를 처방해주었다. 주사나 링거액을 맞을 정도는 아니란다. K양이 처음 병원을 찾았을 때 라잔은 피검사를 비롯해 몇 가지 검사를 하고 증상을 세세하게 물었는데, 이 의사는 외모만 훤칠했지 영 성의가 없었다.

처방해준 약을 먹었는데도 도통 나아질 기미가 보이지 않자 결국 L양은 다음 날 아침 일찍 또 병원을 찾았다. 이번에도 K양은 동

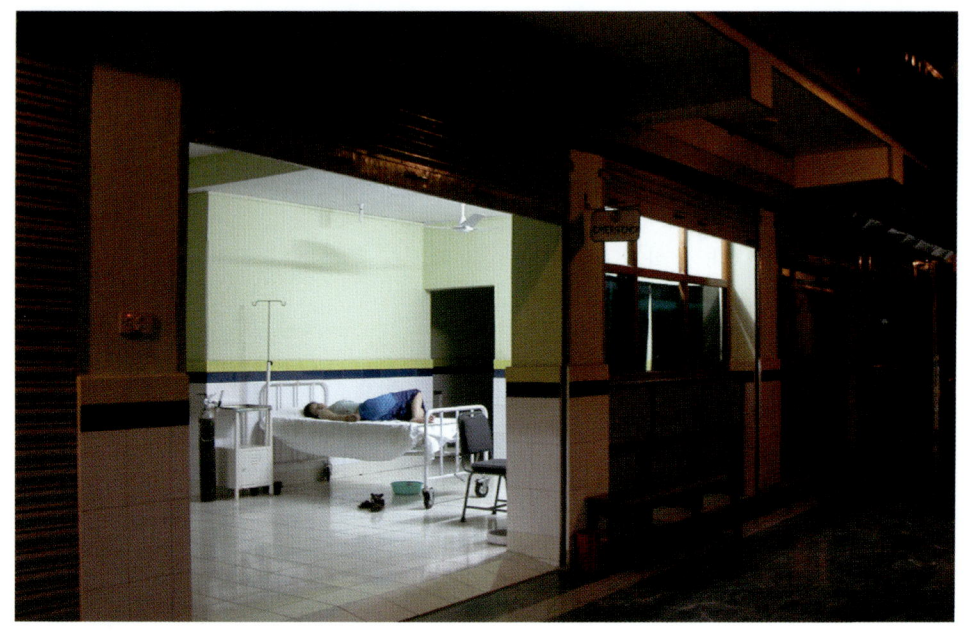
네팔 포카라 병원의 소박한 입원병동

행했다. 병원을 들어서자마자 라잔이 보였다. 밤새 당직이었나보다. K양의 얼굴에 화색이 돌았다. 반갑게 뛰어가 인사를 건넨 K양에게 라잔은 몸은 어떤지, 약은 계속 먹고 있는지, 밥맛은 있는지 꼼꼼하게 물어보았다. 어제 본 의사보다 훨씬 자상했다. L양의 진료 차례가 되자 라잔은 L양에게도 입원해서 링거액을 맞을 것을 권했다. 진료를 마친 라잔은 퇴근시간이 되었는지 병원 앞에 세워둔 멋진 오토바이에 올라탔다. 그러고는 자신의 것이라고 한껏 자랑을 한 뒤 붕 떠나버렸다.

L양은 라잔의 권유대로 환자 4~5명이 누워 있는 입원실에서 침대 하나를 차지했다. 링거액을 맞으려는데 간호사도, 회진을 돌던 노련한 의사도 그녀의 팔에서 핏줄을 찾지 못해 3번이나 링거 바늘을 찌르고 빼기를 반복했다. 차마 못 볼 일이다. 뭔가 불신에 가득 찬 L양 표정도, 미안함에 가득 찬 의료진 얼굴도 모두 안타까웠다. 타국에서 아픈 게 서러웠는지 L양은 갑자기 울기 시작했다. 우리는 그녀를 다독이며 위로해주었고, 그녀는 한참을 울다 지쳐서 잠이 들었다.

잠든 그녀가 편히 쉴 수 있게 밖으로 나와 점심을 먹고 여기저기 돌아다녔다. 어둑어둑해질 때쯤 한국 식당에 들러 L양에게 먹일 죽을 사서 병원으로 향했다. L양은 푹 잤는지 어느 정도 진정이 된 것처럼 보였다. 야간 당직을 서기 위해 출근한 라잔이 입원실을 둘러보다 우리에게 다가와 이것저것 물었다. 여행 일정이 어떻게 되냐, 어디 어디 가봤냐, 직업이 뭐냐 등 아주 기초적인 질문을 던지던 라잔이 대뜸 여행 경비가 어느 정도냐고 물었다.

"2천~3천 달러 정도 생각하고 있어."

흠칫 놀라는 눈치다. 이번에는 한 달 월급이 얼마냐고 물었다.

"대졸 초임 연봉이 보통 2만 달러는 넘어."

얼렁뚱땅 답했는데 부러워하는 기색이 역력했다. 라잔에게 월급이 얼마냐고 묻자 바로 답하지 않고 네팔에서 의사라는 직업이

상당히 엘리트에 속하며 고소득층이라고 설명했다. 서론이 길다.

"그래서 얼만데?"

"800달러에서 1천 달러…."

기가 좀 죽은 모양이다. 물가를 생각하면 월급 수준이 높은 건 아닌 것 같다고 말하는데 내 말을 외면하고 다른 환자에게 가버렸다. 내 단어 실력을 타박하던 라잔이 월급에 자존심이 상했나 하는 생각에 살짝 웃음이 나왔다. 다른 환자를 둘러보던 라잔은 다시 우리에게로 와서 인사를 건네고는 병실을 나갔다.

병원을 여러 차례 오가며 느낀 건 외국인에게 특별대우를 해준다는 것이다. 의사나 간호사, 약사들도 좀더 자주 찾아와서 링거액을 확인하고 상태를 묻는다. 또 간단한 대답이라도 주의 깊게 들어준다. 네팔 안에서는 고소득의 엘리트이면서도 순수하고 따뜻한 마음을 가진 이들의 모습 덕분에 지쳤던 마음이 어느 정도 풀렸다. 흥정과 눈웃음이 통하는 곳, 관심을 끌 수 있는 곳, 그래서 나의 관심을 끄는 곳. 네팔이 그랬다.

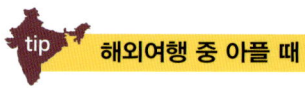

해외여행 중 아플 때

해외에서 아프면 정말 서럽다. 금전적인 문제도 걱정이지만 현지 의료 시스템을 잘 몰라 당황하는 경우가 많다. 때문에 여행자보험을 가입해두는 것이 좋다.

여행자보험에 가입하면 한국어 고객센터에 전화해 인근 병원을 알아볼 수도 있고, 예약서비스도 받을 수 있다. 보험사에 따라 다르지만 긴급통역서비스를 해주는 곳도 있으며, 병원비를 실비로 보상받는 것도 가능하다. 여행자보험도 보험사나 종류에 따라서 보장내용과 보장한도가 모두 다르기 때문에 가입하기 전에 확인해봐야 한다. 일부 은행에서는 일정 금액 이상을 환전하면 무료로 여행자보험을 들어주기도 하며, 신용카드 중에는 비행기표를 해당 카드로 결제하면 자동으로 여행자보험에 가입되는 경우도 있다. 그러나 대부분 일반 여행자보험에 비해 보장한도가 낮은 편이다.

일단 여행자보험을 들어놨다면 현지에서 관련 서류를 챙기는 것이 중요하다. 영수증은 물론이고 진단서가 있어야 보험금을 지급받을 수 있기 때문이다. 귀국하면 보험사 사고신고센터에 전화해 사고내용을 접수한다. 그러면 보험사 측에서 필요한 서류와 제출방법에 대해 안내해줄 것이다. 보통은 보험청구서와 사고 및 질병 발생 상황 진술서, 병원비나 약국 영수증, 여권사본(인적사항이 있는 부분과 출입국 도장이 찍혀 있는 부분) 등을 요구한다.

"윈도싯 플리즈 Window seat, please"

· · · ·

포카라를 떠나 네팔의 수도 카트만두로 향하는 날이다. 눈을 떴더니 어김없이 비가 내리고 있었다. 우기에 네팔을 찾았으니 매일 아침 비를 보는 것이 당연했다. 그래도 해가 땅과 하늘 사이 45도각도 정도에 걸릴 때쯤이면 늘 하늘이 맑아졌기 때문에 걱정은 없었다. 비행기를 탈 때쯤이면 비가 그치겠다 싶었다. 짐을 싸서 게스트하우스 앞마당에 내놓고 그 앞에 앉아 택시가 오기를 기다렸다. 추적추적 내리는 비를 마냥 바라보다 문득 문 뒤에 서서 우리를 지켜보고 있는 고빈다와 눈이 마주쳤다.

고빈다는 7살쯤 되는 꼬마로, 처음엔 이 집 아들인 줄 알았다. 주인아주머니가 늘 카랑카랑한 목소리로 고빈다에게 소리를 질러대거나 구박을 하기에 주인아저씨가 밖에서 낳아서 데려온 자식인가 하는 생각도 들었다. 사실 고빈다 나이의 아들을 두기에 주인 내외는 너무 나이가 많았다. 궁금해서 주인아주머니에게 물어보니 아들은 아니고 그냥 심부름 시키려고 시골 어딘가에서 데려온 아이란다.

고빈다는 게스트하우스의 잔심부름을 도맡아했다. 말도 없고 수줍음을 많이 탔지만 민원은 깔끔하게 처리했다. 불편하거나 필요한 게 있을 때마다 고빈다를 부르면 바로 달려와 문제를 해결해줬다. 고빈다에게 약간의 팁과 과자를 주고 함께 사진도 찍었다. 그 사이 택시가 도착해 마지막 인사를 나누고 공항으로 향했다.

5분도 안 걸려 도착한 공항은 버스터미널 대합실 같았다. 조그만 단층 건물에는 입구부터 사람들로 북적였다. 곧장 항공사 카운터로 가서 여행사에서 끊어준 영수증을 내밀고는 또랑또랑한 목소리로 "윈도싯 플리즈Window seat, please."를 외쳤다.

고산을 배경으로 포카라 근교에 자리잡은 공항. 경비행기급 비행기만 보인다.

사실 비행기를 탈 때 자리에 크게 집착하지 않기 때문에 보통은 정해주는 대로 앉는 편이다. 그러나 이번엔 마지막으로 하늘로 날아올라 설산을 볼 수 있지 않을까 하는 기대감에 창가 쪽 자리를 달라고 졸랐다. 비행기에서 내려다보는 설산이 또 그렇게 장관일 수 없다는 이야기를 수없이 들었던 터다. 직원이 모두 윈도우 시트니 걱정하지 말라고 한다. 고개를 갸우뚱거리는 나를 보며 직원이 피식 웃고는 짐이나 달라고 했다.

비행기표를 받아들고 대합실에 앉아 이어폰을 귀에 꽂고 일기를 쓰기 시작했다. 밖을 보니 비가 그칠 기미를 보이지 않았다. 오히려 빗줄기가 굵어지고 있었다. 비행기가 뜰 수 있을까 걱정이 되었다. 다행히 출발시간이 다가오자 빗줄기는 약해졌다. 공항을 나와서 활주로를 걸어 우리가 탈 비행기를 찾았다. 프로펠러를 단 미니 비행기였다. 한눈에 봐도 심각하게 낡아 보였다. 비행기 트랩을 올라 내부를 보니 좌석이 양 옆으로 한 줄씩 있었다.

'아, 그래서 모든 좌석이 윈도우 시트라 그랬던 거구나.'

조종석 바로 뒤에 자리를 잡고 앉았다. 승무원이 탈지면을 승객들에게 뚝뚝 끊어서 나눠주었다. 뭐에 쓰는 물건인가 했는데 이걸로 귀를 막으란다. 프로펠러가 돌아가기 시작하자 큰 소리로 이야기해도 안 들릴 정도로 비행기 안이 시끄러워졌다. 놀이기구를 탄 듯 진동도 크게 전해졌다.

활주로를 달리던 비행기가 드디어 붕 날아올랐다. 설산을 볼 수 있을까 기대했지만 밖은 온통 회색빛이었다. 윈도우 시트면 뭐하겠는가, 날씨가 따라주지 않는 것을. 마지막 희망은 물거품이 되었다. 설산은 트레킹할 때 잠깐 본 히운출리봉과 페와 호수 뱃놀이에서 마주친 마차푸차레 정상에 만족해야 했다. 대신 명분이 생겼다. 설산을 제대로 못 봤으니 포카라를 다시 찾아야 하는 나름의 이유 말이다.

'다음에는 우기가 아닌 건기 때 오리라!'

창밖을 보고 있으려니 아쉬워졌다. 도시를 떠날 때에는 늘 아쉬움이 남지만 포카라는 유난히 더 그랬다. 머물렀던 시간이 길었던 것도 있었지만 포근하고 편안한 느낌을 주는 도시였기 때문이다. 일행 중 2명이나 아파서 병원 신세를 지기도 했고 트레킹으로 고강도 극기 훈련까지 했던 곳이지만, 포카라에는 순박한 사람들이 많아서 좋았다. 수줍음 많은 고빈다를 비롯해 숫기는 없어도 웃음이 많았던 트레킹 포터 하루카, 자존심은 세지만 세심하게 마음 써주었던 의사선생님 라잔, 모두가 순수하고 따뜻했다.

롤러코스터 같은 비행기를 타고 과연 카트만두까지 무사히 도착할 수 있을까 걱정했지만 포카라를 떠난 지 정확하게 30분 만에 카트만두 트리부반 국제공항Tribguvan International Airport에 도착했다.

이것으로 끝일 줄 알았던 하늘에서의 설산 감상은 생각하지 못했던 곳에서 할 수 있었다. 바로 티베트 수도 라싸Lhasa에서 네팔 카트만두까지 오는 비행기 안에서였다.

라싸 공가공항Lhasa Gonggar Airport에서 중국국제항공을 타고 날아올랐다. 육로로 나흘에 걸쳐 올라왔던 길을 하늘길로는 한 시간 만에 간다고 생각하니 허탈하기도 했다. 라싸를 이륙한 비행기는 상공에서 한 바퀴 선회한 후 산 위로 날아올랐다. 얼마 지나지 않아 왼쪽 창문을 통해 설산이 어렴풋이 보인다. 얼른 사람이 없는 왼쪽 창가 자리를 찾아 자리를 옮겼다. 마치 구름 위에 떠 있는 섬처럼 아기자기한 설산들이 수줍은 듯 모습을 드러내고 있었다. 땅

▶ 비행기 날개 너머로 보이는 설산. 말로만 듣던 초오유, 시샤팡마 등 쟁쟁한 고봉들이 한눈에 들어온다.

▼ 만년설에 덮여 있는 히말라야

위에서는 절대 볼 수 없는 상공의 낙원이다.

설산 풍경이 다 지나갔나 싶었는데 이번에는 오른쪽 창가에서 더 웅장한 설산이 보였다. 왼쪽에 몰려 있던 승객들이 또 우르르 오른쪽으로 이동했다. 좌석 여유가 있어서 다행이었다. 모두들 설산을 보느라 넋이 빠져 있었다. 누군가 오른쪽에서 보이는 설산들이 익히 알고 있는 유명한 고봉이라고 설명했다. 초오유부터 시샤팡마Shishapangma, 칸첸중가 등 익숙한 이름을 언급하자 일제히 탄성이 쏟아졌다.

그렇게 설산을 감상하다 보니 어느덧 카트만두에 거의 도착했다. 고도를 점차 낮추는 것이 느껴졌다. 설산과 밑에 깔린 구름, 그리고 파란 하늘이 보였던 창밖은 어느덧 뿌연 회색빛으로 변했다. 새삼 카트만두가 얼마나 숨 막히게 덥고 매캐한지 깨달으며 트랩을 내려왔다.

살아 있는 여신 쿠마리

‥‥

아직 솜털이 보송보송한 어린 여자아이가 진한 스모키 화장을 한 채 카메라를 응시하는 모습. 네팔의 살아 있는 여신 '쿠마리kumari'의 사진을 처음 봤을 때에는 섬뜩했다.

쿠마리는 네팔 네와르족이 1천 년 이상 유지해온 전통으로 이에 얽힌 전설은 다양하다. 대부분이 옛날 힌두교의 탈레주Taleju라는 여신에서 비롯되었는데 그 중 하나는 이렇다. 탈레주 여신이 아름다운 소녀로 현신했는데 왕이 그만 욕정을 참지 못하고 소녀를 범하려 들자 여신은 저주를 남기고 사라져버렸다. 왕이 잘못을 뉘우치고 여신을 위한 사원을 지어 간절히 기도하자, 여신이 나타나 초경을 겪지 않은 순수한 어린 소녀를 골라 자신의 분신으로 섬기라고 명했는데, 이 소녀가 바로 쿠마리라는 이야기다.

또 하나는 17세기 자야 프라카시 말라Jaya Prakash Malla 왕과 여신의 비극적인 사랑에 관한 전설이다. 탈레주 여신은 사원을 찾은 말라 왕에게 반해 몇 년 뒤 어린 소녀의 모습으로 찾아가겠다고 약속한다. 실제로 몇 년 뒤 왕과 왕비가 길을 걷고 있을 때 어린 한 소녀가 웃으면서 다가와 자신이 여신이라고 말했다. 그러나 왕은 이를 믿지 않고 무례하다고 화를 내며 소녀를 추방했다. 그러나 그날 밤 탈레주 여신의 분노가 신들린 왕비의 입을 통해 전달되었고, 놀란 왕은 여신을 달래기 위해 사원을 세우고 쿠마리 숭배를 시작했다는 것이다.

기원이야 어찌 되었든 쿠마리는 아직도 네팔인들에게 추앙받는 '살아 있는 여신'이다. 쿠마리가 되려면 32가지 조건을 충족시켜야 한다. 반드시 샤캬족Shakya이거나 바즈라차르야족Bajracharya이어야 하며, 머리카락과 눈동자는 검은색이어야 하고, 몸에는 흉터가 없어야 한다. 경전에서는 쿠마리의 몸은 보리수, 허벅지는 사

카트만두의 중심에 있는 더르바르 광장. 사원마다 네팔인들이 걸터앉아 휴식을 취하거나 데이트를 하기도 한다.

슴, 눈꺼풀은 소와 같아야 하며, 목은 고둥을 닮아야 한다고 쓰여 있다. 어떤 형상이어야 할지 부분 부분 머릿속에 그려서 합쳐보니 인간의 형상은 아니다.

아무튼 혈통과 신체적인 조건이 충족되면 쿠마리가 되기 위한 본격적인 테스트를 받게 된다. 빛을 모두 차단하고 소·돼지·양·닭 등의 머리를 놓아둔 방에서 하루를 지내는 것이다. 피 냄새가 진동하는 깜깜한 공간에 갇혀 꼬박 하루를 지내야 한다니, 생각만 해도 소름이 돋는다. 그러나 쿠마리가 되려면 이를 견뎌내야 한다.

무서워서 울거나 소리를 지르면 탈락이다. 쿠마리가 되려면 두려움·슬픔·기쁨 등 속세의 감정을 겉으로 표현하지 않아야 하기 때문이다.

이런 시험들을 통과해 최종 쿠마리에 선정이 되면 그야말로 공주 대접을 받으며 여신으로 살게 된다. 네팔 국왕이 제일 먼저 달려와 무릎을 꿇고 축복을 빌 정도다. 정치인들이나 정부 관료들도 쿠마리를 자주 찾아 그녀의 발을 만지거나 입을 맞추며 소원을 빈다. 소원을 빌기 위해 쿠마리와 마주했을 때 쿠마리가 크게 울거나 웃으면 심각한 병에 걸리거나 죽음을 암시한다는 믿음이 있으며, 눈물을 흘리거나 눈을 비비면 죽음을, 떨면 투옥을 의미한다고 한다. 그러나 쿠마리가 조용히 있거나 침착하게 있다면 이는 소원이 받아들여졌음을 뜻한다.

하지만 이 같은 대우에는 상응하는 희생이 따르기 마련이다. 쿠마리가 되면 가족과 떨어져 카트만두 더르바르 광장Durbar Square에 있는 쿠마리 사원에서 살아야 한다. 그리고 9월 인드라 자트라Indra Jatra 축제를 비롯해 1년에 13번의 크고 작은 축제 때를 제외하고는 밖으로 나올 수 없다. 여신으로 추앙받지만 어찌 보면 쿠마리 사원에 감금되어 자유를 박탈당하는 것이라고 할 수도 있다. 이 때문에 '쿠마리 문화는 아동학대'라는 국제 사회의 비난 여론에 직면해 있기도 하다.

쿠마리는 절대로 피를 흘려서는 안 된다고 한다. 넘어져 다치거

◀ 살아 있는 여신이 사는 쿠마리 사원

▼ 쿠마리 사원을 장식하고 있는 나무로 된 조각. 힌두교 신이 정교하게 조각되어 있다.

나 뾰족한 것에 찔려 피를 흘린다면 이미 부정을 탔다고 간주되어 바로 쫓겨난다. 때문에 초경은 당연히 쿠마리 생활의 끝을 의미한다. 초경을 시작한 이후에는 사원에서 나와 평범한 소녀로 돌아가지만 어디서도 환영받지 못한다.

쿠마리였던 딸이 돌아오면 집안이 망하고, 쿠마리였던 여인과 살면 남자가 비명횡사한다는 속설 때문이다. 그래서 과거에는 사회에 속하지 못하고 결국 매춘부로 전락하는 경우가 많았다고 한다. 그러나 1900년대 이후로 조금씩 인식이 바뀌어 쿠마리를 지내고 나서도 결혼을 하고, 또 자녀도 낳아 기르는 등 평범한 삶을 살아간다고 한다.

더르바르 광장 입구에 쿠마리 사원이 있다. 우리는 쿠마리를 보기 위해 여행자 거리인 타멜에서 한 20분 정도 걸어 더르바르 광장으로 향했다. 엽서를 파는 사람, 과일을 파는 사람, 가이드를 해주겠다는 사람 등등을 헤치고 사원에 들어갔더니 4시에 쿠마리가 얼굴을 보여줄 거란다. 시계를 보니 10분 정도 남아 있었다.

'ㅁ'자 모양의 사원은 아담했으며 상당히 오래된 듯 여기저기 세월의 때가 묻어 있었다. 1757년에 지어졌다고 하니 250년 이상의 긴 역사를 안고 있는 곳이다. 여신의 숙소라 그런지 나무 하나하나에 새겨진 문양이 섬세하다.

안뜰에 쪼그리고 앉아 쿠마리를 기다렸다. 비둘기들이 유난히 많았다. 안뜰 중앙에는 기부금을 넣는 큼지막한 함이 있었는데, 쿠마리는 하루 3번 매일 정해진 시간에 얼굴을 보여주지만 기부금을 내면 특별히 모습을 드러낸다고도 한다. 3층의 열린 창문 너머로 까르르 웃는 여자아이의 목소리가 간간이 들려왔다. 여신이어도 한창 모든 게 즐겁고 재미있을 나이를 속일 수는 없나보다. 발랄하고 천진난만함이 가득 묻어 있는 웃음소리였다.

4시를 한참 넘겨서야 빨간 비단 옷을 입고 눈가에 까맣게 화장을 한 쿠마리가 3층 창문으로 얼굴을 빼꼼 내민다. 이마에 제3의 눈인 티카를 그린 것이나 짙은 화장을 한 모습은 이전에 본 사진 속 모습과 같았지만 얼굴은 어린아이가 아니라 소녀였다. 소녀 쿠마리는 5초쯤 눈길을 여기저기 주더니 휙 들어가버렸다. 쿠마리의 눈길은 곧 축복이라고 한다. 아쉽게도 쿠마리 사진촬영은 절대 금물이라 눈에만 담을 수 있었다.

짧은 시간 올려다본 쿠마리의 얼굴에서 통통한 젖살은 찾아보기 힘들었고 대신 소녀 티가 났다. 더이상 어린아이가 아닌 그 쿠마리는 이곳 쿠마리 사원에서 지낼 수 있는 날이 얼마 안 남은 듯했다. 온실 속에서 나와 세상에 부딪혔을 때에도 저렇게 발랄한 소리로 웃을 수 있을까. 쿠마리가 사원을 떠나서도 여자로서 행복한 삶을 살 수 있기를 잠시나마 기도했다.

tip 네팔의 쿠마리

네팔의 쿠마리는 한 명이 아니다. 탈레주 여신이 깃든 여자아이는 여러 명이라고 믿기 때문에 지역별로 한 명씩 총 11명의 쿠마리가 있다. 카트만두의 쿠마리가 로열 쿠마리로 대표 쿠마리며, 나머지는 로컬 쿠마리라고 불린다.

각 지역마다 쿠마리 선발과정이나 규율이 조금씩 다르다. 카트만두와 파탄 지역 쿠마리는 땅을 밟으면 안 되기 때문에 늘 사원 관계자에게 안겨서 옮겨 다닌다. 또 축제 외에는 외출이 불가능하기 때문에 학교도 갈 수 없다. 쿠마리는 사원에서 경전만 읽는데, 이는 쿠마리가 신의 현신이기에 교육을 받지 않아도 된다고 믿기 때문이다.

킬라가르Districkt Kilagar 쿠마리는 거의 외부에 알려지지 않았다. 이름도 비밀에 부쳐지며 외국인은 절대 만날 수 없다. 반면 박타푸르Bhaktapur; 네팔의 중부 도시의 쿠마리는 집 밖으로 나가 친구들을 만날 수 있고, 개인교사로부터 과외를 받기도 한다. 붕그마티Bungamati 지역의 쿠마리는 걸어서 학교를 다닐 정도로 다른 쿠마리에 비해 자유롭다.

이런 쿠마리의 삶에도 조금씩 변화가 생기고 있다. 아동학대 논란 속에 2008년 네팔 신정부의 대법원이 쿠마리의 교육·행동·식사의 자유를 인정해야 한다는 판결을 내렸다. 이후 쿠마리에게 교육기회가 제공되고, 은퇴 후 연금제도 등 각종 지원 시스템이 갖춰지고 있다.

카트만두 시위원회는 2014년 1월 쿠마리 은퇴자들에게 1만 네팔루피(약 10만 원)를 죽을 때까지 매달 연금으로 제공하기로 했다. 1년간 120만 원가량을 받는 것이다. 2014년 네팔 1인당 국민소득이 700달러(약 81만 원)인 것에 비하면 쿠마리가 받는 연금은 상당한 규모다. 그 전에는 쿠마리 현역 시절에만 정부로부터 매달 4만 네팔루피를 받았으며, 은퇴하면 지원을 중단했다.

은퇴 후 사회에 적응하지 못했던 이전 쿠마리와는 달리 자신의 삶을 적극적으로 살아가는 쿠마리들도 많아졌다. 박타푸르 쿠마리였던 사자니 샤캬Sajani Shakya는 세상 밖에 쿠마리의 존재를 알리는 데 결정적인 역할을 했다. 다큐멘터리 〈살아 있는 여신〉를 찍었고, 2007년 미국 실버독스 영화제 시사회에 참석하기 위해 쿠마리로서는 처음으로 네팔을 떠나 미국을 방문하기도 했다. 하지만 카트만두와 박타푸르, 파탄의 쿠마리는 네팔 국경을 넘을 수 없다는 규정을 어겼다는 점에서 쿠마리 사원 원로들로부터 은퇴를 요구받았다. 사자니 샤카는 미국 방문 1년 뒤 11세의 나이로 은퇴했지만 후배 쿠마리의 삶을 보다 자유롭게 바꿔놓는 데 큰 역할을 했다.

2009년 9살의 나이에 파탄 쿠마리가 된 사미타 바즈라차르야Samita Bajracharya는 2014년 평범한 학생으로 돌아왔다. 악기 연주를 위해 공연장으로 가는 모습이 한 사진작가에 의해 공개되면서 이목을 끌었다. 쿠마리는 맨땅을 밟으면 안 되기 때문에 4년간 걷지 않았던 사미타는 은퇴 후 제대로 걷기까지 한 달이 걸렸다고 한다. 이밖에 라쉬밀라 샤캬Rashmila Shakya는 쿠마리 은퇴 후 쿠마리로 지낸 시절을 책으로 엮었으며, 차니라 바즈라차르야Chanira Bajracharya는 쿠마리 사상 처음으로 검정고시에 응시해 합격했다고 한다.

천 원과 민간외교

‥‥

카트만두를 찾는 여행자나 산악인은 타멜 거리에서 모든 것을 해결한다. 숙식은 물론이고 교통편부터 포터 알아보기, 각종 등산장

불경 읽는 데 몰두한 스님

비 마련하기, 기념품 사기 등 안 되는 게 없다.

포카라에서 카트만두로 온 가장 큰 목적은 바로 티베트로 가는 길을 알아보기 위해서였다. '달라이 라마Dalai Lama'의 나라 티베트는 정치적으로 복잡한 곳인 만큼 국경을 넘는 일이 쉽지 않다. 네팔에서 티베트로 개별입국은 거의 불가능하며, 여행사가 제공하는 패키지여행에 참가해야만 단체 입국 비자가 나온다. 중국 비자가 있어도 전혀 소용없고 입경 허가서를 따로 받아야 한다.

모든 패키지가 매주 화요일과 토요일 2회 출발에 7박 8일 일정으로 거의 비슷했다. 입경 허가서를 받기 위해서는 1주일 전에 미리 신청해야 하며, 좀 일찍 출발하려면 급행료를 내야 한다. 급행료를 제외해도 가격은 1천 달러 안팎, 가격에서 벽에 부딪혔다. 웬만한 동남아 여행도 100만 원 정도면 호화롭게 다녀올 수 있는데 물가 싼 티베트 여행에 보아하니 호텔에서 숙박하는 것도 아니고, 또 수도인 라싸까지 버스를 타고 가는데 1천 달러가 웬 말인가! 한국에서 여행기를 뒤져 알아본 가격은 400~500달러 선이었는데 2배 정도로 뛴 것이다. 분명히 여행사에서 사기치는 것이라고 생각했다.

그런데 타멜 거리에 있는 여행사를 이곳저곳 들러 물어봐도 가격은 비슷했다. 어차피 네팔 여행사에서 맡은 부분은 여행객을 모집하고 단체 입경 허가서를 받아 국경까지 인도해주는 게 전부다. 국경에서 티베트 쪽 여행사에 넘겨주고 나면 그다음부터는 티베트 여행사가 관할하는데, 얼마 전 티베트 쪽에서 가격을 확 올렸다는 게 여행사 설명이다.

예산을 훨씬 초과하는 금액이었다. 잠깐 망설였지만 그래도 가야 했다. 중국이 점령해 중국 내 '자치구' 신세가 된 이후 빠르게 중국화가 되어가고 있다고 하니 조금이라도 티베트의 색채가 남아 있을 때 가보고 싶었다. 이리저리 발품을 팔아 730달러에 낙찰을 봤다. 보통 지프차를 렌트해 가는데 미니버스로 출발하는 팀이 있었고, 운 좋게도 자리가 몇 개 비어 있어 급히 여행객을 모집하는 중이었던 것이다. 입경 허가서도 사흘 만에 받을 수 있다고 했다. 꼬깃꼬깃 복대에 넣어놨던 100달러짜리 지폐 7장을 꺼내 티베트행 티켓을 끊고 나니 돈 봉투가 홀쭉해졌다. 그래도 마음은 한결 놓였다.

이제 티베트에서 돌아온 이후에 다시 인도로 넘어갈 방법을 고민할 차례다. 카트만두에서 비행기를 타고 인도 바라나시로 가서 다시 인도 여행을 시작하는 게 당초 계획이었다. 그러나 암초를 만났다. 바라나시행 비행기가 매일 운항되지 않을 뿐더러 비행기가 있다고 해도 그마저도 만석일 때가 많다는 것이다. 여기저기 다른 여행사도 들러보고 인터넷에서 저가항공사도 검색해봤지만 뚜렷한 대안이 나오지 않았다.

점심을 먹고 다시 찾아 들어간 한 여행사에서 바라나시 말고 콜카타로 가는 게 어떠냐는 제안을 받았다. 콜카타로 가는 비행기는 편수도 많은 데다 좌석도 여유가 있다는 것이다. 게다가 가격도 89달러로 바라나시에 가는 비행기보다 저렴했다. 사실 콜카타를 가고 싶지는 않았다. 찢어지게 가난한 도시라 콜카타에서는 하루를 견디기도 힘들었다는 여행기를 많이 읽었던 터다. 그래서 일정에서 뺐는데 대안이 없었다. 콜카타는 그냥 찍고 바로 바라나시로 가면 된다며 스스로를 위로한 뒤 예약금 10달러를 내고 콜카타행 비행기표를 예약했다. 이제 모든 게 해결되었다. 티베트에 가는 날

네팔 최대의 불탑인 보우더나트   돌 하나 하나에 새겨진 옴마니반메훔

  까지는 그냥 카트만두 여기저기를 둘러보며 한가롭게 시간을 보내기로 했다.
  이튿날 티베트 입경 허가서가 나왔는지 확인하러 여행사에 들렀다가 바라나시 비행기표는 구했냐는 직원의 물음에 콜카타행 비행기표를 예약했다고 이야기했다. 그러자 대뜸 얼마에 끊었냐고 묻는다. 만족스러운 표정으로 89달러라고 답했더니 아쉬운 표정을 지으며 자기는 85달러까지 해줄 수 있는데 아깝다고 했다. 이런저런 고민 끝에 저쪽 여행사에서 예약을 취소하고 이 여행사에서 비행기표를 다시 예매하기로 했다. 티베트 입경 허가서를 받기 위해 여권을 제출했기 때문에 비행기표를 못 끊게 되었다고 말하면 여행사에서 예약금을 돌려줄 거라며 직원이 친절하게 행동지침까지 알려주었다. 물론 여권을 받을 수 없다는 말은 거짓말이다.

4달러가 그리 큰돈도 아닌데 우리 일행은 다시 5분 떨어진 그 여행사로 가 지어낸 사연을 구구절절 털어놨다. 여행사 사장은 말도 안 된다며 펄쩍 뛰었다. 어느 여행사에서 그랬냐며 찾아가 따질 태세다. 쉽게 예약을 취소해줄 것 같지 않아 다른 여행사에서 비행기표를 85달러에 주기로 했다고 솔직하게 털어놨다.

그럼 그렇지 하는 표정으로 여행사 사장은 87달러로 깎아주겠다고 제안했다. 사실 89달러도 원래 가격에서 많이 깎은 것이라 나쁜 제안은 아니었다. 그런데 일행 중 가장 가격 흥정을 잘 하는 사람이 86달러를 부르면서 흥정이 시작되었다. 둘 사이의 실랑이가 길어졌고, 언성도 점점 높아졌다. 나머지는 말려야 하나 서로 눈치를 보기 시작했다.

결국 여행사 사장은 "그래, 우리 네팔 사람이 나쁜 사람들이야. 그래도 여기서 더 깎아줄 수는 없어. 그러면 나한테는 남는 게 없다고. 너희 나라는 잘 살잖아!"라며 팩 토라진다. 그러고는 혼잣말로 한국인은 정말 고집스럽다며 혀를 내두른다.

갑자기 무안해졌다. 한국에서는 한 끼에 몇 만원씩 하는 패밀리 레스토랑에서 식사하는 것을 아까워하지 않고, 좀 피곤하다 싶으면 1만 원이 넘게 나와도 택시를 잡아탔었는데, 왜 2천 원도 안 되는 돈 때문에 한국인을 몇 달러에 벌벌 떠는 '쪼잔한' 국민으로 만

들어버렸을까.

　네팔에서는 유난히 코리안 드림을 꿈꾸는 이들을 많이 만났다. '잘 사는 나라'인 한국에 가서 돈을 벌고 싶다며 좀 데려가달라는 네팔인들에게 우리는 아마도 스크루지로 비쳐졌을 것이다.

　"우리 몇 달러에 이러지 말자."

　서로 마음을 가다듬고 87달러로 깎아줘서 고맙다며 웃는 얼굴로 인사를 한 뒤 나머지 잔금을 치르고 나왔다.

　해외여행을 하면서 종종 이런 생각을 한다. 나는 적어도 이 순간, 이 나라에서는 한국을 대표하는 민간 외교인이므로 행동 하나하나 조심하고 신중해야 한다고 말이다.

· 5장 ·

하늘에 다가가다

Intro

네팔에서 북쪽으로 올라가면 티베트가 있다.
카트만두에서 출발하는 단체 여행객 속에 끼어 국경을 넘었다.
낡은 미니버스는 비포장도로를 힘겹게 달렸고,
해발 5천m 고지를 2번 넘어서야
티베트의 수도인 라싸에 도착했다.
고산지대라 몇 걸음만 걸어도 숨이 찼다.
아픈 역사를 가지고 있어 더욱 슬퍼보였던
포탈라 궁과 야크 기름 냄새가 진동했던 조캉 사원,
해맑게 장난을 치던 동자승들,
오체투지를 하며 라싸로 향하는 티베트인.
그들은 그곳에서 여전히
자신만의 삶의 방식을 이어가고 있지만
환경은 빠른 속도로 변하고 있었다.
조금이라도 더 중국화가 진행되기 전에
티베트 땅을 밟아보길 잘했다는 생각이 들었다.

5장의 주요 여정: 티베트

장무
네팔과 티베트를 잇는 관문으로, 네팔에서 티베트로 올라가거나 내려올 때 반드시 지나게 되는 마을이다. 가파른 언덕에 건물이 촘촘히 들어서 있는 모습이 인상적이다. 장무를 지나면 본격적으로 구불구불한 산길을 오르게 된다. 수려한 산세를 구경할 수 있지만 그냥 산길이 아니라 깎아지른 듯한 절벽 위의 산길이라 바로 아래를 내려다보면 심장이 철렁한다.

니알람
언덕에 옹기종기 집들이 모여 있는 작은 마을이다. 장무에서 니알람까지는 거리상 32km에 불과하지만, 고도는 1천m 이상 높아진다. 고산병 증세를 느끼기엔 이르지만 예민한 사람들은 어지럽고 숨이 가빠지기 시작한다.

올드팅그리
마을 끝에서 끝이 보이는 아주 작은 마을이다. 도로를 따라 식당과 게스트하우스, 상점이 죽 늘어서 있다. 나름 주변에서는 다운타운이다. 근처에 사는 티베트인들이 말을 끌고 내려와 장을 보고 가거나 자판을 벌여놓고 자질구레한 물건을 팔기도 한다. 히말라야 등반객이나 라싸로 향하는 관광객들이 잠시 들러 숙식을 해결하는 곳이다.

라룽라

카트만두를 출발해 티베트 라싸까지 가는 길에 넘어야 하는 가장 높은 고개다. 해발 5,050m로 삶과 죽음이 갈릴 수도 있다는 고도다. 히말라야의 8천m급 쟁쟁한 고봉들이 라룽라 고개를 빙 둘러싸고 있어 눈을 어디에 둬도 웅장한 설산을 볼 수 있다.

갸초라

라룽라로 끝난 줄 알았다면 오산이다. 해발 5,220m로 라룽라보다 더 높은 고개다. 갸초라에 도착하면 고산병 증세가 절정에 이른다. 어지러움과 메스꺼움, 숨 가쁜 증상이 동시다발적으로 닥친다. 바람도 거칠어 서 있으면 휘청할 정도다. 그러나 절경도 이런 절경이 따로 없다. 고생스러운 만큼 눈은 호강할 것이다.

하늘과 가장 가까운 곳
····

언젠가 한 사진에서 자주색과 하얀색이 묘하게 어우러진 성을 봤다. 왠지 모르게 쓸쓸함이 묻어났다. 이 성은 달라이 라마의 나라인 티베트의 수도, 라싸에 있는 포탈라 궁이라고 했다. 사진만으로도 무척 끌렸다. 나는 티베트에 가서 이 성을 꼭 보고 싶었다. 그리고 몇 달 후 정말 나는 티베트 땅을 밟았다.

그 전까지만 해도 티베트의 역사에 대해 잘 몰랐다. 달라이 라마의 방한을 두고 그토록 논란이 일었어도 별로 관심이 가지 않았다. 하지만 포탈라 궁 사진을 보고는 티베트가 궁금해졌다. 먼저 티베트를 배경으로 한 영화를 찾아봤다. 브래드 피트가 주연한 영화 〈티베트에서의 7년 Seven Years In Tibet〉은 오스트리아 탐험가인

웅장하게 서 있는 포탈라 궁

하인리히 하러Heinrich Harrer가 실제 경험을 바탕으로 쓴 책을 영화로 만든 것이다.

영국군에 이어 중공군이 쳐들어와 티베트를 점령하는 아픈 역사가 그려진다. 티베트 스님들이 중공군을 환영하기 위해 며칠에 걸쳐 만든 만다라를 중공군은 군화발로 짓밟고 지나간다. 달라이 라마가 사는 궁에 영화관을 짓기 위해 공사하는 장면에서는 티베트인의 환생론이 드러난다. 일하던 인부들이 갑자기 웅성거리기 시작했고 곡소리도 들린다.

"무슨 일이죠?"

"지렁이가 죽었어요."

"우리 티베트 사람들은 어머니가 지렁이로 환생했다고 믿고 있습니다."

공사장 인부들은 지렁이를 다른 곳에 묻어주고 기도했다.

영화 속에서 천진난만한 꼬마 달라이 라마는 "행복과 번영을, 경전과 부처님 말씀에 죽음에 못지않은 힘이 삶에도 있다고 했습니다. 이를 안다면 누구든 살생을 하지 않아야겠습니다. 저희는 천성이 착한 국민들입니다. 그렇다고 나약한 국민이란 뜻은 아닙니다."라고 말한다.

티베트에 방문했을 당시에는 한창 칭짱철도靑藏鐵道 라싸 역이 공사중이었다. 중국 칭하이성靑海省에서 티베트 라싸까지 잇는 '하늘철도'가 개통되기 전이었는데도 이미 라싸에서 티베트인은 주변으로 밀려난 느낌이었다. 대로변은 중국어 간판을 단 상점들이 줄지어 있었다. 주요 상권은 한족 차지였으며, 티베트인은 주로 노점상을 했다. 마지막 성스러운 땅으로 여겨졌지만 중국 정부가 한족을 대거 이주시키는 정책을 펴면서 한족화가 된 것이다. 칭짱철도 개통 이후에는 한족화 속도가 더욱 빨라질 것 같은 느낌에 조바심이 났다. 티베트 여행 비용이 예상한 예산을 훨씬 초과했지만 출혈을 감수하고라도 그 전에 가봐야겠다는 생각이 강했다.

7박 8일은 티베트를 보기에는 참 짧은 기간이었다. 그러나 반드시 여행사 패키지를 통해서만 네팔 국경을 넘어 티베트 땅을 밟을 수 있기 때문에 일정을 조절할 수 없었다. 비포장도로를 끝없이 달려야 하는 여정도 쉽지 않았다. 하지만 거친 땅이어서, 자연 그대로인 땅이어서 더 많은 것을 생각하고 느끼게 하는 여행이었다. 덜컹거리는 미니버스를 타고 하루 종일 이동할 때는 이런저런 망상에 빠져 있다가 결국 "나는 누구인가?"라는 질문에까지 다다르기도 했다.

"인생에서 가장 위대하고 아름다운 여행은 자신을 발견해가는 모험 속에 있다."

영화 〈티베트에서의 7년〉의 가장 유명한 대사다. 티베트 여행 내내 이 대사가 피부로 다가왔다.

 **티베트 가는 법**

티베트는 고산지대에 위치해 있어 육로로 가기가 쉽지 않다. 육로로는 중국 서쪽 주요 도시나 네팔 카트만두에서 출발하는 여행사 상품을 통해 티베트 라싸를 방문하는 게 일반적이다. 인원에 따라 지프차나 미니버스, 관광버스 등을 타고 비포장도로와 가파른 계곡길을 따라 한참을 달려야 했다.

하지만 칭짱철도가 개통되고 나서는 기차를 타고 라싸를 찾는 여행객이 급증했다. 칭짱철도는 칭하이성 시닝西寧부터 티베트 자치구 라싸를 연결하는 철도로, 총 길이는 1,956km다. 해발 4천m 이상 구간이 960km나 되어 세계에서 가장 높은 철도로 불린다. 최고 지점인 탕굴라唐古拉 역은 해발 5,072m에 달한다.

중국 베이징서北京西 역에서 기차를 타면 스좌장石家莊., 시안西安, 란저우兰州를 거쳐 시닝에 도착한다. 여기서부터 칭짱철도 구간으로 거얼무格爾木와 나취那曲를 경유해 라싸까지 간다. 베이징에서 라싸까지 꼬박 이틀이 걸린다. 철도 길이만 무려 4,064km다. 이밖에 상하이上海, 충칭重慶, 청두成都, 광저우廣州에서도 라싸까지 기차를 타고 이동할 수 있다.

정식 운행은 2006년 7월 1일부터 시작했다. 이어 2014년 8월 티베트 제2의 도시인 시가체日喀則까지 연장하는 노선이 개통되었으며, 네팔 수도 카트만두까지 국제철도로 연결할 계획이다.

칭짱철도가 운행된 지 꽤 되었지만 외국인이 타기는 쉽지 않다. 홍콩과 대만 등 범중화권을 비롯해 외국 여권으로 칭짱철도를 타고 라싸까지 가려면 티베트 여행 허가서가 필요하다. 티베트 여행 허가서는 티베트 지역에 등록된 현지 여행사 상품을 이용할 경우에만 발급된다. 여행 허가서를 신청할 때 현지여행사 · 호텔 · 차량번호 · 가이드 이름을 기재해야 한다.

또 승차권 대부분이 단체전용으로 판매되는 경우가 많아 개별적으로 칭짱철도를 타고 라싸까지 가기는 무리다. 국내 여행사 중 칭짱철도를 이용해 티베트를 가는 여행상품을 내놓은 곳이 있으니 패키지를 이용하는 것도 방법이다.

고산지대는 기압과 산소농도가 낮기 때문에 노약자가 칭짱열차를 타는 것은 위험하다. 변화무쌍한 환경 때문에 칭짱철도는 밀폐형으로 설계되었고, 고산병을 겪은 승객을 위해 객실에 산소공급기가 설치되어 있다. 거얼무부터는 객차 내에서 자동으로 산소를 공급해준다.
좀더 쉽게 라싸를 가려면 항공편을 이용하는 것이 좋다. 철도보다 더 저렴한 항공편이 많다. 과거에는 주로 청두에서 라싸행 비행기를 탔지만, 2011년 라싸 공항을 허브로 티베트항공이 설립되면서 중국 곳곳을 연결하는 항공편이 생겼다. 베이징-라싸 구간도 중국국제항공과 티베트항공이 운항한다.
현재 라싸 공가공항에 취항하는 중국 항공사는 티베트항공을 비롯해 중국동방항공·중국국제항공·중국남방항공·쓰촨항공·하이난항공·심천항공·사천항공 등이다. 베이징을 비롯해 쿤밍·난징·청두·상하이·시닝·란저우·충칭·시안 등 중국 내 주요 도시를 연결하고 있다. 이때도 티베트 여행 허가서는 필수이며, 현지 여행사의 여행상품을 이용해야 한다. 국제선은 중국국제항공과 쓰촨항공이 라싸-네팔 카트만두를 운항하고 있고, 중국국제항공의 라사-홍콩 노선 부정기편도 있다.

중니공로 따라 티베트 가는 길

....

티베트 가는 날 아침, 밤새 무섭게 비가 내리더니 새벽에도 부슬부슬 비가 왔다. 새벽 5시에 여행사에서 알려준 장소로 갔는데 버스는 보이지 않고 비에 젖은 쓰레기를 수거해가는 청소차와 부지런한 택시들만 있었다. 버스는 6시 10분에서야 왔다. 역시나 낡은 관광버스다. 20명 정도의 여행객이 차에 올랐다.

카트만두 시내를 벗어나 꼬불꼬불한 산길을 한참 달렸다. 간밤에 내린 비 때문인지 구름이 산 중턱에 걸려 있었다. 꽤나 멋들어진 풍경과 상쾌한 공기에 모처럼 시원한 바람을 맞으며 단잠을 잤다. 한참을 달린 후 운전사가 산 중턱에 차를 세우고는 식당에 도착했다며 내리라고 했다. 아침을 안 먹었다는 사실을 새삼 깨닫고 버스에서 내렸다. 복잡하고 매캐한 카트만두와는 분위기가 사뭇 달랐다. 간단히 아침을 먹고 다시 버스에 올랐다. 얼마나 갔을까, 갑자기 차를 세우고 가이드와 운전사가 내렸다.

영문도 모른 채 한참을 기다리고 있었는데 가이드가 와서 설명하기를, 비가 오면서 도로가 유실되는 바람에 버스 한 대가 진흙탕에 빠져서 길이 막힌 상태라는 것이다. 500루피를 내면 건너편에 대기하고 있는 로컬버스를 타고 일정에 맞춰 갈 수 있지만, 그러지 않으면 그 버스가 복구되고 길이 뚫릴 때까지 기다려야 한다며 공을 여행객에게 넘긴다.

추가로 500루피를 내야 하는 것에 대해 그 누구도 불만을 표시하지도, 항의하지도 않았다. 우리는 분위기에 휩쓸려 500루피를 내기로 하고 차에서 내렸다. 200m 정도 걸어가니 진흙탕에 빠져 버둥대는 버스가 보였다. 여행객들을 실어나르던 버스였나보다. 외국인 관광객들이 모두 나서서 버스 복구를 돕는 낯선 장면을 목격했는데, 그들 역시 불평불만 없이 느긋한 모습이었다.

진흙탕을 빠져나오려 안간힘을 쓰는 버스를 지나 새 버스에 올랐다. 모든 여행객이 다 탔는지 확인한 가이드는 문을 닫고 출발을 외쳤다. 비포장도로를 구불구불 돌아 한참을 달려 국경도시인 코다리Kodari에 도착했다. 차에서 내려 100m를 걸어 네팔 국경을 통과하고 다시 또 100m를 걸어 중국 입국심사를 통과한 뒤 버스를 탔다. 무거운 짐이 어깨를 짓누르는데 비까지 오니 만만치가 않았다. 그런데도 서양인들은 참 잘도 걸었다.

국경을 넘어 중국 땅을 밟으니 새로운 티베트인 가이드가 자기 소개를 했다. 국경 하나 넘었을 뿐인데 분위기가 확연히 달랐다. 눈에 보이는 사람들도 인도계보다는 몽골계가 대부분이었다. 곳곳에 중국어가 눈에 띄고 제복 입은 공안이 차창 밖으로 보이자 중국에 온 것이 실감났다.

몇 십 분을 달려 장무樟木에 도착했다. 세관이 있는 곳에서 여권과 비자, 여행 허가서를 꼼꼼하게 검사했다. 공안은 무표정한 얼굴로 이름과 성별, 나이, 생년월일, 여권번호를 하나하나 컴퓨터로 입력했다. 드디어 완전히 티베트에 입성했다. 그런데 점점 숨이 가빠지고 귀가 멍멍해졌다. 장무가 해발 2,500m에 위치해 있다 보니 고산병 증세가 나타나기 시작한 것이다.

최종 목적지인 니알람Nyalam은 장무에서 32km 떨어진 곳에 있었다. 빈자리 없이 여행자를 가득 실은 낡은 미니버스는 구름에 잔뜩 덮인 산길을 따라 덜컹거리면서 쉴 새 없이 달렸다. 깊은 계

중화인민공화국. 저 문을 지나면 티베트 땅이다.

　곡과 비로 인해 자연스럽게 만들어진 폭포로 차창 밖은 절경이었다. 카트만두에서 라싸를 잇는 길을 의미하는 '중니공로中尼公路'란 글자가 종종 눈에 띄었다. 다듬어지지 않은 중니공로를 달리다 보니 오지여행을 하는 느낌이 들었다.

　여름인데도 산에서 내려온 얼음이 녹지 않아 단단하게 뭉쳐 계곡을 덮고 있기도 하고, 물줄기가 아찔한 낭떠러지를 만나 물보라를 일으키며 장관을 만들어내기도 했다. 연무가 낮게 깔려 산 중턱을 지나는 버스에 앉아 있는 자체가 구름 위를 산책하는 기분이었다. 가시거리가 1m도 안 되었다가 어느새 연무가 싹 걷히면서 저 너머 산등성이가 보였다. 눈앞에 펼쳐지는 풍경이 참 변덕스러웠다.

그렇게 달리고 달려서 니알람에 도착했다. 시간상으로는 저녁 8시가 다 되었는데도 밖이 훤했다. 티베트와 네팔은 경도가 비슷하지만 시차는 3시간이 난다. 중국 전체가 베이징 시간을 기준으로 하나의 시간대를 쓰고 있으니 실제 시간과 체감 시간 간 차이가 클 수밖에 없다.

니알람은 고도 3,800m에 이른다. 다행히 고산병 증세는 견딜 만했지만 문제는 추위였다. 바람이 불고 비가 와서 그런지 초겨울 날씨였다. 차창 밖으로 파카와 털모자로 무장한 행인을 보면서 과연 6월 복장이 저럴 수 있는가 생각했는데 버스에서 내리자마자 여기가 티베트라는 사실을 깨달았다. 순탄하지는 않았지만 아름다운 자연을 넋 놓고 구경하면서 그렇게 티베트에 입성했다.

오줌소태와 베토벤

· · · ·

인도와 네팔, 티베트 여행까지 함께했던 그녀들은 참으로 유쾌한 사람들이었다. 어떤 극한 상황에서도 낙천적이었으며 수다에 지치는 법이 없었다. 현지인들로 가득한 로컬버스 안에서도 끊임없이 살아왔던 이야기를 하고, 여행하는 지금 이 순간의 느낌을 나누고 앞으로 일어날 일들에 대해 설레했다.

그녀들은 별명짓기에 탁월한 능력을 가지고 있었다. 그래서 우리는 여행하다 만난 이들에게 길동이, 철수 등과 같이 한국 이름을 지어주기도 했고, 때론 영화의 캐릭터를 갖다 붙이거나 특정 행동을 보고 익살스러운 별명을 붙여주기도 했다. 7박 8일 동안의 티베트 여행에서도 작명 실력을 유감없이 발휘했다. 한국어를 알아듣는 사람이 아무도 없었기에 우리의 수다에는 어느 정도 안전망이 쳐져 있었지만, 이름을 직접 거론하면 혹시 알아들을 수 있기 때문에 별명은 필수였다.

티베트 여행팀은 총 17명이었다. 사실 처음에는 이렇게까지 많을 거라고 생각하지 않았다. 10명 정도 되지 않을까 생각했지만 새벽 5시부터 하나둘씩 모습을 드러낸 여행팀은 어느새 한 부대가 되어버렸다.

여행 첫날, 티베트에 가기 위해 타기로 한 버스가 나타날 생각을 안 했다. 카트만두 타멜 거리의 대로변에서 언제 올지도 모르는 버스를 죽치고 앉아서 기다리려니 무척이나 심심했다. 지루함을 덜기 위해 우리는 함께 떠날 여행팀이 한 명씩 도착할 때마다 구석구석 세심하게 관찰하며 어떤 별명을 지어줄까 머리를 굴리기 시작했다. 그렇게 해서 우리 3명을 제외한 14명의 별명은 여행 첫날 완성되었다.

여러 나라에서 여행온 여행객 17명과 운전기사, 가이드까지 총 19명을 태우고 끝없는 비포장도로를 달린 낡은 버스

우선 아주머니 4명이 있었다. 원래 아는 사이인 줄 알았는데 처음 보는 사이라고 했다. 역시 아주머니들의 사교성과 친화력은 대단했다. 가장 키가 작았던 아주머니는 싱가포르에서 영어 선생님을 하고 있다고 했다. 우리는 싱가포르의 앞글자를 따서 '씽아줌마'라고 부르기 시작했다. 때때로 작은 얼굴에 조금은 뚱뚱한 몸매, 여기저기 참견하고 말하는 걸 좋아하는 모습이 어렸을 때 봤던 만화영화 〈호호아줌마〉를 떠올리게 했다. 그래서 씽아줌마가

질리면 가끔은 '호호아줌마'라고 부르기도 했다.

또 다른 한 명은 미국에서 왔는데 첫날부터 체력이 대단했다. 나이가 꽤 많아 보였는데 어딜 가든 뒤처지는 법이 없었다. 그래서 '강철 체력 미국 아줌마'로 별명을 지어주었다.

나머지 아주머니 2명은 종종 못 알아들을 정도로 영어 발음을 심하게 불어화했다. 한 명은 캐나다 퀘백 지역에서 왔고, 다른 한 명은 프랑스인이었다. 그래서 이 둘은 가끔씩 프랑스어로 대화하기도 했다. 프랑스 아주머니는 좀 젊은 축에 속했는데 아주 자유분방한 영혼을 가진 방랑자 같았다. 여기저기 관심이 아주 많고, 버스를 타고 가다가 화장실이 급하다는 이유로, 혹은 멋진 사원을 봤다는 이유로 "스톱!"을 외쳐 차를 세웠다. 우리는 이 아주머니에게 '불란서 왈가닥'이라는 별명을 붙여주었다.

캐나다 출신 아주머니는 표정이 아주 풍부했다. 한 문장을 말해도 눈의 크기가 다양하게 변했다. 적절한, 그러나 어찌 보면 너무 과장된 제스처를 동반하면서 말하는 것을 즐겼다. 우리는 이 아주머니를 '불란서 오바'라고 불렀는데, 큰 이유는 없고 그냥 오버한다는 뜻에서였다.

아일랜드에서 온 피부가 하얀 청년은 한눈에 봐도 성격이 까다로워 보였다. 삐쩍 마른 이 청년은 언제나 혼자 다녔다. 옷은 늘 깔끔하게 입고 다녔는데, 조금만 옷이 흐트러져도 금세 옷매무새를 가다듬는 것이 약간의 결벽증이 있는 듯했다. 이 청년의 별명은

'오줌소태'였다. 공중화장실이 없는 티베트에서는 길을 가다 차를 세우면 내려서 노상방뇨를 하는 수밖에 없다. 우리 3명이 관찰한 바에 따르면 이 청년은 너무 자주, 그리고 너무 길게 일을 본다는 결론이 났다. 그래서 붙여진 별명이다.

미국인 남녀는 미시간에서 온 대학생인데 연인이 아니라 그냥 친구란다. 남자는 동그란 뿔테 안경을 쓰고 있었는데 꼭 해리포터처럼 생겼다. 왠지 그런 말을 많이 들었을 듯해서 그냥 '포터'로 지칭하기로 했다. 그런데 언뜻 보니 개그맨 유재석도 닮은 것 같아 보여 나중에는 '재석이'라고 부르기도 했다.

그의 곁에 늘 붙어 있던 여자의 별명은 '미국 암내'였다. 첫날부터 옆에만 가면 암내가 너무 심하게 났기 때문이다. 그도 그럴 것이 여행하는 8일 동안 첫날 입었던 옷을 한 번도 갈아입지 않았다. 빨래도 안 하는 모양이었다. 어쩌다가 옆을 지나치려면 손으로 코를 막아야 했으며, 버스에서 그녀의 앞자리나 바로 뒷자리에 앉으면 지독한 암내 때문에 멀미가 날 지경이었다. 우리끼리는 분명 포터가 후각이 둔하거나 비염일 거라고 결론 내렸다.

아일랜드에서 온 한 아저씨도 절대 옷을 갈아입지 않았다. 청바지와 청자켓으로 버텼던 이 아저씨는 눈썹이 인상적이었다. 내게 눈썹 다듬는 가위만 있었다면 삐죽삐죽 길게 삐져나온 눈썹을 정리해주고 싶은 마음이 굴뚝같을 정도로 야성적인 눈썹을 가졌다. 그래서 이 아저씨에게는 '엑스맨'이라는 별명을 붙였다.

백거사 앞에 도착한 여행팀. 베토벤 아저씨와 씽아줌마, 그리고 오줌소태가 앞서 간다.

여행팀의 분위기를 띄우는 역할을 했던 영국에서 온 청년 3명은 함께하는 일정 내내 여행하는 목적이 과연 무엇일까 고민하게 만들었다. 손에는 늘 맥주병이 한 병씩 들려 있었고, 항상 껄렁껄렁하게 행동했다. 이 중 한 명은 프랑스의 축구선수인 지네딘 지단Zinedine Zidane을 닮았고, 나머지는 크게 인상적이지 않아 '지단과 아이들'로 명명했다.

함께 여행 온 미국인 부자는 처음에 그냥 가족이라고만 하기에

베토벤 아저씨와 보조라고 불렀던 미국인 부자

삼촌과 조카, 아니면 터울이 큰 형제인 줄 알았다. 아버지는 너무 젊어보였고, 아들은 꽤 키가 컸기 때문이다. 미국인 아버지의 헤어스타일은 마치 베토벤을 연상시켰다. 그래서 아버지는 '베토벤', 그의 아들은 '보조'라고 불렀다. 미국 방송국에서 일한다는 베토벤은 무거운 방송촬영용 장비를 들고 와서는 전문가적인 분위기를 물씬 풍기며 티베트 곳곳을 촬영했다. 이때 조명을 들고 있거나 가방을 지키고 있는 건 아들 제임스의 몫이었다. 가족인지 몰랐다면 영락없이 방송국 카메라 기자와 보조로 알았을 것이다.

동양인은 우리 3명과 일본인 2명뿐이었다. 일본인 2명은 도통 목소리를 들어볼 수 없을 정도로 조용했다. 아무하고도 말을 하지 않았고, 숙소에서는 쉬고 싶다며 여행팀과 함께 어울리지 않았다. 굳이 구분할 필요가 없을 것 같아 그들은 그냥 '일본 아이들'이라고 불렀다.

이들과 8일의 시간을 같이 보냈다. 처음 느꼈던 어색함은 시간이 갈수록 사라졌다. 우리는 주로 그들의 행동을 관찰하는 것으로 수다를 떨었는데, 시간이 흐르자 그들과 나눈 대화로 자연스럽게 주제가 바뀌었다. 여행 마지막 날에는 라싸의 한 레스토랑에 모여 다같이 맥주 한 잔씩 했다. 역시 알코올이 들어가니 분위기도 자연스러워졌다. 지단과 아이들의 역할도 컸다. 언어는 큰 장벽이 되지 않았다. 프랑스어가 모국어인 불란서 왈가닥과 불란서 오바만 봐도 단어 몇 개 나열하면서 보디랭귀지로 아무 불편 없이 대화를 이어갔다.

지금 생각해보면 그들의 본명이 무엇이었는지는 기억이 나지 않는다. 그저 별명만 머릿속에 맴돌 뿐이다. 오줌소태는 지금쯤 어디서 뭘 하고 있을까? 베토벤 아저씨는 여전히 모르몬교를 잘 나가고 있을까? 씽아줌마는 열심히 영어를 가르치고 있겠지? 티베트를 여행하는 수많은 사람들 중에 이들을 만난 것 역시 전생에 쌓은 억겹의 인연에서 비롯된 것이라는 생각이 들었다.

해발 5천m 고지에서의 사투
· · · ·

"내일은 가장 힘들겠지만, 또 가장 재미있는 날이 될 겁니다. 그러니 푹 쉬세요."

숙소 체크인할 때 뒤통수에 대고 가이드가 날린 말이다. 힘들다는 말은 넘겨듣고 재밌을 것이란 말만 들었다. 아침을 든든하게 먹은 일행들이 모두 버스에 올라타자 버스는 힘차게 출발했다. 도로다운 도로는 금세 끝이 나고 비포장도로가 계속되었다. 구불구불 조금씩 고도를 높이니 출발할 때만 해도 왁자지껄했던 버스 안이 점점 조용해졌다. 3,800m 고지의 니알람에서부터 조금씩 숨이 찼는데, 시간이 지나니 머리까지 아파왔다. 멀미를 모르고 살았는데 속도 울렁거렸다.

힘겹게 벼랑길을 오르던 버스가 잠시 정차했다. 히말라야 고개인 라룽라La Lungla에 도착한 것이다. 무려 해발 5,050m로 이번 여행 일정에서 두 번째로 높은 고개였다. 이날 초반만 해도 눈부시도록 하얀 눈으로 덮인 설산과 푸른 초원, 조금은 황량한 벌판, 뭉게뭉게 피어오르는 구름만으로 대자연이 주는 경이감을 만끽했다. 하지만 라룽라에 도착할 때쯤에는 당장 되돌아가고 싶은 심정이었다. 고산병이 본격적으로 찾아온 것이다.

버스 안을 둘러보니 모두 축 늘어져 있다. 바람이라도 쐬면 괜찮아질까 하고 버스에서 내렸다. 눈앞에 티베트 불경을 적은 오

5천m 고지의 라룽라

색 깃발이 바람에 흩날리고 있었다. 그리고 넓은 대지를 빙 둘러 고산들이 보였다. 한쪽에는 시샤팡마가, 그 반대편에는 초모랑마 Chomoloangma; 티베트어로 에베레스트를 뜻함가 있다는데 구름에 가려져 보이지 않았다. 정신없이 사진을 찍다가 나도 모르게 무게중심을 못 잡고 휘청했다. 내가 삶과 죽음을 가를 수 있는 5천m 높이에 있다는 사실을 새삼 깨달았다.

다시 버스에 올랐다. 비포장도로에 지프라도 한 대 앞질러 가면 자욱하게 일어나는 먼지 때문에 눈코입이 괴로웠다. 지프차는 몸집이 작은 만큼 날렵하다. 반면 버스는 느린 데다 앞뒤 좌우로 흔들림도 심해서 노면의 상태가 고스란히 몸으로 전달된다. 중간 중간 화장실을 가기 위해 정차한 것을 제외하고는 계속 달렸다. 화장실이랄 것도 없다. 지붕 없이 뻥 뚫린 화장실은 그냥 벽만 둘러놓은 수준이다. 비라도 오면 고스란히 비를 맞아가며 볼일을 봐야 한다. 그나마 벽이라도 쳐져 있으면 다행이다. 가도 가도 화장실이 없을 때엔 그냥 길거리에 차를 세웠다. 남자들은 일제히 차 뒷편으로 가서 볼일을 본다. 여자들은 참거나 수풀더미라도 찾아 들어가야 한다. 발목까지 오는 월남치마가 아쉬웠다.

띄엄띄엄 티베트 전통가옥이 보이고, 양과 염소를 몰고 가는 목동과 밭을 일구는 농사꾼이 간간이 보일 뿐 결국 똑같은 풍경의 연속이었다. 버스가 달리다 양떼를 만나면 한동안 발이 묶였다. 양떼가 지나가길 기다려야 하기 때문이다.

1층짜리 건물밖에 없는 올드팅그리의 작은 마을(좌)과 식당 앞에 있는 노점의 모습(우)

 지루해지려는 찰나 올드팅그리Old Tingri에 도착했다. 마을 한쪽 끝부터 다른 한쪽 끝까지 200m 정도 되려나. 가이드가 안내하는 식당에서 맛없는 점심을 먹고 나오면서 이곳저곳 돌아다녀봤지만 식당과 호텔, 노점상, 작은 상점이 전부였다. 이곳 사람들은 여행객들이 무척이나 신기했는지 우리를 뚫어지게 쳐다봤다. 그러다 카메라를 들이대면 황급히 피했다. 강렬한 햇볕에 피부가 까무잡잡해진 이곳 사람들은 숨어서 배시시 웃었다.

 올드팅그리를 떠난 버스는 더욱더 험한 길을 달렸다. 체크포인트에서 비자와 여권 검사를 받을 때 한 번, 버스 엔진에 열이 너무 올라 냉각수를 채울 때 한 번 세우고는 계속 달렸다. 그러는 동안 고산병 증세는 더욱 심해졌다. 드디어 갸초라Gyatso-La에 도착했다.

해발 5,220m로 라룽라보다 더 높다. 가방에 넣어놨던 사탕도, 화장품도 모두 빵빵해졌다. 손과 얼굴을 만져보니 부은 듯했다. 이러다 터져버리는 것 아닌가 걱정이 되기도 했다.

　점심을 먹고 올드팅그리를 출발한 시간이 오후 3시 30분, 이날의 목적지인 라체Lhatse에 도착한 시간이 밤 9시 45분이었다. 6시간 넘게 비포장도로를 달린 것이다. 중간 중간 패인 곳을 지나면서 덜컹하면 그 충격이 몸속까지 전해지는 듯했다. 이날 일기장에 이렇게 적어놓았다.

　'이런 고생은 이제 다시 하지 말자. 오지여행이 아니어도 지구상에 갈 만한 곳은 많다.'

> **tip 고산병 완화하는 법**
>
> 고산지대를 여행할 때 가장 힘든 것이 바로 고산병이다. 고도가 높아지면서 압력이 낮아지고 산소가 희박해져 나타나는 증상이다. 어지럽고 숨이 차며 식욕부진, 메슥거림, 수면장애 등의 증상이 나타난다. 급격하게 고도를 높이는 것보다 천천히 적응해가면서 높이는 것이 좋다. 또 무리해서 돌아다니지 말고 천천히 심호흡을 하면서 움직이는 것이 좋다. 수분은 충분히 섭취하고, 술이나 담배 등은 자제해야 한다. 고산지대에서는 고산병을 완화해주는 약을 팔기도 하니 약을 사먹는 것도 좋은 방법이다. 참고로 중남미에서는 고산병 완화를 위해 코카잎을 씹거나 우려서 마시기도 한다.

오지여행 끝에 만난 문명

. . . .

고생 끝에 낙이 온다고 했던가. 티베트에 들어와 처음 보는 2차선 도로에서 그 전까지 거북이걸음이었던 차들이 제법 속도를 낸다. 중간 중간 공사중인 구간을 만나면 서행해야 했지만 일단 아스팔트 도로를 달리니 심하게 덜컹거리지 않아 훨씬 편했다. 그렇게 티베트 제2의 도시 시가체Shigatse에 도착했다.

이곳은 도시다. 도로 위로 차들이 쌩쌩 달리고 있었고, 각종 식당과 상점이 줄지어 늘어서 있었다. 글로벌 브랜드의 의류 상점도 눈에 띄었다. 두꺼운 철제 버클로 된 허리띠와 스트라이프 무늬의 앞치마, 그리고 두건을 두른 티베트인들이 많이 보였다. 그동안 황량한 고원에 양이나 염소를 몰고 가는 티베트인, 오체투지를 하면서 한 걸음씩 라싸를 향해 가는 티베트인, 도로공사 현장에서 일하는 티베트인, 시골마을 작은 식당에서 주문받는 티베트인을 봐왔다면 시가체에서는 도시의 삶을 살아가는 티베트인부터 먼 지방에서 타쉬룬포 사원에 불경을 드리러 온 티베트인까지 더해져 북적이는 느낌이 들었다.

시가체 거리에는 한족도 많이 보였다. 시가체까지 오면서 만난 한족은 공안 정도였는데 시가체의 상점은 상당수 한족이 운영하고 있었다. 길거리 표지판도 중국어투성이었다. 오지를 벗어나 이제 문명사회에 왔다는 사실이 가장 크게 피부로 느껴진 것은 호텔

타쉬룬포 사원에서 내려다본 시가체는 참 큰 도시였다.

에서 체크인을 할 때였다. 3성급 호텔이었지만 지난 이틀간 묵었던 숙소가 워낙 열악해서였는지 5성 호텔 못지않은 느낌이었다.

잠깐 숙소에 대해 이야기를 해보자면 2곳 모두 공용 화장실과 세면장을 사용하고 있었고 샤워시설은 아예 없었다. 둘째 날 묵었던 숙소는 6명이 한 방을 쓰는데 임시 막사 같은 느낌이었다. 화장실은 칸막이가 없이 딸랑 변기만 2개 있었다. 누가 들어올까봐 불안해지니 변비는 필연이었다. 볼일을 보고 나면 물을 바가지로 떠서 퍼부어야 하는 것도 익숙지 않았다. 그러다 모처럼 화장실다운 화장실이 딸린 호텔에서 잠을 청하니 고산병도 사라지고, 잠도 솔솔 왔다. 좌식 양변기가 갖춰진 화장실이라 변비도 한방에 해소되었다. 이 호텔에서 이틀을 자고 라싸로 이동했더니 여긴 더 천국이었다. 포탈라 궁 뒤편으로 돌아가 몇 번의 좌회전을 한 후에 도착한 호텔은 시가체에서 묵은 호텔보다 더 좋았다.

시가체에서 라싸를 잇는 길 역시 잘 닦여 있고 비옥했다. 유유히 흐르는 강을 따라 키 작은 수목들이 있고, 보리와 옥수수, 간간이 노란 유채꽃으로 가득한 들판이 보였다. 라싸에 가까워질수록 경작물의 종류도 다양해지고, 비닐하우스도 눈에 많이 띄었다. 첫째 날과 둘째 날 봤던 황량한 들판과 너무 대조적이었다. 국경에서 거슬러 올라갔던 시간을 쭉 타고 다시 현대로 내려오는 듯한 느낌이었다.

라싸 쪽으로 올라갈수록 풍족하고 문명의 이기를 누리는 느낌이지만, 티베트의 색보다는 중국 냄새가 짙게 풍겼다. 라싸에는 티베트 전통의상을 입은 이들보다 현대식 복장을 한 이들이 더 많이 보였다. 상점 간판은 대부분 한자로 쓰여 있고 그 위에 티베트어가 조그맣게 적혀 있었다. 길거리 안내표지판은 중국어·티베트어·영어 순으로 적혀 있었다.

라싸로 접어들자 도로는 왕복 6차선으로 넓어졌다. 인력거와 자전거를 위한 전용도로까지 합치면 8차선이다. 높은 가로등과 쭉

평범한 일상을 살아
가는 라싸 주민들

쭉 뻗은 빌딩이 수도답다는 느낌을 주었다. 라싸 시내로 들어서자 4층 이상 높이의 건물들과 BMW·현대차·도요타 등 외제차를 파는 영업점이 바로 눈에 띄었다. 티베트는 숨겨진 은둔의 땅이라고 생각했는데, 의외로 외국인 관광객이 많았다. 거리 곳곳에는 'Travel Agency'라는 영어 간판을 단 여행사들이 줄지어 있었다.

게다가 라싸에서는 티베트에서 느꼈던 야크 기름 냄새가 나지 않았다. 그만큼 중국화가 많이 되었다는 반증이다. 체육관·극장·

태양발전소·위성중계소 등 신형 건축물들이 들어서면서 천년고도는 빠르게 현대화되고 있었다. 종교시설에까지도 중국 국기인 오성홍기가 펄럭이고 있었다.

라싸에 진입하기 전에 가이드가 왼쪽을 가리키며 저곳이 바로 칭짱철도의 종착점인 라싸 역이라고 설명했다. 한창 공사중인데 외관은 거의 완성되어 보였다. 이 철도가 완성되면 중국화는 더 빨라지겠지 하는 생각에 안타까움이 밀려왔다.

달라이 라마와 판첸 라마

. . . .

시가체 재래시장을 지나 타쉬룬포 사원 근처에 있는 식당에서 점심을 먹었다. 티베트식 분위기의 인테리어와 벽에 걸려 있는 큰 사진이 유난히 눈에 띄었다. 아침을 먹었던 곳에서도 봤던 풍채가 좋은 스님의 사진이었다. 이 사진 속의 스님은 10대 판첸 라마라고 했다.

티베트 곳곳에는 달라이 라마 사진 대신 대부분 10대 판첸 라마의 사진이 걸려 있었다. 이곳이 중국 땅이라는 사실을 새삼 깨닫게 하는 부분이다. 달라이 라마보다는 낯선 판첸 라마지만, 둘 다 살아 있는 보살, 즉 활불活佛로 불리며 티베트의 정신적인 지도자로 추앙받고 있다. 달라이 라마는 관세음보살의 환생이며, 판첸 라마는 아미타여래의 환생으로 여겨진다. 하지만 지금 티베트인들에게 달라이 라마와 판첸 라마가 주는 무게감은 다르다. 그 배경은 다음과 같다.

달라이 라마 5세는 다른 종파가 강성이었던 서부의 챤 지방까지 자신의 종파인 황모파黃帽派: 종교 개혁 이후 티베트에 창설된 라마교의 종파의 손아귀에 넣으려고 했다. 자신의 스승인 판첸 로산 추키겐 첸이 죽자 그의 환생자를 선정해 판첸 라마라고 명명한 뒤 시가체의 타쉬룬포 사원의 법왕으로 지정했다. 이렇게 판첸 라마가 탄생한 것이다. 당시 환상자로 지목된 로산 초에키 기알첸Lobsang Chökyi Gyalsten은 4대 판첸 라마고, 타쉬룬포의 지도자였던 이들을 소급해 1~3대를 지정하게 된다. 이후 달라이 라마가 황모파의 1인자라면, 판첸 라마는 2인자로서 시가체를 중심으로 챤 지방을 통치해왔다. 판첸 라마 역시 사후에 환생자를 찾아 계속 계승되었다. 달라이 라마와는 서로 번갈아가면서 먼저 태어난 사람이 스승이 되어 법을 전해나갔다.

하지만 청나라가 달라이 라마와 판첸 라마의 관계를 정치적으로 이용하면서 분열이 일어나기도 했다. 청나라가 1728년 달라이 라마로부터 통치권을 빼앗고 판첸 라마를 지지하면서 두 라마가 대립했던 것이다. 그러나 10대 판첸 라마의 등장으로 이 관계는 다시 바뀌었다. 판첸 라마가 14대 달라이 라마의 귀환과 티베트 독립을 주장했던 것이다. 이 일로 10대 판첸 라마는 문화혁명기간 동안 중

티베트인 상점에 걸려 있던 판첸 라마의 사진

국에 연금되었다가 1989년 고향으로 돌아왔는데 돌연 심장마비로 급사하게 된다. 건강했던 판첸 라마의 죽음은 각종 음모론과 독살설 등을 낳으며 티베트인들을 자극했고, 결국 라싸의 포탈라 궁 앞에서 대규모 민중시위가 일어나 유혈사태로까지 이어졌다.

이런 상황에서 중국 정부는 11대 판첸 라마 지명에도 관여했다. 판첸 라마 10세가 사망하자 달라이 라마는 1995년 당시 6살이었던 게둔 초에키 니마 Gedhun Choekyi Nyima를 판첸 라마의 환생으로 지목했다. 하지만 중국 정부는 이를 인정하지 않고 기알첸 노르부Gyaincain Norbu를 판첸 라마 11세로 지명했다. 노르부의 부모는 모두 공산당 당원이었다. 니마가 판첸 라마로 인정을 받은 지 사흘 만에 자취를 감추는 바람에 중국 정부의 독살설, 납치설 등이 나돌았다. 그로부터 20년 후 티베트 자치구의 한 간부에 의해 니마가 생존해 있으며 건장한 청년으로 성장했다는 것이 외부에 알려졌다.

현재 달라이 라마는 인도 다람살라Dharamshala에서 티베트 망명정부의 수반으로 있으며, 판첸 라마는 중국 정부의 보호 하에 중국불교협회 부회장을 맡고 있다. 그렇기에 티베트인들은 판첸 라마를 중국 정부의 꼭두각시로 보고, 달라이 라마를 진정한 종교 지도자로 섬기고 있다.

그러나 중국이 달라이 라마에 대해 언급하는 것조차도 과민반응을 보이고 있기 때문에 달라이 라마의 사진이 아닌 판첸 라마의 사진을 걸어놓은 것이다. 다만 중국이 지명한 11대 판첸 라마를 인정하지 않는 티베트인들은 9대와 10대 판첸 라마의 사진을 걸어놓는다.

14대 달라이 라마는 지난 2004년 한 해외 언론사와의 인터뷰에서 자신이 죽은 이후에 더이상 달라이 라마는 없을 것이라고 선언했다. 판첸 라마처럼 중국이 일방적으로 달라이 라마를 선출해 정치적으로 악용할 수 있을 것이란 걱정 때문이었다.

개구쟁이 동자승

· · · ·

시가체에서 3시간 가량을 달려 간체Gyantse에 도착했다. 백거사白
居寺: 티베트 최대 규모의 불탑 쿰붐으로 유명한 사원 입구에 내리자마자 어린아이
들이 달라붙었다. 돈을 달라고 하거나 물통이나 음료수 캔을 들
고 있으면 거의 낚아채 가듯 가져갔다. 빈 병과 캔을 모아 팔면 돈
을 벌 수 있는 모양이다. 달라붙은 아이들을 어렵게 떼어놓고 백
거사 안으로 들어갔다. 정면에 보이는 대전당에는 라마승들이 공
양을 드리는 의자가 놓여 있고, 중앙에는 거대한 석가모니가 있었
다. 2만 8천 근이 넘는 황동을 사용했다는데 위압감이 느껴질 정
도다.

들어서자마자 뚱뚱한 라마승이 험상궂은 표정을 지으며 사진을
찍는 사람들에게 다가왔다. 그러고는 이 안에서는 20위안을 내야
사진을 찍을 수 있다고 했다. 가죽 재킷을 입은 이 라마승은 승려
라기보다 고리대금업자 같았다. 20위안을 내더라도 다른 카메라
로 찍으면 어김없이 다가와 "One Camera Only"라고 쏘아붙였
다. 가이드를 따라다니는 관광객 틈에 함께 서서 감시의 눈초리를
늦추지 않았다.

대전당을 다 둘러보고 백거탑에 올랐다. 여기도 사진을 찍으려
면 또 10위안을 내야 한단다. 역시 뚱뚱한 승려가 돈을 받았다. 추
가로 낸 돈이 아깝지 않을 정도로 백거탑은 화려했다. 4층까지 올

▲ 간체에 있는 백거탑의 외관
▼ 백거사에서 바라본 간체

라갔더니 백거사 대전당과 간체 시내가 훤히 보였다. 방을 둘러보는데 방마다 있던 네팔·인도·중국 등 각기 다른 스타일의 불상과 벽화에 정신을 빼앗겼다. 108개의 전당에 모두 10만 개가 넘는 불상이 있어서 '십만 탑'이라고도 부른다고 한다.

한층 더 올라가 원형탑에 올랐다. 저 멀리 간체종이 보였다. 절벽 위에 우뚝 서 있는 요새로, 1904년 티베트를 침입한 영국군에게 저항하던 티베트인들이 항복 대신 죽음을 선택하면서 뛰어내린 바로 그곳이다. 굴곡 많은 티베트의 역사와 돈을 내라며 인상을 쓰던 승려의 얼굴이 겹쳐져 시가체로 돌아오는 길이 참 씁쓸했다.

이 찝찝한 기분은 시가체의 타쉬룬포 사원에서 풀렸다. 입구에서 스님들이 입장료를 받고, 사진을 찍으려면 돈을 추가로 내야 하는 것은 백거사와 같았다. 오히려 백거사보다 더 비쌌다. 기본 75위안이지만 상황에 따라 많게는 150위안을 부르기도 했다.

그러나 일단 타쉬룬포 입구에 들어서기 전부터 감탄사가 절로 나왔다. 하늘이 눈부시도록 파란 덕에 화려한 금색 지붕과 티베트식 전통가옥 장식이 더욱 돋보였다. 전당에 들어가니 불상 아래 판첸 라마의 사진이 놓여 있었다. 주위를 둘러보는데 역시 사진 찍기를 감시하는 라마승들이 촉을 바짝 세우고 있었다. 하지만 백거사만큼 강압적이진 않았다. 셔터 소리가 나면 다가와 경고만 할 뿐 돈을 받지 않는 스님도 있었다. 좀 느슨하면서도 인간적인 면이 느껴지는 라마교였다.

타쉬룬포 사원

    이곳은 엄격한 불교의 교리보다 자유로움이 가득한 곳이었다. 타쉬룬포 사원 곳곳에 삼삼오오 모여 앉아 담소를 나누는 스님들이 눈에 띄었다. 동자승들은 봉지에 물을 담아 물싸움을 하는 데 정신이 없었고, 청년 라마승들은 관광객과 농담을 주고받으며 노닥거렸다. 불전 입구 한쪽에 아예 자리를 깔고 누워 낮잠을 즐기는가 하면, 서로 툭툭 치면서 장난치기에 여념 없는 이들도 있었다.
    언덕 위에 탕카thanka; 라마교 사원 벽이나 본당 정면에 걸어놓은 탱화가 걸려 있는 하얀 벽까지 올라가보기로 했다. 고산병 때문에 천천히 걷는 대신 좀더 빠른 길을 찾아 올라갔다. 그러다 길을 잘못 드는 바람에 헤매고 있는데 선글라스를 낀 나이 든 스님이 나타나 활짝 웃으며 "코리안?"이라고 물었다. 고개를 끄덕이니 엄지를 번쩍 들어 올리며 뭐라고 연신 외쳤다. 무슨 말인지 몰라 사진이나 찍자고 했더니 단번에 포즈를 취해주었다. 찍은 사진을 확인한 스님은 우리에게 하얀 벽까지 올라가는 길을 인도해주었다. 하얀 벽 앞에 도착하자 벽 너머로는 갈 수 없다면서 이런저런 가이드 역할을 자청했다. 그 스님은 선글라스에 무척 관심이 많았는데, 일행 중 한 명이 쓰고 있던 둥글둥글한 여성용 선글라스를 한번 써보자고 하는 것이 영 스님답지는 않았다.

집회시간이 다가와 서둘러 내려왔다. 오후 6시 30분이 되자 스님들이 하나둘씩 전당 앞마당에 모였다. 겨자색 망토를 두르고 같은 색의 고깔모자 비슷한 것을 쓴 스님들이 어느새 마당을 가득 채웠다. 스님들이 노래를 부르더니 우르르 전당 안으로 뛰어 들어갔다. 외국인도 법회를 보는 게 허용될까 하는 소심한 마음에 조용히 전당으로 다가갔다.

멀리서 내부를 빼꼼 바라보는데 아무도 저지하지 않았다. 괜찮은 건가 싶어 문 앞까지 가서 들여다보다가 결국 한 발짝 문턱을 넘어섰다. 그때 라마승 한 명과 눈이 마주쳤다. 들어가도 되냐고 손짓으로 신호를 날렸더니 들어오란다. 소심하게 맨 끝에 앉았는데 한 라마승이 앉기 편하게 뒤에 있던 나무판을 치워주었다. 용기백배해서 아예 3줄 앞으로 자리를 옮겼다. 밖에서 서성이며 분위기를 살피던 외국인들도 줄줄이 따라 들어왔다. 나란히 쭉 자리를 잡고 앉으니 공양이 시작되었다.

좀 높은 곳에 앉아 있는 스님이 낮게 불경을 외우면 이어서 다같이 외우는 식이었다. 중간에 몇몇 스님이 큰 철제 물병을 들고 들어오자 다들 품 안에서 밥그릇을 꺼냈다. 스님들이 차례차례 그릇에 수유차를 따라주었다. 불경을 외고 수유차를 마신 후 남은 물은 페트병을 돌려가며 모았다. 그러고는 각자 자신의 밥그릇을 밥그릇 주머니로 깨끗하게 닦아 다시 품안에 넣고 불경을 외기 시작했다. 2번의 식사와 계속 이어지는 불경, 중간 중간 연륜이 있는 듯한 스님이 향을 피워 향을 맡을 수 있도록 쭉 돌리기도 했다. 이렇게 한 시간 남짓 공양시간이 이어졌다.

처음 자리에 앉자마자 맞은편에 앉아 있던 동자승과 눈이 마주쳤다. 10살 정도로 보이는 이 어린 스님은 하품을 하다가 나와 눈이 딱 마주쳤는데 무안한지 머리를 긁적이면서 계속 웃었다. 눈이 마주칠 때마다 멋쩍어하면서 나도 웃고 꼬마 스님도 웃었다. 옆에 앉은 또래 동자승에게 속삭이듯 상황을 전하는가 싶더니 이번엔 같이 웃었다. 괜히 더 큰 소리로 불경을 읊어보기도 하다가 불경을 잊어버렸는지 또 무안해하면서 씩 웃었다.

경건해야 할 것 같은 공양시간은 동자승들의 부스럭거림과 속

스님들이 앉아 소일
거리를 하고 있다.

삭임, 장난기 가득한 눈빛 교환으로 살짝 산만해졌다. 한쪽에 앉은 꼬마스님은 코딱지를 손으로 파서 던지는 행동을 계속했다. 그러다가 큰 스님한테 걸려서 주의를 받았다. 그래도 장난은 멈추지 않았다. 사실 10살 안팎이면 한창 뛰어놀 나이다. 잠시라도 가만히 앉아서 집중하기 어려웠을 것이다.

공양시간이 끝나자 모자를 집어 쓰고 다들 우르르 나갔다. 마지막에 뒤따라 나가니 아까 그 동자승이 앞에서 쑥스러운 듯 몸을 비비 꼬며 서 있었다. 사진을 찍자 했더니 쭈뼛쭈뼛 응하고는 휑

도망가버렸다.

얼마 후 가버린 줄 알았던 꼬마 스님이 다시 눈앞에 나타났다. 공양시간에 옆에 같이 앉았던 다른 동자승과 함께 문 앞에서 기다리다 우리보다 조금씩 앞서 가면서 미로 같은 타쉬룬포 사원을 나가는 길을 안내해주었다. 정문이 보이는 곳에 다다르자 작별 인사를 하고는 가버렸다. 남은 티베트 여행 내내 그 동자승의 수줍은 웃음이 계속 머릿속을 맴돌았다.

라싸의 세라 사원Sera Monastery도 유쾌한 곳이었다. 1419년 총카파 승려였던 참첸 츄 제이가 창건한 세라 사원은 불교 교리를 가르치는 교육기관이다. 한때 5천 명 이상의 스님이 살기도 했지만 문화대혁명과 티베트 소요사태 이후 300여 명의 스님만 남았다. 이곳은 불경토론장으로 유명한데, 불경토론이란 말 그대로 불교에 대한 지식을 격렬하게 토론하는 것으로 스님들의 수련 방식이기도 하다.

세라 사원의 인경원에 잠시 들렀다가 토론의 정원으로 향했다. 어디선가 시끄러운 소리가 난다 했는데 바로 토론의 정원에서 난 소리였다. 세라 사원에서는 매일 오후 3시에 교리문답 시간이 진행된다고 한다.

자줏빛 라마복을 입은 스님들 수십 명이 정원에 모여 뭔가를 큰 소리로 이야기하고 박수를 딱 치는 행동을 계속한다. 보통 2명이 짝이 되어 한 명은 앉아 있고 한 명은 서 있다. 서 있는 라마승은 어깨에 두르는 자줏빛 끈을 허리에 묶고 크게 뭔가를 말한 후 박수를 딱 친다. 때때로 삿대질을 하기도 해 언뜻 싸우는 것 같아 보이기도 한다. 노승은 젊은 라마승들의 토론을 유심히 지켜본다.

이렇게 한쪽에서는 격렬하게 토론하는데 또 다른 쪽에서는 그늘에 앉아 설렁설렁 시간을 때우는 모습이 보인다. 자유로움과 학문에 대한 열정이 공존하는 토론장이었다. 다만 관광객들이 몰려들어 신성한 교육의 현장이 관광 상품화되는 것 아닌가 하는 아쉬움이 남았다.

여자는 다 비슷해
. . . .

라싸에 머무는 동안 가이드북에 없는 곳을 찾았다. 여성 스님, 그러니까 비구니가 있는 사원 '아니상쿵Anisangkung'이었다. 라마승 복장을 한 여스님들이라니 느낌이 이상하다. 대전에 들어가보니 비구니들이 식사중이었다. 각자 무릎에 빨간 천을 펴고 묵 같은 것을 서로 나눠먹으며 이야기꽃을 피우고 있었다. 라마승 복장에 머리는 삭발을 했지만 얼굴형이나 어깨선은 영락없는 여인이다.

송첸감포松贊干布: 당나라 때 티베트를 통일한 왕가 수행했다는 동굴을 거쳐 비구니들이 예불을 드리는 곳 앞에서 예불이 시작되길 기다리고 있었다. 비구니들이 하나둘씩 주변으로 모여들었다. 흔쾌히 사진

아기자기한 비구니 사원인 아니상쿵

촬영에도 응해주고, 이것저것 대화도 나누었다. 짧게나마 영어를 할 줄 아는 비구니가 우리의 말을 전달하고, 또 그들의 말을 우리에게 전달했다. 통역까지 있으니 한바탕 수다판이 벌어졌다. 여자라 그런지 액세서리와 옷에 관심을 보였다. 보라색 공단치마가 마음에 들었는지 라마교 승려복과 바꿔 입자는 제안을 했다. 목걸이에 펜던트로 달아놓은 열쇠를 보더니 자기 허리춤에 매달고 다니는 열쇠를 보여준다. 또 내 손목을 만져보며 너무 말랐다는 제스

처도 취한다.

그렇게 짧은 시간 안에 공통의 관심사로 급격히 친해졌다. 예불까지 따라 들어가 함께 수다를 떨었던 비구니 옆자리에 앉았다. 그 비구니는 자기 옆에 앉은 비구니를 자매라며 소개했다. 그리고 보니 생김새가 비슷하다. 새 멤버가 추가되었으니 예불 시간까지 남은 짧은 시간에 또 한 차례 수다가 시작되었다. 한국의 비구니를 만나봤는데 상당히 멋졌다며 TV를 통해 한국 방송을 많이 본다고도 했다. 원활한 의사소통은 아니었지만 충분히 즐거운 대화였다.

여자들이라 그런지 스킨십도, 대화도 정겹고 즐거웠다. 이곳 사원에서도, 이곳에서 만난 스님들에게서도 아기자기한 느낌을 받았다. 그리고 스님으로 사는 그들이나 이 힘든 곳까지 여행 온 우리나 예쁜 옷과 액세서리를 보면 눈이 가고 수다를 떨고 싶은 마음은 똑같다는 것을 새삼 느꼈다.

오체투지의 열정

....

티베트까지 오게 만든 바로 그 포탈라 궁 Potala Palace. 시가체에서 출발해 라싸 시내에 접어든 지 얼마 되지 않아 뿌연 안개에 휩싸인 포탈라 궁을 마주하게 되었다. 안개에도 불구하고 붉은색과 하안색의 극명한 대조가 뚜렷하게 보였다. 한때 달라이 라마가 머물던 곳이었지만 지금은 주인 없이 중국 정부에 관광 수입을 벌어다 주는 곳이 되었다.

아침 일찍 포탈라 궁을 보러 나섰다. 가는 날이 장날이라고 이 날은 티베트 달력으로 4월 15일, 바로 사카다와 축제가 열리는 날이었다. 티베트인들은 이때 성지를 찾아 순례를 하면서 일생의 죄를 씻는다고 한다. 그래서인지 포탈라 궁 주변이 순례를 온 사람들로 가득했다. 신기한 것은 모두 시계 방향으로만 돈다는 것이다. 역행하는 사람은 한 명도 없었다. 아이 손을 잡고 걷기도 하고, 법륜을 돌리거나 불경을 외우면서 걷기도 했다. 먼 곳에 사는 티베트인들은 이 날을 위해 몇 달 전부터 걸어서 라싸에 오기도 한단다. 종교에 대한 열정이 대단했다.

포탈라 궁이 한눈에 보이는 정면 도로에서는 일렬로 엎드려 오체투지를 하는 티베트인들로 가득했다. 손과 무릎, 이마에 보호 장치를 하고는 경건하게 성의를 다해 두 손을 모아 이마에 한 번, 코 앞에서 한 번 가슴에서 한 번 합장을 한 뒤 무릎을 꿇고 앉았다가 몸을 완전히 엎드려 낮춘다. 이마가 땅에 닿아 딱딱 소리가 나면 팔을 쭉 뻗었다가 원을 그리며 다시 허리춤에 모으고는 일어난다. 한 번만 해도 숨이 찰 것만 같은 이 동작을 티베트인들은 끊임없이 반복하고 있었다. 이들을 뚫고 포탈라 궁 입구로 갔다. 정작 입장료를 내고 들어가는 사람들은 관광객뿐이다. 티베트인들은 그

▲ 포탈라 궁을 향해 오체투지를 하는 티베트인들

◀ 포탈라 궁을 돌면서 옴마니반메훔을 외우는 티베트 장족

저 법륜을 돌리면서 순례를 돌고 있었다.

아침엔 구름에 가려 음산한 분위기였던 포탈라 궁이 하늘이 개자 장엄함을 선사한다. 언덕을 올라 백궁 앞에 섰다. 달라이 라마가 겨울에 집무를 보던 곳으로, 내부의 벽화와 단청의 섬세함이 예술이다. 백궁을 통해 역대 달라이 라마의 영탑靈塔이 있는 홍궁으로 건너갔다. 영탑에는 향료와 약물로 방부처리한 달라이 라마의 유해를 모셔둔 탑병塔瓶이 있다. 황금과 진주, 그리고 각종 보석으로 치장한 영탑들이 화려하다.

포탈라 궁에는 점령 이전의 중국의 흔적도 남아 있었다. 달라이 라마가 청나라 황제를 찾아가 알현하는 장면을 상세히 그린 벽화, 중국으로부터 선물 받은 불상, 청나라 황제가 썼다는 현판 등이 눈에 띄었다.

또 다른 라마교도들의 순례지인 조캉 사원으로 가는 길도 비슷했다. 오체투지로 한 걸음 한 걸음 가는 티베트인들 때문에 팔각거리인 바코르Barkor를 돌아 조캉 사원까지 가는 길이 막혀 종종 걸음을 멈춰야 했다. 한눈팔고 가다가는 다른 사람을 밟거나 사람에 걸려서 넘어질 지경이었다. 조캉 사원 앞은 더 심했다. 남녀노소 할 것 없이 각자 자리를 잡고 오체투지에 골몰하고 있는 사람들로 빼곡했다. 7살쯤 되어 보이는 꼬마도 자리를 잡고 어른 못지않게 정성들여 오체투지중이었다.

사람들에게 밀려서 조캉 사원 안으로 들어갔다. 예불하는 장소

◀ 조캉사원

▼ 라마승들이 야크털 천막 아래에서 돈을 세고 있다.

를 지나 대전에 들어가는 길은 더욱 인산인해였다. 티베트인들은 송첸감포에게 시집 온 당나라 문성공주가 장안에서 가져와 모셔 놨다는 불상을 중심으로 한 바퀴 빙 돌았다. 그러고는 뭔가 하나씩 들고 와서 봉헌을 했다. 줄이 꽤 길었다. 관광객이 서는 줄은 따로 있어서 둘러보는 차례가 좀 일찍 오기는 했지만 난장은 어쩔 수 없이 뚫어야 했다.

봉헌하는 곳에는 스님들이 지키고 있었는데 불상에 인사하는 시간이 좀 길어진다 싶으면 가차 없이 등짝을 치거나 옷을 잡아 끌어냈다. 바닥 곳곳에는 라마교도들이 놓고 간 버터봉지·자루·지폐 등이 굴러다녔다.

사원 위층으로 올라갔더니 바코르 광장이 한눈에 들어왔다. 여전히 오체투지하는 신자들과 부산히 순례를 도는 사람들로 북적였다. 옥상에는 주로 관광객들이 사진을 찍거나 쉬고 있었다. 귀를 간지럽혔던 낮은 음색의 불경 외는 소리도 들리지 않았다. 마치 다른 세상 같았다.

파란 하늘과 하얀 뭉게구름, 저 멀리 멋진 실루엣을 자랑하는 산등성이, 이런 풍경과 멋들어지게 어울리는 조캉 사원 지붕을 감상하다 한층 내려왔더니 야크털 천막 아래로 라마승이 예불하는 모습이 보였다. 유심히 보니 라마승 옆에 돈다발이 가득했다. 신자들이 돌아가며 라마승에게 지폐를 한 장씩 나눠주는 모습이 보였다. 라마승들이 줄잡아 100명도 넘는 듯한데 신자들은 손에 든 새

지폐를 돌아가면서 한 장씩 다 나누어주었다. 돈을 나누어주면 한 라마승이 목에 하다hada를 걸어준다. 티베트에서는 흰 천으로 만든 하다를 걸어주는 게 환영한다는 의미라고 한다.

돈을 챙기는 라마승의 모습이 영 어색했다. 불경을 외다가도 돈을 받기 위해 손을 불쑥 내밀고, 받은 돈은 자줏빛 스님용 천가방에 얼른 챙겨 넣었다. 아예 검은색 가죽 돈가방을 가져온 스님, 돈다발을 세는 스님, 돈을 고무줄로 묶어서 방석 밑에 깔고 앉는 스님 등 각양각색이다. 불경을 외면서도 힐끗힐끗 주변을 돌아보며 상황파악에 나서는 스님들을 보니 타쉬룬포와는 다른 분위기에 좀 쓸쓸했다.

『나는 인도에서 인생을 배웠다』 저자와의 인터뷰

Q. 『나는 인도에서 인생을 배웠다』를 소개해주시고, 이 책을 통해 독자들에게 전하고 싶은 메시지는 무엇인지 말씀해주세요.

A. 두 달 가까이 인도를 여행하면서 겪었던 일과 느꼈던 점 등을 에세이로 써내려간 책입니다. 여행을 많이 다녀봤지만 인도처럼 예상하지 못한 돌발 상황에 많이 부딪혔던 곳은 없었어요. 그만큼 스펙터클하고 다이내믹한 여행이었지요. 인도의 정치·경제·문화·역사를 알면 인도에서 왜 이런 상황이 벌어지는지 좀더 쉽게 이해할 수 있습니다. 이 책은 인도 여행을 앞둔 분이나 저처럼 환상을 가지고 인생을 찾고자 인도로 떠나는 분들을 위해 인도가 어떤 나라인지 먼저 살짝 보여주는 책이라고 할 수 있어요.

Q. 남들이 선망하는 직업인 기자와 공무원을 포기하고 인도 여행을 가게 된 이유는 무엇인가요?

A. 기자 생활을 하다가 문득 이 길이 내 길이 맞나 하는 생각이 들었어요. 그때 우연히 공무원으로 일할 기회가 생겨 고민 없이 직업을 바꿨습니다. 하지만 고민은 해결되지 않고, 여전히 '이 일이 정말 내게 맞는 걸까?' 하는 생각이 들었지요. 지금 생각해보면 질풍노도의 시기였던 것 같아요. 어찌 되었든 공무원 생활을 딱 6개월 하고 나서 인도로 떠났습니다. 명상센터나 요가, 그리고 큰 깨달음을 얻었다는 정신적 지도자들에 대한 이야기가 워낙 많아, 인도에서는 뭔가 깨달음을 얻을 수 있을 것만 같은 막연한 환상을 가지고 있었거든요.

Q. 인도라는 나라를 간략하게 설명한다면 어떤 나라인가요?

A. 인도는 약 12억 명이 살고 있는 거대한 나라입니다. 인구의 80% 이상이 힌두교를 믿으며, 공식 언어만 22개인 데다 방언은 무려 800여 개에 달합니다. 국토 면적은 전 세계 7위로, 동서로도 길지만 남북으로 더 길어서 남쪽과 북쪽의 문화가 다르고, 사람들의 생김새도 다릅니다. 하나의 나라인데 전혀 다른 나라 같은 느낌이 들 정도로 다양성이 존재하는 나라지요. 지금은 7%대 경제성장률을 보이면서 이머징emerging 국가 중에 가장 주목받고 있는 나라예요. 인구가 많은 데다 평균이 연

령 26세 정도로 상당히 젊어 인도에서 고령화 걱정은 아직 먼 이야기입니다. 또 IT나 과학기술 분야에 강합니다. 인도는 숫자 중에 '0'를 발견하고 사용한 최초의 국가라서 그런지 숫자에 강해요. 그래서 길을 물어보면 방향을 알려주면서 거기까지 대략 230m 정도 걸린다고 숫자까지 정확히 말해주는 경우가 많고, 간단한 계산은 암산으로 척척 해냅니다.

인도가 영국 식민지였기 때문에 영어 구사가 가능하다는 점도 인도의 미래를 밝게 만드는 요인입니다. '힝글리시'의 발음이 처음에는 상당히 낯설지만 지내다 보면 곧 익숙해진답니다.

Q. 책 제목이 『나는 인도에서 인생을 배웠다』입니다. 무엇을 느끼고 배우셨나요?

A. 이런저런 생각을 많이 했어요. 살아오면서 가장 길게 떠난 여행이기도 했고, 인도가 워낙 커서 한 번 이동하려면 1박 2일이 걸리는 경우가 많아 생각에 잠기는 시간도 많았거든요. 직장을 그만두고 간 거라 특히나 생각이 많았지요.

딱히 정답을 얻은 것은 아니었지만 '세상에 이렇게 사는 사람들도 있구나.' '인도 사람들은 이래서 이렇게 하는구나.' '이런 걸 중요하게 생각하는구나.' 등등 많은 것들을 알게 되었고, 여성으로서 한국에서 태어난 게 참 다행이라는 생각도 했어요. 그리고 더 열심히 살아야겠다고 다짐도 했답니다.

Q. 인도 여행을 다녀오신 후 알게 된 인도의 매력은 무엇인가요?

A. 앞에서도 말씀드렸듯이 예상하지 못한 상황이 종종 발생한다는 점이 가장 큰 매력인 것 같아요. 또 인도인들은 다른 사람에 대한 관심과 호기심이 많아 그들과 금세 친구가 될 수 있지요. 물론 인도가 워낙 큰 나라고, 인구도 많다 보니 여행객들이 때때로 사건사고를 겪기도 하지만, 그래도 순박한 사람들을 많이 만날 수 있어요. 대체로 한국이라는 나라에 대해 좋은 이미지를 가지고 있어 상당히 호의적이랍니다.

Q. 많은 직장인들이 관광이 아닌 자아를 찾는 여행, 힐링을 위한 여행을 꿈꾸는데요, 실행에 옮기는 것이 만만치 않습니다. 이들에게 한 말씀 부탁드립니다.

A. 여행 목적이나 스타일은 개개인이 다 다르잖아요. 어떤 사람은 대자연의 경관을 보는 것을 좋아하고, 어떤 사람은 역사 탐방을 좋아하고, 또 어떤 사람은 그야말로 편히 쉴 수 있는 휴양이 최고라고 생각하지요. 본인에게 맞는 여행을 찾는 것이 가장 중요해요. 그게 관광이든 휴양이든 원하는 여행을 하면 자연스럽게 힐링이 되고, 그 과정에서 많은 것을 배우고 깨닫게 되거든요.

저는 좀 젊었을 때 이슬람·잉카·유럽 문명 등 문명을 찾아서 여행을 떠났어요. 이런 여행은 힘들긴 하지만, 한번 다녀오면 상당히 식견이 넓어지는 느낌이 들어서 만족감이 상당히 컸어요. 결혼해서는 주로 자연 경관을 찾아서 떠나고, 아이를 낳고 나서는 휴양하는 여행을 찾게 되었지요. 중요한 것은 자신의 스타일을 찾는 것과 여행을 떠나겠다고 결심하면 실행에 옮기는 결단력, 이 2가지인 것 같아요. 여행 경비를 걱정하는 분도 많은데, 지금 이 시간은 놓치면 절대 돌아오지 않으니 빚을 내서라도 꼭 떠나라고 권하고 싶어요.

Q. 인도인들의 얼굴을 보면 이마에 찍힌 붉은 점을 볼 수 있는데요, 이 빨간 점은 어떤 의미를 가지고 있나요?

A. 저도 푸쉬카르에 갔을 때 이마에 한 번 찍어 봤어요. 빈디·티카·신두르 등으로 불리는 이것을 인도인들은 '제3의 눈'이라고 여겨요. 제3의 눈을 뜬다는 것은 우주의 진리를 깨닫는 의미이며, 인도인들은 빈디를 그리면 악을 쫓아주고 행운을 가져다준다고 믿어요. 젊은 여성들은 미간에 붉은 점 대신 장신구를 붙이거나 그림을 그리는 등 패션 아이템으로 다양하게 활용하지요.

Q. 요즘 자유여행이 붐을 이루고 있습니다. 인도에서 자유여행을 할 때 아프면 어떻게 해야 하나요?

A. 인도 여행중에 일행이 아파서 입원을 한 경우가 있어요. 외지

에 나가서 아프면 정말 서럽죠. 인도는 특히 위생상태 때문에 설사병 같은 것에 걸릴 수 있으니 조심해야 합니다. 심지어 양치질도 생수로 하는 게 좋다고 해요.

그래서 여행을 가기 전에 해외여행자보험을 꼭 드는 게 좋아요. 저 역시 해외여행을 갈 때 어떤 일이 생길지 몰라 여행자보험을 꼭 드는 편이에요. 의료비나 도난품 등에 대한 보상한도가 천차만별이니 꼭 확인하고, 한도가 넉넉한 것으로 들어야 해요. 은행이나 신용카드 회사에서 여행자보험을 제공하는 프로모션도 많으니 이런 곳 활용하는 것도 괜찮은 방법입니다. 참고로 현지 병원에서 치료받은 뒤 진단서와 영수증을 챙겨 와야 보험사에 청구할 수 있답니다.

Q. 인도 여행시 네팔과 티베트를 다녀오셨는데요, 인도와 다른 점이 있다면 무엇이었나요?

A. 네팔은 안나푸르나 트레킹 때문에 갔는데 트레킹하면서 고생을 많이 했어요. 대자연 앞에서 경건해지기도 했고, 우기에 가서 난생처음 거머리에 물려보기도 했지요. 사실 네팔도 인도와 같은 문화권이라 비슷한 부분이 많아요. 티베트는 누군가 괜찮은 여행지를 추천해달라고 하면 5순위 안에 꼭 넣는 곳이에요. 중국이지만 중국 같지 않은 곳이지요. 분명히 티베트라는 나라가 있었는데 너무 많이 한족화가 된 것이 안타까웠어요. 아픈

역사를 가지고 있어서 그런지 여행 내내 생각을 많이 했고, 달라이 라마에 대해 관심을 가지게 된 계기가 되기도 했어요.

Q. 인도 여행을 계획하고 있는 이들에게 꼭 해주고 싶은 이야기가 있다면 말씀해주세요.

A. 많은 분들이 꿈꾸는 곳이고, 또 실제로 여행을 많이 가는 나라이기도 해요. 처음에는 좀 힘들 수도 있지만, 조금 적응하고 나면 인도의 매력이 보일 거예요. 설사병 한두 번 앓고 나면 길거리 음식을 먹는 일도 편해지고, 자꾸 말을 거는 인도인들이 처음에는 무섭고 귀찮기도 하겠지만 나중에는 누가 말을 걸지 않으면 허전해지기도 하지요. 여행지라고 생각하지 말고 그냥 인도에 살러 왔다고 생각하고 그들과 스스럼없이 어울리면 또 다른 인도가 보일 겁니다.

 스마트폰에서 이 QR코드를 읽으시면
저자 인터뷰 동영상을 보실 수 있습니다.

* 소울메이트 홈페이지(www.1n1books.com)에서 상단의 '미디어북스'를 클릭하시면 이 책에 대한 더욱 심층적인 내용을 담은 '저자 동영상'과 '원앤원스터디'를 무료로 보실 수 있습니다.
* 이 인터뷰 동영상 대본 내용을 다운로드하고 싶으시다면 소울메이트 홈페이지에 회원으로 가입하시면 됩니다. 홈페이지 상단의 '자료실-저자 동영상 대본'을 클릭하셔서 다운로드하시면 됩니다.

★ 소울메이트는 독자의 꿈을 사랑합니다.

미켈란젤로부터 앤디 워홀까지 유럽의 명화들을 찾아 떠나다
나를 설레게 한 유럽 미술관 산책
최상운 지음 | 값 17,000원

유럽 대도시의 대표 미술관에서 꼭 살펴봐야 할 작품을 소개해주는 예술기행서다. 프랑스에서 조형예술과 미학을 전공한 저자가 유럽 현지의 많은 미술관과 전시회를 다니다가, 다른 사람들에게도 유럽에 있는 다양한 예술 작품의 매력을 알려주고 싶어서 쓰게 된 책이다. 유럽에 대한 알짜배기 지식도 함께 얻으면서 유럽이 품어온 예술 작품의 발자취를 따라가 보자.

문명의 발상지 터키로 떠나는 다크 투어리즘!
우리가 미처 몰랐던 터키 역사기행
이종헌 글·사진 | 값 19,500원

이 책의 저자는 역사기행이라는 형식을 빌려 연대와 사건이 아닌 인간이 담긴 역사를 흥미롭게 풀어낸다. 특히 극과 극의 이질적인 요소들이 충돌하고 섞인 터키를 직접 보고 발로 뛰며 터키의 어제와 오늘을 기록한다. 대륙□문명□인종□종교 등 여러 분야의 경계 지점이자 그 경계가 허물어진 터키에서 외신기자로 오랫동안 일한 저자의 시선으로 '화해와 공존'의 가치를 바라볼 수 있을 것이다.

인상적인 인상파 풍경을 걷다
인상파 그림여행
최상운 지음 | 값 17,000원

인상파 작품이 그려진 프랑스 각지의 매혹적인 장소를 찾아가서 그림을 되짚어보는 낭만 여행을 떠난다. 19세기를 살았던 인상파 화가들이 그린 매혹적인 프랑스 풍경은 지금 어떤 모습을 하고 있을까? 저자는 인상파 문화의 산실이었던 장소를 생생하게 묘사한다. 인상파 화가가 그림을 그렸을 19세기를 상상하며 글을 읽다 보면 마치 프랑스 도시를 직접 다녀온 것 같은 기분 좋은 착각에 빠져들 것이다.

보석처럼 빛나는 유럽의 변방 도시들을 찾아서!
유럽의 변방을 걷다
최상운 지음 | 값 17,000원

이 책은 고도의 발전으로 빽빽한 중앙부가 아닌 낯선 변방의 매력을 찾아보고 느껴보는 색다른 유럽 여행기다. 유럽의 변방 도시 19곳을 통해 유럽의 숨은 매력, 진정한 유럽의 모습을 비로소 만날 수 있을 것이다. 이 책에서는 한 나라의 수도나 중심도시가 아닌 이른바 지방, 주류가 아닌 비주류에 속하고 특유의 문화를 발달시킨 도시를 소개한다.

One Concept, One Book

여와 남, 다름의 심리학
여자와 남자는 왜 늘 평행선인 걸까?
이장주 지음 | 값 15,000원

이 책은 인간 심리를 여자와 남자로 나누어 분석한 대중심리서로, 남녀의 차이를 다양한 심리학적 관점으로 설명한다. 저자는 "소통되지 않는 지식은 죽은 지식"이라는 신념으로 남녀의 심리를 흥미롭게 풀어냈다. 또한 '여자는 이렇고, 남자는 이렇다.' 식의 단편적인 지식 전달보다는 남녀의 심리적 근원이 어떻게 형성되었는지, 이런 심리가 어떻게 변화해왔는지 등 남녀의 다름을 다양한 맥락에서 심도 있게 다루고 있다.

행복의 비밀을 알려주는 위대한 고전
세네카의 행복론
루키우스 안나이우스 세네카 지음 | 정영훈 엮음 | 정윤희 옮김 | 값 13,000원

삶과 죽음의 의미, 그리고 진정한 행복의 의미가 무엇인지와 같은 인생의 본질적인 질문을 우리 마음속에 던져주는 책이다. 가끔 내가 가진 행복이 남들보다 작은 것 같아서 속상할 때, 급작스럽게 찾아온 고난을 이기지 못해 좌절할 때 이 책을 한번 읽어보자. 세네카의 조언이 가슴 깊이 스며들어와 포기하지 않고 다시 일어설 수 있는 힘을 줄 것이다.

알코올중독 전문의가 말하는 12단계 중독치료
중독으로부터 회복을 위한 12단계
조근호 지음 | 값 15,000원

'익명의 알코올중독자들' 모임에서 제시한 12단계 프로그램을 알기 쉽게 소개한 책이다. 실제 알코올중독 전문의가 편안하게 이야기하는 에세이 형식으로 서술되어 12단계를 좀 더 쉽게 접할 수 있도록 도왔다. 12단계가 궁극적으로 말하는 것은 희망이다. 우리 모두에게 절대 낯선 이야기가 아니며, 실천과 반복을 통해 회복에 이르는 최고의 길이라고 역설하며 중독치료에 대한 희망의 메시지를 전달한다.

자신에게 하는 말을 바꾸면 인생이 달라진다!
행복을 부르는 자기대화법
파멜라 버틀러 지음 | 박미경 옮김 | 값 15,000원

자기 내면의 부정적이고 왜곡된 목소리로 인해 고통받는 사람들에게 긍정적인 자기대화를 하는 방법을 알려주는 심리서다. 이 책에서 소개하는 인지행동치료에 기반을 둔 내적 대화의 기술은 우리 삶에 쉽게 적용해볼 수 있다. 외부 상황이 아닌 부정적이고 왜곡된 자기대화로 인해 고통받는 사람들이 이 책을 통해 자기 내면을 인식하고, 현실적이고 긍정적인 방식으로 자기대화를 바꿔나감으로써 좀더 행복한 삶을 누릴 수 있기를 바란다.

★ 소울메이트는 독자의 꿈을 사랑합니다.

세상에서 가장 재미있는 프로이트 이야기
프로이트를 좋아하는 사람이라면 꼭 알아야 할 것들
베벌리 클락 지음 | 박귀옥 옮김 | 값 15,000원

우리에게 친숙한, 누구나 한 번쯤은 들어보았을 심리학자 프로이트의 새롭고 다양한 모습을 볼 수 있는 심리서다. 이 책은 지금까지와는 다른 프로이트의 모습을 보여준다. 프로이트의 사상은 우리의 경험에 대해 다시 생각해볼 기회를 제공하며, 그의 분석은 새로운 생각과 삶의 방식을 등장시켰다. 이 책을 통해 살아 있다는 것이 무엇을 의미하는지, 특히 진정으로 산다는 것이 무엇인지 새롭게 조명해보자.

지나친 수줍음에는 마음챙김이 답이다!
마음챙김으로 불안과 수줍음 치유하기
스티브 플라워즈 지음 | 이현주 감수 | 정지현 옮김 | 값 15,000원

수줍음과 사회불안장애로 고통받는 사람들에게 마음챙김 수행법을 쉽고 재미있게 알려주어 불안과 수줍음을 줄일 수 있도록 도와주는 심리 치료서다. 미국의 저명한 심리학자인 저자는 지나친 수줍음의 문제를 극복할 수 있는 마음챙김의 기술과 지혜를 소개한다. 마음챙김 수행법을 연습하고 훈련할 수 있도록 구성된 이 책은 수줍음과 불안 등으로 사회생활이 힘든 사람에게 실질적인 도움을 준다.

충만하고 행복한 노년을 맞이하는 지혜!
키케로의 노년에 대하여
키케로 지음 | 정영훈 엮음 | 정윤희 옮김 | 값 13,000원

인간이라면 누구나 경험하는 노년에 대한 막연한 두려움과 잘못된 인식을 바로잡고 노년이 지닌 장점들을 정리한 책으로, 노년을 행복하게 보내는 지혜로운 방법을 담았다. 비단 노년기에만 국한되지 않고 인간으로서 주어진 삶을 어떤 마음가짐으로 지내야 하는지에 대한 처세술이 담겨 있다. 선인의 지혜를 읽으며 자신의 인생을 보다 값지게 마무리할 수 있는 기회를 놓치지 않길 바란다.

강박장애에 효과적인 인지행동치료의 모든 것
끊임없는 강박사고와 행동 치유하기
크리스틴 퍼든 · 데이비드 A. 클라크 지음 | 최가영 옮김 | 값 15,000원

강박장애 환자들이 강박사고를 다스리고 정상적인 삶을 되찾기 위해 활용할 만한 효과적이고 실용적인 치료법을 담고 있는 강박장애 전문서다. 10여 년째 강박사고와 강박행동에 대해 연구하고 있는 저자들이 직접 임상 연구를 통해 증명한 훈련법을 소개해 독자 스스로 실행할 수 있도록 돕는다. 폭력이나 성(性)에 관한 강박사고, 종교적 강박사고, 그 밖의 강박사고로 고통받는 사람이라면 이 책을 꼭 읽어봐야 한다.

One Concept, One Book

영화로 나를 치유하다
심리학자와 함께 가는 치유의 영화관
이계정 지음 | 값 15,000원

갈등을 통해 성장하는 우리의 모습을 영화를 통해 비추어본 심리서로, 누구나 경험할 수 있는 좌절의 순간들을 떠올리고 공감해준다. 나아가 독자들이 스스로 해결책을 찾아가기를 바라는 마음을 담았다. 영화 속 인물들의 심리를 들여다보면 자신의 감정을 자각할 수 있다. 있는 그대로의 자신을 수용하고 마음의 상처를 떠나보내자. 이 책을 읽고 나면 스스로 치유하는 힘을 얻을 수 있을 것이다.

사람의 성격을 바꾸는 성격 재탄생의 해답
어떻게 성격을 바꾸는가
헨리 켈러만 지음 | 마도경 옮김 | 값 15,000원

심리학에서 가장 핵심적인 문제인 사람의 성격이 어떤 과정을 거쳐 형성되는지를 규명한 책이다. 저자가 그간의 오랜 연구와 철저한 사례 분석을 통해 확인하고 설명한 성격 스타일은 모두 12가지로, 분노를 관리하는 독특하고 강력한 원리들을 철저히 분석했다. 자신에게 유용한 성격 스타일을 더욱 향상시키고, 도움이 되지 않는 성격 특성은 약화시킴으로써 성격을 지금보다 한 단계 업그레이드시킬 수 있다.

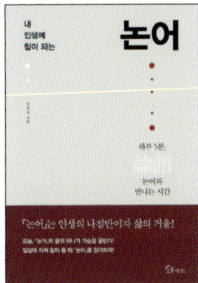

하루 5분 논어와 만나는 시간
내 인생에 힘이 되는 논어
권경자 역해 | 값 19,000원

『논어』 498장을 완역한 이 책은 특히 논어를 처음 접하는 입문자들에게 유용하다. 각 장마다 역해자의 친절한 강(講)이 달려 있어 어렵게만 느껴지던 『논어』 독해가 쉬워진다. 권경자 교수가 역해한 이 책은 친절한 '『논어』 읽기 지도'다. 원문을 최대한 현대어에 가깝게 직역한 후 단어를 풀이하고, 이해를 돕기 위해 강을 붙이는 등 이 책만으로도 『논어』 라는 거대한 산을 등반하기에 어려움이 없길 바라는 역해자의 바람을 담았다.

스마트폰에서 이 QR코드를 읽으면
'소울메이트 도서목록'과 바로 연결됩니다.

독자 여러분의
소중한 원고를 기다립니다

⭐ 소울메이트는 독자 여러분의 소중한 원고를 기다리고 있습니다. 집필을 끝냈거나 혹은 집필중인 원고가 있으신 분은 khg0109@hanmail.net으로 원고의 간단한 기획의도와 개요, 연락처 등과 함께 보내주시면 최대한 빨리 검토한 후에 연락드리겠습니다. 머뭇거리지 마시고 언제라도 소울메이트의 문을 두드리시면 반갑게 맞이하겠습니다.